세무사 김중택의

세금에서 살아남기

부록 : 골프에서 살아남기

세금에서 살아남기

부록 : 골프에서 살아남기

초   판 1쇄 발행일 2013년 2월 20일
초   판 2쇄 발행일 2015년 5월 15일
개정 2판 1쇄 발행일 2020년 3월 20일

지은이 김중택
펴낸이 양옥매
디자인 송다희

펴낸곳 도서출판 책과나무
출판등록 제2012-000376
주소 서울특별시 마포구 방울내로 79 이노빌딩 302호
대표전화 02.372.1537 **팩스** 02.372.1538
이메일 booknamu2007@naver.com
홈페이지 www.booknamu.com
ISBN 979-11-5776-863-9 (13320)

이 도서의 국립중앙도서관 출판예정도서목록(CIP)은 서지정보유통지원시스템
홈페이지(http://seoji.nl.go.kr)와 국가자료종합목록시스템
(http://www.nl.go.kr/kolisnet)에서 이용하실 수 있습니다.
(CIP제어번호 : CIP2020010254)

세무사 김중택의

세금에서 살아남기

부록 : 골프에서 살아남기

세무사 **김중택** 저자

책나무

프롤로그

우리는 세금과 더불어 살고 있다. 아침에 일어나면서부터 저녁에 잠들 때까지 알게 모르게 세금을 납부하고 있다. 스스로 알면서 내는 세금으로는 소득세, 지방소득세, 자동차세, 양도소득세, 상속·증여세가 있고 나도 모르는 사이에 내 주머니를 털어가는 소비세 성격의 세금도 부담하고 있다.

물건 값에는 부가가치세 외에도 제조 또는 유통업자의 소득세 또는 법인세가 포함되어 있다. 완전경쟁시장이라면 사업자가 물건 가격을 산출할 때 물건가격에 원재료, 인건비, 경비 외에도 사업자가 납부할 세금과 이익을 포함하기 때문이다.

그러나 현실은 그렇지 않은 점이 많아 완전경쟁시장에서 공정한 경쟁이 이루어지는 상황과는 다르게 나타난다.

세금을 적게 내려고 무자료 또는 가공경비, 매출누락 등 다양한 수단을 동원해 거래하는 사업자와 낮은 가격으로 물건을 사기를 원하는 소비자 사이에 행해지는 유통질서의 문란은 결국 제대로 세금을 내고서는 장사를 할 수 없는 일그러진 질서를 만들기 때문이다. 실제로 부가가치세는 간접세로 최종소비자가 부담해야 하는 세금이다.

부가가치세를 포함한 세금은 결국 물건 값을 올리는 작용을 하기 때문에 소비자는 물건 값을 비싸게 느끼게 되고 사업자는 매출감소로 이어질 수 있다. 따라서 세금이란 강제적으로 납부하는 것이지만 세금을 자발적으로 내려고 하는 국민의식이 선행되지 않는 한 조세정의는 실현되기 어렵다.

왜 세금이 불평등하다고 생각되는가? 이유는 소득의 원천이 다양하기 때문이다. "소득세는 불평등하다"는 불평은 다양한 직업에서 발생하는 소득창출 과정의 차이를 무시한 획일적인 세금산출 방식이 만들어낸 특유의 진리 아닌 진리이다.

다양한 직업에서 발생하는 소득을 똑같이 평가할 수는 없다. 저녁에 일하는 사람, 낮에 일하는 사람, 공휴일에 일하는 사람, 다른 사람의 돈을 빌려서 사업하는 사람, 자기 돈을 가지고 사업하는 사람, 최초에 고정비가 많이 투입되는 사람, 주로 결제를 어음으로 받는 사람 등 소득 발생(창출)과정이 다양하여서 같은 과세표준이라도 사업자에 따라 세금을 부당하게 느끼는 사람이 발생할 수밖에 없다. 사업자들은 항상 자금에 대하여 신경을 써야 하는데 상거래는 어음 또는 수표로 자금결제가 이루어지므로 사업자로서는 흑자 도산(회계상 이익이 발생되는 것을 말함)이 될 수 있고, 올해는 사업이 잘되지만 다음해는 사업이 안 될 수도 있을 것이며, 첫해에 투자한 비용에는 다른 수익의 포기에 대한 기회비용도 들어 있을 것이다. 이처럼 세부담이 불공평하고 조세법 또한 일률적으로 적용됨으로써 본의 아니게 불이익을 당하는 경우도 있다. 그래서 세금은 어렵고 복잡하다.

조세는 일반적으로 국가가 세입을 조달할 목적으로 특정한 개별적인 보상 없이 국민과 기업으로부터 강제적으로 징수하는 화폐 또는 재화를 의미한다. 세금으로 정부는 예산을 집행하며 나라의 살림을 꾸려나간다. 길을 닦고 항구를 만들고 나라도 지키며, 공무원 월급도 준다. 내가 낸 세금으로 나라가 돌아가는 것이다.

나라의 살림살이가 나의 탈세로 구멍이 날 수도 있고 이 구멍을 메우기 위해 내 이웃이 억울하게 더 부담할 수도 있다. 그래서 더더욱 조세법률주의의 철저한 이행이 요구되는 것이다. 조세는 국민의 신성한 의무이다. 번만큼 세금 내고 그 돈으로 살림살이 야무지게 하는 정부를 만들어 보겠다는 의식이 세금 내는 국민이나 집행하는 공무원의 바른 의무이행의 자세이다. 세상이 진화하면 세법도 진화한다. 이런 이유로 세금은 세법개정을 통하여 자주 개정되므로 양도, 증여, 상속 등을 실행하기 전에 반드시 전문가와 상담해야 한다. 이 책자의 내용도 실제 적용될 때는 새로운 세법에 맞지 않을 수도 있다는 점에 유의해야 한다. 따라서 조세에 대해 전문가인 세무사와 상담하는 것이 좋고 더욱 확실히 하려면 서면에 의한 상담을 하는 것이 세부담을 줄일 수 있는 방법이다.

지난 16년간의 세무 상담을 하면서 느끼는 것은 일단 일을 처리하고 나서 상담을 하는 경우를 많이 보았다. 세법은 모르면 세금을 내야 한다. 세금에서 살아남기 위해서는 세법을 알아야한다.

　세법이 방대하기 때문에 일상생활에서 일어나는 모든 세무 문제를 이 책에서 다 다룰 수 없는 점에서 아쉬움이 남는다.

2013년 2월
세무사 김중택

제3장 부동산 보유 관련 세금 ··· 073

제4장 부동산 양도 관련 세금 ··· 093

제5장 상속세 및 증여세   ··· 175

제1장

세금의 기본

1. 국가는 세금을 언제까지 걷을 수 있나

"살아남"씨는 세금을 2003년에 실지거래가액으로 양도소득세를 신고하였다. 2003년에 "살아남"씨는 양도가액을 적게 신고하였는데 취득한 사람이 양도소득세를 신고하면서 과거 실지거래가액을 제시하여 결국 "살아남"씨에게 양도소득세와 가산세를 포함한 가액을 고지하였다. 9년이(2012년) 경과한 시점에서 2003년 양도소득세를 납부해야 하는가?
납부해야 한다. 사기 · 기타 부정행위가 있는 것으로 본다.

세금을 체납하면 무한정 세금을 부과할 수 있을까? 살아 생전에 납부해야 할 세금은 죽을 때까지 납부해야 하는가? 그렇지 않다. 부과할 수 있는 기간을 두고 있다. 이를 "국세부과의 제척기간"이라 한다.

"국세부과의 제척기간"이란 국세를 부과할 수 있는 기간을 말한다. 이는 국세부과권의 행사에 시간적 한계를 둠으로써 권리관계를 조속히 안정시키고 납세자의 법적 안전성을 보호하고자 하는 것으로, 국세부과의 제척기간 만료는 납부의무의 소멸사유 중 하나이다. 제척기간은 장래를 향하여 권리가 소멸하는 것이므로 당연히 납부의무의 소멸사유에 해당하며 결손처분은 불필요하다.

구 분	신고여부	제척기간
상속세 및 증여세	포탈세액 산출 기준재산가격이 50억원 초과시 상속인 또는 증여를 받는 자로 재산을전환하는 경우 - 제3자 명의 재산 실명전환, - 계약 이행 중 상속개시로 피상속인재산을 상속인이 취득하는 경우	상속 · 증여가 있음을 안 날로부터 1년

상속세 및 증여세	– 국외 재산을 상속인이 취득 – 유가증권 · 서화 · 골동품을 상속인이 취득하는 경우	상속 · 증여가 있음을 안 날로부터 1년
	– 사기 · 기타 부정행위가 있는 경우 – 법정신고 기한 내 신고하지 않은 경우 – 허위신고 또는 누락신고(허위신고 · 누락신고 한 부분에 한함)	15년
	위 이외의 경우	10년
위 이외의 세목	사기 · 기타 부정한 행위로 포탈 · 환급 · 공제받은 자	10년, 국제거래 15년
	법정신고 기한 내 무신고한 경우	7년
	위에 해당하지 않는 경우	5년

따라서 위 사례와 같이 양도소득세 신고시 허위계약서를 제출한 경우는 10년의 국세부과의 제척기간에 해당되어 "살아남"씨는 2003년 양도소득의 확정신고기한 다음 날인 2004.6.1일부터 2014.5.31일까지 세금을 부과할 수 있으므로 양도소득세와 지방소득세에 가산세를 납부해야 한다.

2. 세금이 부과되었는데 억울하면 어떻게 해야 하나

"살아남"씨는 상속세를 신고하였는데 신고 후 국세청의 세무조사를 받게 되었다. 세무조사 과정에서 억울하다고 생각되어 국세청에 이의신청을 하려고 한다. 언제까지 하여야 하는지?
고지서 수령일로부터 90일 이내 하여야 한다.

억울한 세금을 구제받기 위해서는 일정한 시간에 이의 제기해야 하는데 이의제기 기간이 경과한 경우에는 구제 받을 수 없는 경우가 발생하므로 주의해야 하며 세무서로부터 납부고지서가 도착하면 받은 날을 기록해 놓아야 하고 반드시 90일 이내에 이의 제기해야 한다.

세금의 부과는 국세 부과의 원칙과 세법 적용의 원칙 더 나아가 조세법률주의에 따라 부과되어야 한다. 세금의 부과는 명확해야 함에도 불구하고 모호한 규정들이 많다. 그 이유는 적용 실례들이 너무 다양하기 때문이다. 1세대 1주택의 판례 · 예규만 보더라도 몇 백 건 이상이 되므로 세법을 해석하고 적용하는 데에는 많은 어려움이 있으며 납세자(국민)의 입장에서는 부당하게 느끼는 경우가 있을 수 있다. 이런 경우 납세자는 일정한 절차를 거쳐야만 조세에 대한 구제를 받을 수 있는데 구제신청은 언제까지 하여야 하며, 어느 기관에 하여야 하는가. 이를 요약하면 다음과 같다.

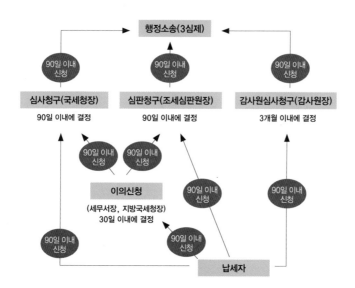

세금을 부과한 이후에는 위와 같은 절차를 거쳐야 한다. 세금을 부과하기 전에 이의를 제기하는 때도 있다. 이를 과세전적부심사청구라고 한다.

만약 위와 같은 규정을 지키지 아니하여 기간이 경과한 경우 명확하게 과세가 잘못되었다고 판단되는 경우 해당 관서나 국민권익위원회에 고충민원을 제기할 수 있다. 이 경우에도 과세부과제척기간이 경과된 경우는 불가능하다.

● 경정 등의 청구: 5년(2014.12.23 개정)

3. 세금에는 문턱(기한 · 기간)이 있다. 문턱 때문에 억울 한 경우도 발생한다

"살아남"씨는 상속세 조사를 받게 되었다. 상속일로부터 2년 이내의 처분재산에 대하여는 상속인이 처분재산의 사용처를 입증하여야 한다. 그런데 재산 처분일이 상속개시일로부터 1년 11개월이 지났다. 1달만 지나면 2년이 초과되어 상속인이 입증책임이 없게 된다.
2년이 경과되는 경우에는 국세청이 이를 입증하여 과세 여부를 결정해야 한다. 이토록 1달 또는 1일 때문에 요건에 미달되어 억울한 경우가 발생한다.

조세법은 복잡하다. 하지만 조세법이 복잡하다고 하여 적용될 때 납세자의 복잡한 사정을 살피느냐 하면 절대 그렇지 않고 그저 천편일률적일 뿐이다. 또 세법의 복잡한 규정이 나의 이웃에게 운좋게 유리하게 작용하였다고 하여 나에게도 유리할 것으로 생각한다면 큰 착각이다. 그것은 누구는 문턱을 넘었고, 누구는 문턱을 넘지 않았는지가 세법 적용상에서 유리하게도 불리하게도 작용하기 때문이다. 특히 장기간 보유하는 양도소득에서 이런 규정들을 많이 본다. 1세대 1주택 비과세요건, 자경농지의 자경기간, 특정주식의 양도시 주식보유 비율 등의 많은 규정이 있다.

㉮ 1세대 1주택 규정을 보면 2년 이상 보유 여부에 따라 2년을 못 채우고 양도하는 경우에는 단 하루라도 부족하게 되면 양도소득세가 과세된다. 또 일시적 1세대 2주택의 경우에도 종전주택을 3년(조정지역 1년) 이내 양도하여야 하는데 이때 날짜를 잘못 계산하여 세금을 내는 경우도 있고, 양도하고 싶지만 양도하는 주택이 팔리지 않아 3년(조정지역 1년)을 넘는 경우도 발생한다. 이때 세법은 주택을 팔려는 노력 여부를 묻지 않고 규정에 맞지 않으면 세금을 부과한다.

(봉양하기 위한 합가 10년, 결혼하기 위한 합가 5년 이내에 양도해야 한다.)

㉯ 자경농지도 8년 이상 자경해야 한다. 여기서, 단 하루라도 모자라면 양도소득세를 감면 받을 수 없다. 이처럼 본의 아니게 문턱을 넘지 못해 과세되는 경우 정말 억울하기 짝이 없다.

㉰ 취득가액을 환산하는 경우(계약을 하고 기준시가가 변경되는 경우)에는 잔금을 받는 시점의 세법을 적용함으로써 환산취득가액(양도가액 ×

취득당시 기준시가/ 양도당시 기준시가)이 변경되어 세금을 더 내는 경우도 발생한다. 계약 후에 고시된 가액 또는 법률에 따라 적용되는 것이 "법률불소급의 원칙"에 위배되는 것은 아닌가 하는 의구심을 갖지만 세법은 양도일을 잔금청산일과 등기접수일중 빠른 날로 정하고 있다. 따라서 계약일과 잔금일 사이에 기준시가가 변경되는 경우 주의 해야 한다.

다행히 수용되는 경우는 사업인정일의 고시가와 보상시 기준시가가 다른 경우 사업인정고시일 기준으로 하도록 개정되었으므로 신고 시 참고 할만하다.

㉣ 비상장 중소기업의 경우 주식의 양도에 대한 양도 세율이 10%(대주주 20%~30%) 이지만 법인의 부동산 비율이 50%이상인 경우에는 누진세율(6%~ 42%)이 적용되어 3배 이상의 세금을 납부하는 경우도 발생한다. 과점 주주여부(주주 1인과 특수관계자의 주식비율이 50%이상)여부와 부동산 비율이 50%이상 여부에 따라 세율차이가 크게 발생하는 경우도 있다.

㉤ 양도소득세의 경우는 양도일이 중요하다. 양도 당시만 다른 주택이 없으면 된다. 다른 주택을 먼저 증여나 양도를 한 후 1세대 1주택요건을 갖춘 후 주택을 양도하면 비과세 받을 수 있다.

예를 들어 a 주택의 가격이 400만 원 정도 평가되는데 b 주택의 양도소득세가 3,000만 원 이상 되는 경우가 발생하는 경우도 있다. 사전에 a 주택을 먼저 증여나 양도에 의하여 정리하고 b 주택을 양도(2021년부터 1주택이 된 상태에서 2년 보유) 했더라면 양도소득세가 비과세되는데 a 주택을 가격이 적다는 이유로 주택으로 판단하지 않고 b 주택을 양도해서 문제가 발생하는 것이다. 최근에는 1주택만 임대소득으로 등록하면 주택에서 제외하는 규정이 있으므로 임대주택등록 후 거주주택(반드시 2년이상 거주해야 함) 양도 여부를 결정해 볼 필요가 있다.

이러한 문턱 규정은 사전에 법률에 과세요건을 정하기 때문에 법률을 알고 있는 경우라면 피해갈 수 있는 것이 또한 세법이다.

세법은 문턱을 넘느냐 넘지 않느냐에 따라 세법규정이 다르게 적용된다.

4. 국세청은 법원의 판례를 존중하는가?

"살아남"씨는 외국에 거주하는 영주권자이다. 즉, 비거주자에 해당한다. 비거주자가 국내의 주택을 양도하는 경우에는 장기보유 공제를 최고 80%를 공제한다. 그런데 비거주자도 장기보유 공제를 80% 적용하라는 판결을 받아 국가가 패소하였다. 문제는 "살아남"씨가 법원의 판례를 인용하여 이의신청, 심사청구, 심판청구를 하는 경우 납세자의 손을 들어줄까?
특별한 경우를 제외하고는 각자가 소송을 수행해야 한다.

● 현행 세법은 개정되어 비거주자는 80% 적용되지 않는다.

다들 "요즘 같이 바쁜 세상"이라고 한다. 필자처럼 세금으로 돈버는 사람이 아니고서야 세법에 대해 시시콜콜 관심을 갖고 머리를 싸맬 시간이 없는 것이 요즘 사람들이다. 그러나 관심 없다거나, 모른다고 하는 사람에게도 세법이나 법률은 이들을 지나치지 않는다. 세금은 상식이 아니기 때문이며 세법에 대한 무지는 과세에 대한 면제의 빌미가 되지 않기 때문이다. 요는 모르는 게 약이 절대 아니라는 말씀이며 알아야만 면장을 한다는 말씀이다.

그럼 우선 세법의 제정부터 알아볼까? 세법은 국회에서 제정한다. 하지만 그 입법은 대부분 행정부에서 법안을 만들어 국회에 제출하고 국회는 일정한 수정을 거쳐 법안을 완성한다. 국회가 입법기관이지만 행정부의 의도대로 세법이 개정되고 더구나 집행과정의 경우를 보면 대부분 시행령과 국세청의 유권해석 등에 의하여 과세되기 때문에 그 실권은 행정부에 더 있다고 하겠다.

세법에 모든 내용을 포함하여 입법할 수는 없다. 법률에 모든내용을 세세히 규정할 수 없기 때문에 법에서는 시행령에 위임한다. 시행령은 대통령령을 말한다. 결국, 국회에서 법률을 제정 하고 법률에 필요한 사항은 대통령령으로 규정한다. 대통령령에서도 규정할 수 없는 내용은 시행규칙에 위임한다. 시행규칙은 기획재정부 장관이 제정한다. 시행규칙에 미미한 사항은 국세청 내부규정인 훈령으로 과세여부를 결정한다. 결국, 세법은 법률, 시행령, 시행규칙, 훈령 등에 의하여 그 집행이 이루어진다. 위와 같이 규정된 법, 시행령, 시행규칙, 훈령 등에 의문이 있는 경우에는 과세 관청인 국세청이 과세 여부를 판단하여 과세하도록 되어있다. 이를 유권해석이라 하며 유권해석은 그 즉시 시행되는 것이 일반적이다.

위 예시의 "살아남"씨의 경우 국세청의 해석에 의하여 장기보유 공제가 30%가 적용된다는 것이다. 그러나 법률에는 비거주자도 거주자와 같이 양도소득과 동일하게 적용하도록 하고 있었기 때문에 제3자인 비거주자가 이의신청과 소송을 통하여 장기보유 공제 80%를 주장하여 납세자가 승소하였다.

그렇지만 판결 일자와 조건이 같은 제3자인 "살아남"씨도 적용될 수 있을까? 적용할 수 없다는 것이 국세청의 입장이다. 법원의 결정은 해당사건에 국한하여 적용되기 때문이다. 행정청의 입장은 장기보유 공제 80%를 적용할 수 없다는 의견이다. 결국 "살아남"씨와 같은 국민은 계속해서 법원에 소송을 제기해야 하는문제가 발생한다. 결국, 이 규정은 확정판결 이후에 거주자만 80% 장기보유공제(2020년 이후는 2년거주) 제도가 적용되도록 개정되어 지금은 적용 할 수 없다.

5. 세금에서 살아남기 위해서는 세법을 알아야 한다

"살아남"씨는 세금을 과다 납부한 사실을 2년이 지난 후에 알았다. 이는 본인이 혼자 세무서식에 작성하여 세금을 환급 받으려고 하였기 때문이다. 그러나 용어 자체도 생소할 뿐만 아니라 작성방법이 쉽지 않았다. 작성의뢰를 세무사에게 하려고 하는데 무료로 신고를 대행해 주는가?

㉮ 인터넷이나 전화로 양도소득세 및 상속세 계산을 요청하지 마라

인터넷 상담에는 한계가 있다. 증여하려고 하는데 증여세가 얼마냐고 묻는 고객은 중병이 있는데도 불구하고 종합 진찰을 받지 않는 것이나 마찬가지다. 세금도 전체적인 흐름과 예상세액 등을 산정하고 개별 사안을 판단하여야 함에도 단 한 건에 대한 증여세나 상속세만을 문의하는 경우가 대부분이다. 시간을 두고 검토해야 할 사항을 인터넷이나 전화상으로 세금이 얼마냐고 묻는 것은 정말 중요한 의사결정을 너무 가볍게 생각하는 데서 오는 위험한 행동이다.

㉯ 가까운 사람에게 세금을 물어보는 경우 보상해 주어라

상담을 가까운 사람에게 하려면 적당한 작업을 한 후에 물어보는 것이 좋다. 바쁜 시간에 느닷없이 양도소득세가 과세되는지, 세액이 얼마인지, 절세할 수 있는지를 물어와 당황했던 기억이 비단 필자에게만 있는 것은 아닐 것이다. 세무사가 한가한 직업도 아니거니와, 또 세무사의 상담내용이라는 것이 현물로 보이지 않는 무형의 것이라고 하여 돈의 가치가 없는 것으로 판단한다면 그건 좀 곤란한 생각이다. 세무 상담의 결과물엔 세금을 신고하기 위한서식, 컴퓨터 등의 유형의 자재와 비과세에 해당하는 관련 조항의 검토, 비과세되는 근거에 대한 국세청의 해석의 유무 등을 자세히 검토해야 하는 전문적 지식도 동원된다. 물론 이 일련의 과정에 많은 시간도 소요되는 건 두말하면 잔소리이다. 이런 유형무형의 자산을 지출하면서 공짜로 상담에 임하는 전문가도 공짜의 값어치만큼 답하지 않을까?

최근 상담자 중 가까운 지인에게 증여세를 문의하였다가 공은공대로 들이고도 생각보다 많은 증여세를 내게 된 분이 있었다. 지인의 안내대로 직접 국세청 홈페이지를 뒤져 증여세 신고서를 찾아 어렵사리 작성하고 상담을 받으러 왔던 그분은 세무서식 작성이나 세금신고는 제대로 되었으나 생각보다 많은 증여세를 내게 된 경우였다. 그분에게 방법을 일러준 지인도 어차피 돈을 받지 못할 것을 예상하고는 자세한 상담은 거두었으리라 짐작한다.

자신의 노력에 대가가 없다면 누구인들 그 열성을 다하겠는가 말이다. 그러니 성의 있고 꼼꼼한 상담을 원한다면 우선 전화로 불쑥 들이대는 상담만은 말아주었으면 하는 바람이다.

🕒 과세관청이라 하여 그 답변이 항상 옳은 것만은 아니다

세법은 난해하고 법률에 규정되어 있지 않아 국세청이나 기획재정부의 유권해석에 의하여 과세되는 경우가 많다. 특히 양도소득세 세액산식의 경우에는 법률에 규정되어 있고, 실제 계산은 국세청의 해석으로 과세가 좌우되고 있다. 그런데 과세방법이 나에게는 정말 억울하게 적용되는 경우가 있을 수 있다. 과세관청의 해석이 잘못되지 않았나 다시 한번 살펴볼 필요가 있고, 부당하다고 생각되면 행정심판 또는 행정소송을 제기해 볼 만하다.

🕒 성질 급하면 손해다

세금을 신고하거나 상담하는 경우에는 시간을 갖고 검토해 보아야 한다. 필자도 신고일에 임박하여 의뢰하는 고객을 만나는 경우가 있다. 이런 경우 세법의 잘못된 해석을 짚고 넘어갈 기회를 상실하게 되며, 충분한 검토 또한 기대할 수 없게 된다. 번갯불로는 콩이 제대로 볶이지 않는 법이다.

제2장

부동산 취득 관련 세금

1. 부동산 취득관련 세금과 공과금은?

"살아남"씨는 부동산을 취득하려고 하는데 취득 당시 어떤 세금이 부과되고 세금 이외에도 어떠한 금액이 지출되는지 알고 싶다.
취득세, 인지세, 증지대, 국민주택채권구입에 따른 할인액, 자금출처 인정여부를 검토해야 한다.

㉮ 취득세(농어촌특별세, 지방교육세)

　부동산을 취득한 경우에 취득한 자는 그 취득한 날로부터 60일〈상속으로 인한 경우에는 상속개시일이 속하는 말일부터, 실종으로 인한 경우는 실종선고일 속하는 말일부터 각각 6월이내(납세자가 외국에 주소를 둔 경우에는 각각 9개월)〉에 이를 신고함과 동시에 취득세를 납부하여야 한다.

구분		과세표준	2010년 까지		2011년 부터
			취득세	등록세	취득세(통합)
부동산	유상취득	실지거래가액	2%	농지 1%	농지 3%
			2%	기타 2%	기타 4%
	증여	시가표준액	2%	1.5%	3.5%
			2%	비영리 0.8%	비영리 2.8%
	상속	시가표준액	2%	농지 0.3%	농지 2.3%
			2%	기타 0.9%	기타 2.8%

농어촌특별세는 과거 부과되는 취득세액(2%)의 10%이며, 취득세를 감면 받는 경우에는 취득세액의 20%가 적용된다. 등록세분에 해당하는 지방교육세(취득세 2%)는 20%이다.

- 등록세는 2011년부터 취득세로 통합되어 과세한다.
- 취득세액은 물건소재지를 관할하는 구청이나 시청의 세무과에 문의하면 알 수 있다.

● 단 주택의 취득세는 6억원 이하는 1%, 9억원이하는 2%, 9억원초과는 3%, 다주택자 4%

❹ 인지대, 증지대

❺ 국민주택채권의 매입(주택도시기금법 제8조)

주택법에 따라 부동산을 취득하거나 근저당권을 설정하는 경우 국민주택채권을 매입하여야 한다. 통상 매입과 동시에 할인을 하는 경우가 대부분이다.

할인의 경우에는 국민주택채권 당시의 채권할인율을 적용하여 계산한다. (채권할인은 금융기관에 문의)

할인액이 발생되는 경우는 발행금리와 시장금리의 차이를 가지고 계산한다. 통상 채권의 발행금리는 시장금리보다 낮게 발행된다.

채권매입액은 부동산에 따라 주택, 토지, 주택 및 토지 외로 구분되며, 지역으로는 특별시 및 광역시, 그 밖의 지역으로 구분되며, 금액은 실제거래가액이 아닌 시가표준액에 따라 다르게 된다.

예) 서울시에 소재하는 아파트 구매가액은 8억원이고 시가표준액은 6억원인 경우 국민주택채권 매입액은?

매입금액 시가표준액 X 의무매입율(주택도시기금법 시행령 별표)

예) 특별시 아파트 기준시가(시가표준액)

600,000,000 X 31/1,000(주택도시기금법 시행령 별표) = 18,600,000원

라 법무사에게 의뢰하는 경우 등기대행비

마 상가 6억원에 취득한 경우(실가 6억원, 시가표준액 5억원)

세목	과세기준 (시가표준액)	기준	세액
취득세	600,000,000	4.0%	24,000,000
지방교육세	600,000,000 × (4%-2%)	20%	2,400,000
농특세	600,000,000×2%	10%	1,200,000
수입증지			15,000
인지세			150,000
국민주택채권	500,000,000	2%	10,000,000

● 할인율은 금융기관에 문의한다.

④ 주택을 6억원에 취득하는 경우(실가 6억원, 시가표준액 5억원)

세목	과세표준	세율	세액
취득세	600,000,000	1%	6,000,000
농특세	600,000,000×2%	10%	1,200,000
지방교육세	600,000,000 ×1%×50%	20%	600,000
수입증지			15,000
인지세			150,000
국민주택채권	500,000,000	2.6%	13,000,000

- 농특세는 국민주택규모 이하는 과세하지 않음
- 취득세는 6억원이하 1%, 9억원이하 2%, 9억원초과 3%, 다주택자 4%

▶ 주택취득시 지방교육세 계산

실지거래가액 × (1%,2%,3%) × 50% × 20%(지방교육세율)

2. 상속이나 증여로 취득하는 경우 취득관련 비용은?

"살아남"씨는 부친의 사망으로 상속을 받게 되었다. 상속세 이외에 어떠한 세금을 납부해야 하는지, 홍길동 씨는 제주도에 부동산이 있어 이 부동산을 자녀에게 증여하는 경우 증여세 외에 어떤 세금을 내야 하는지 궁금하다.

- **상속**: 서울 주택의 시가표준액 6억원인 경우

세목	과세기준 (시가표준액)	기준	세액
취득세	600,000,000	2.8%	16,800,000
지방교육세	4,800,000	20%	960,000
농특세	12,000,000	10%	1,200,000
수입증지			15,000
인지세			150,000
국민주택채권	600,000,000	4.20%	25,200,000

- 국민주택 규모 이하의 취득세에 대한 부과분 농특세는 비과세이다.
- 국민주택 채권을 할인하는 경우 할인할 당시 금융기관에 문의하여 결정해야 한다.
- 무주택자가 상속주택을 취득하는 경우 취득세분 2%는 비과세 된다.

- **증여**: 서울 주택의 시가표준액 6억원인 경우

세목	과세기준 (시가표준액)	기준	세액
취득세	600,000,000	3.50%	21,000,000
지방교육세	9,000,000	20%	1,800,000
농특세	12,000,000	10%	1,200,000
수입증지			15,000
인지세			150,000
국민주택채권	600,000,000	4.20%	25,200,000

- 국민주택 규모 이하의 취득세에 대한 부과분 농특세는 비과세이다.
- 국민주택 채권을 할인하는 경우 할인할 당시 금융기관에 문의하여 결정해야한다.

3. 세법에서 사용되는 부동산 가액을 알아보자

"살아남"씨는 세법을 적용함에 있어 부동산을 어떻게 평가하고 적용되는지 확인하고 싶었다. 그런데 세법을 확인하니 부동산과 관련된 가액을 적용할 경우 실지거래가액, 시가, 시세, 검인계약서 금액, 기준시가(공시지가, 개별주택가격, 공동주택가격, 미고시 건물기준시가), 시가표준액등 여러 가지로 표현되어 있어 혼란스럽다. 각각의 용어에 대하여 알고 싶다.

㉮ 실지거래가액

실지거래가액이란 매도자와 매수자가 금전을 주고 실지거래한가액을 말한다. 실제매매계약서상 기재금액이며 실제매매계약서가 없는 경우에는 거래당사자로부터 확인된 가액을 말한다. 즉, 실무적으로는 거래사실확인서에 인감증명서를 첨부하면 된다.

- 국토교통부 실지거래가액 확인시스템(면적, 거래시기, 거래층)

  * 국토교통부 실거래가 공개시스템 rt.molit.go.kr/ 문의전화 1588-0149
    지역별 아파트, 다세대, 연립, 단독, 다가구 실거래 가격, 시세, 조회서비스 제공.
    (면적, 거래시기, 거래층, 거래금액 제공)

- 온나라 (부동산정보통합포털 : http://www.onnara.go.kr)

❹ 시가

상속·증여의 경우에는 실제거래가액을 확인할 수 없는 경우가 대부분이다. 그렇다고 시가가 없다고 하여 상속·증여세를 부과할 수 없다면 문제가 있는 것이다. 그래서 상속·증여세법의 경우 시가의 범위를 법률에 규정하고 있다.

▶ 시가로 보는 경우

– 당해 재산의 평가기간(상속의 경우는 상속일 전후 6월, 증여의 경우 증여일 전 6개월, 증여일 후 3개월) 이내에 거래한 가액 또는 감정가액(2개, 10억원 이하 1개 이상 공신력 있는 감정기관), 경매·공매·보상가액

– 당해 재산과 면적·종류·용도, 종목이 동일 또는 유사한 다른 재산의 매매가액 등도 시가로 인정 : 신고일까지 거래된 경우

– 평가기간 밖의 매매사례가액, 감정가액 등도 평가기준일부터 매매일까지 가격변동이 없다고 인정되는 경우에는 평가위원회 자문을 거쳐 당해 가액을 평가기준일 현재의 시가로 인정(2005. 1. 1. 이후 상속·증여 분부터 적용) 2년이내 유사매매사례가액 적용 될 수 있음

❺ 시세

우리는 신문에서 "시가"라는 용어를 자주 접한다. 신문에서 말하는 시가는 세법에서 말하는 시가와 다르다고 볼 수 있다. 신문에서 말하는 시가는 엄격히 말하면 시세다. 시세란 인터넷상의 부동산사이트에서 해당물건에 대한 가격을 제공하는 금액을 말한다. 세법에서는 시

세란 통상 매매사례가액과 비슷한 의미를 갖는다. 같은 면적이라도 유사매매사례가액 적용시 기준시가가 동일·유사 해야 시가로 본다.

● 동일 단지내, 면적 ±5% 이내, 가격 ±5% 이내

㉣ 검인계약서 금액

검인계약서 금액은 취득자가 신고하기 위하여 작성하는 계약서에 구청으로부터 검인을 받는 금액이다. 이는 취득세등 지방세에서 활용될 수 있다. 2006년 이전에는 검인계약서 금액을 시가표준액 이상으로 작성하면 되었으나 2006. 1. 1 이후 부터는 실지거래가액으로 신고하도록 변경되었다.

㉤ 기준시가(공시지가, 개별주택가격, 공동주택가격, 미고시 건물기준시가)

기준시가란 임대고가주택 판정기준, 종합부동산 과세기준금액, 환산취득가액 적용할 때, 상속이나 증여시 시가가 없는 경우 적용되는 가액이다.

① 토지와 건물을 통합하여 고시하는 경우(기준시가)

기준시가에는 토지와 건물을 통합하여 고시하는 경우와 그렇지않은 경우가 있다. 통합하여 고시하는 경우는 공동주택의 경우에는 국토교통부가, 개별주택가격의 경우에는 시·군·구청이 고시한다. 대규모 상가와 오피스텔의 경우는 통합하여 국세청이 고시한다.

● 주택의 경우 4월 30일에 고시한다.

② 토지와 건물을 통합하여 고시하지 않는 경우(기준시가)

위와 같이 토지와 건물을 통합하여 고시하지 않는 경우는 아래와 같이 토지와 건물을 각각 평가한다.

(1) 토지 : 공시지가 × 면적

(2) 건물 : ㎡당 금액 × 평가대상 건물의 면적(㎡)

▶ ㎡당 금액

건물신축가격 × 구조지수 × 용도지수 × 위치지수 × 경과연수별 잔가율
× (개별건물의 특성에 따른 조정률 : 상속 · 증여시만 적용)

▶ 건물신축가격기준액

2001년: ㎡당 400,000원(2001년 이전 취득자산의 경우에는 2001년 기준가격에 산정기준율을 곱하여 산출한다.)

2002년: ㎡당 420,000원	2003년: ㎡당 460,000원
2004년: ㎡당 460,000원	2005년: ㎡당 460,000원
2006년: ㎡당 470,000원	2007년: ㎡당 490,000원
2008년: ㎡당 510,000원	2009년: ㎡당 510,000원
2010년: ㎡당 540,000원	2011년: ㎡당 580,000원
2012년: ㎡당 610,000원	2013년: ㎡당 620,000원
2014년: ㎡당 640,000원	2015년 :㎡당 650,000원

2016년 : ㎡당 660,000원	2017년 : ㎡당 670,000원
2018년 : ㎡당 690,000원	2019년 : ㎡당 710,000원
2020년 : ㎡당 730,000원	

㉯ 지방세 과세시가표준액

지방세의 과세시가표준액은 특별한 경우를 제외하고 취득세 등을 납부할 때 하한선에 해당하는 금액으로 이해하면 된다. 시가표준액은 취득세 과세가액의 하한선과 국민주택채권구입, 재산세의 기준이 된다.

① 건물과 토지를 통합하여 고시한 경우 시가표준액

구 분	시가표준액
고시된 아파트와 일부 연립주택	국토교통부 고시가액
미 고시된 공동주택	개별공시지가 + 건물시가표준액 (각 시장 군수 구청장 고시)
단독주택	개별주택가격 * 개별주택가격이 공시되기 전까지 : 개별공시지가 + 건물시가표준액 (각 시장 군수 · 구청장 고시)

② 건물과 토지를 통합하지 않은 경우의 시가표준액

건물시가표준액과 토지시가표준액의 합계액이 시가표준액이 된다.

▶ 건물시가표준액

신축가격(거만원) × 구조지수 × 용도지수 × 위치지수 × 잔가율 × 가감산율 × 면적(㎡)

▶ 토지시가표준액

개별공시지가 × 면적(㎡)

위와 같이 가액을 표시하는 용어는 다양하다. 일반인의 입장에서는 어떠한 가액이 세금을 신고하는 기준이 되는지를 알아보기는 어려우며 관심 있는 사람의 경우에도 한참을 읽고 설명 하여야 이해가 된다. 대부분 부동산 매매업 등 사업목적이 아니라면 세금 또는 법률에 무관심 하기 마련이다. 결국 이런 무관심이 세금을 납부할 때 문제가 된다. 세금은 기술적인 측면이 많다. 세금의 부과기준에 대하여 세법의 해석도 해야 하고 수학처럼 공식을 대입하여 풀어야 한다. 세법 규정을 알고 실행하느냐 그렇지 못 하느냐에 따라 세금의 부담이 달라진다. 세법을 아는가 모르는가로 그 부담에 차이가 발생 하는걸 안다면 조세제도가 잘못된 것이 아닌가 하는 억울한 생각도 들것이다.

세금, 법률은 어렵다. 평생에 한번 써먹을까 말까 하는 법률 공부하기는 이 바쁜 세상에 손해이며 또 그 공부라는 것도 쉬운일은 아니다. 그렇다고 손 놓고 나라에서 부과하는 대로 주머니를 터는 건 억울하다. 그렇다면 결론은… 상담을 받아라! 시간도 벌고 돈도 번다. 권리 위에 잠자는 자는 구제 받지 못한다. 잠을 자는 당신을 깨워 줄이? 세무사 여기 있다!

4. 공시지가와 세금

> 공시지가란 토지·건물, 동산 등의 감정평가에 관한 사항을 정함으로써 적정한 가격형성을 도모하며, 나아가 국토의 효율적인 이용과 국민경제의 발전에 이바지할 목적으로 제정되어 1990년부터 시행되고 있다.

세금에 있어서 공시지가는 양도소득세, 상속세, 증여세 등은 가격산정의 기준이 되는 것으로 공시지가가 높거나 낮게 산정된 경우 납세자가 세금을 납부할 때 문제가 발생된다. 공시지가는 양도소득세 계산시 취득가액을 모르는 경우 환산취득가액 계산시 이용되며, 상속세법의 경우에도 상속일로부터 6개월 이내에, 증여세의 경우에는 증여후 3개월(증여전 6개월) 이내에 감정사가 감정한 가액, 또는 실제거래한 가액이 있는 경우를 제외하고는 공시지가에 의하여 세액을 산출한다.

공시지가의 이의신청은 다음과 같이 두 가지로 나누어 신청 할 수 있다. 이의신청에는 표준지에 대한 이의신청과 개별공시지가에 대한 이의신청이 있으며 표준지 고시일 및 개별공시지가 고시일로부터 30일 이내에 이의신청을 하여야 한다. 표준지에 대한 이의신청은 국토교통부 장관에게, 개별공시지가에 대한 이의신청은 해당 시·군·구청에 하면 된다.

또한 양도 · 상속 · 증여의 재산 평가시 해당연도의 개별공시지가의 실제 적용일이 다음과 같으므로 취득가액을 환산하는 경우는 개별공시지가의 고시일을 참작하여 계약을 체결하는 것이 절세의 지름길이라 하겠다.

공시지가가 잘못 고시된 경우로 상속 · 증여세 등의 경우에는 상속개시일로부터 10년간 결정고지 할 수 있으므로 5-6년 전의 공시지가에 의하여 세액을 산출하는 경우가 종종 있게 되는데 이 경우 공시지가가 명백히 착오 적용 되어 상속세 · 증여세를 부과 받은 경우에는 세무사와 상담해보는 것도 한가지 방법이 될 수 있다. 명백히 잘못된 공시지가에 대하여 이의 제기하는 방법이 있을 수 있다.

개별공시지가의 고시일은 2004년 까지는 6월말 전후에 고시되어 적용되었다. 2005년부터는 공시지가 고시일이 5월말로 앞당겨져 발표된다. 2005년부터는 5월 이전에 상속 · 증여 · 양도등이 발생하는 경우 기준금액은 전 연도의 공시지가가 적용되고, 고시일 이후에 상속 · 증여 · 양도 등이 발생하면 해당연도의 공시지가가 적용된다. 상속개시가 2005.5.25에 개시된 경우 2004년 공시지가가 적용되고, 2005.6.25에 개시되었다면 2005년 공시지가가 적용된다는 것이다.

▶ 개별공시지가 고시일

- 1990. 1. 1 기준개별공시지가 고시일 : 1990. 8. 30
- 1991. 1. 1 기준개별공시지가 고시일 : 1991. 6. 29
- 1992. 1. 1 기준개별공시지가 고시일 : 1992. 6. 05
- 1993. 1. 1 기준개별공시지가 고시일 : 1993. 5. 22
- 1994. 1. 1 기준개별공시지가 고시일 : 1994. 6. 30
- 1995. 1. 1 기준개별공시지가 고시일 : 1995. 6. 30
- 1996. 1. 1 기준개별공시지가 고시일 : 1996. 6. 28
- 1997. 1. 1 기준개별공시지가 고시일 : 1997. 6. 30
- 1998. 1. 1 기준개별공시지가 고시일 : 1998. 6. 30
- 1999. 1. 1 기준개별공시지가 고시일 : 1999. 7. 01
- 2000. 1. 1 기준개별공시지가 고시일 : 2000. 6. 30
- 2001. 1. 1 기준개별공시지가 고시일 : 2001. 6. 30
- 2002. 1. 1 기준개별공시지가 고시일 : 2002. 6. 29
- 2003. 1. 1 기준개별공시지가 고시일 : 2003. 6. 30
- 2004. 1. 1 기준개별공시지가 고시일 : 2004. 6. 30
- 2005. 1. 1 이후 고시일 : 매년 5월 31일(부동산 가격공시 및 감정평가에 관한 법 시행령 제21조), 제38조(개별주택가격의 결정 및 공시), 제43조(공동주택가격의 산정 및 공시)

1990년 이전에 부동산을 취득한 경우 개별공시지가는 다음 산식과 같이 환산하여야 한다.

$$90년 공시지가 \times \frac{취득당시 \ 시가표준액}{\{(90년 \ 8월 \ 시가표준액 + 90년 \ 직전 \ 시가표준액)/2\}}$$

시가표준액은 토지대장 하단에 보면 토지등급이 있다. 토지등급에 해당하는 시가표준액을 확인하면 된다.

예) 100등급(597원), 150등급(6,730원), 200등급(77,100원)

5. 자금출처에 대비하여야 한다

"살아남"씨는 자녀가 결혼할 나이가 되어 자녀명의로 부동산을 구입하려고 하는데 자금출처 규정이 있는지 확인하고 싶어 한다.
증여추정배제기준이 있지만 신설된 지 오래되었고, 각 세무서에서 자금출처 취지에 맞추어 운영되고 있다.

- 취득 당시 30세 미만의 자녀가 취득하는 경우, 30세 미만의 자녀 에게 특정지역의 주택을 증여하는 경우, 전업주부가 자산을 취득

하는 경우에는 세무조사를 받을 가능성이 많다. 과거에는 부동산 취득자금에 대해서만 조사를 받았으나 최근에는 금융자산의 경우도 조사를 받는 경우를 종종 본다.

- 직업, 연령, 소득 및 재산상태로 보아 재산을 자력으로 취득하였다고 인정하기 어려운 경우나 자금출처로 입증된 금액의 합계액이 취득재산가액에 미달하는 경우에는 당해 자산을 취득한 때에 당해 재산의 취득자가 다른 자로부터 취득자금을 증여 받은 것으로 추정한다. (예: 소득이 없는 자녀명의 예금 3.5억)

- 채무상환자금에 대하여도 채무를 상환할 때 증여 추정 규정이 있다.

- 입증되지 않은 금액이 다음 금액에 미달하는 경우에는 증여받은 것으로 추정 하지 않는다. MIN(①, ②)

① 취득재산가액 또는 채무상환금액 × 20%

② 2억 원

다만, 증여 받은 사실이 객관적으로 확인될 경우에는 증여세를 과세한다.

예를 들어 실제취득가액은 3억원이며 기준시가가 1억9천만원인 아파트를 구입했을 경우 30세 이상의 세대주가 2억원 이하의 주택을 구입했을 때 적용 받는 증여추정 배제규정을 적용 받을 수 있을까?

적용되는 가액은 실제취득가액이 확인되면 3억원이 되고, 확인 되지 않는 경우는 기준시가 1억 9천만원이다.

실무적으로는 부동산 중개업소를 방문하여 조사하거나 매도인에게 전화 또는 우편엽서 및 직접 매도인을 조사하여 거래가액을 확인한다. 그러나 부동산 취득조사는 현재 부동산 구입시 취득가액을 실지 거래가액으로 신고하고 있고 취득 당시 부동산 등기부 등본에 취득가액이 표시되므로 실제취득가액을 기준으로 한다.

자금출처로 인정되는 것은 다음과 같다.

① 본인의 재산매각대금
② 본인의 소득신고액에서 세금을 차감한 금액
③ 농지의 경작소득
④ 자산취득일 이전 차용금으로 증명가능 한 것
⑤ 재산취득일 이전 취득 재산의 전세금 · 보증금
⑥ 기타 자금출처가 명백히 확인되는 금액
⑦ 증여세 또는 상속세를 신고한 경우 신고가액

● 은행예금은 특별한 경우를 제외하고 자금출처로 인정되지 아니함. 다만, 이자액 등은 인정될 수 있고 소득 중에 신용카드 사용액은 차감하고 나머지 금액을 자금출처로 인정되는 경우가 있다. (소득−세금−신용카드사용액)

:: 증여추정배제기준표 ::

구분	취득재산		채무상환	총액한도
	주택	기타재산		
1. 세대주인 경우				
가. 30세 이상인 자	1.5억원	5천만원	5천만원	2억
나. 40세 이상인 자	3억원	1억원	5천만원	4억원
2. 세대주가 아닌 경우				
가. 30세 이상인 자	7천	5천만원	5천만원	1억 2천만원
나. 40세 이상인 자	1억 5천	1억원	5천만원	2억 5천
3. 30세 미만인 자	5천만원	5천만원	5천만원	1억원

● 상속세 및 증여세 사무처리규정(2019.2.1)

다만, 상기 금액 이하이더라도 취득자금 또는 상환자금이 타인으로부터 증여 받은 사실이 객관적으로 확인될 경우에는 증여세 과세대상이 된다.

● 예금잔액 추정액에도 자금출처조사를 하고있다,

6. 부동산을 임대하려고 하는데 세금은?

"살아남"씨는 노후에 임대료를 받기 위해 부동산을 구입하려고 한다. 부동산을 취득 · 보유 · 양도시 부담 해야 할 세금에 대하여 궁금하다.

㉮ 취득

① 부가가치세

주택을 취득하는 경우에도 부가가치세를 부담한다. 다만, 국민주택 규모이하의 주택을 취득하는 경우에는 부가가치세가 면세된다. 국민 주택규모 초과주택을 취득하는 경우에도 부가가치세를 환급 받을 수 없다. 반면에 주택이 아닌 건물을 취득하는 경우에는 일정요건에 해 당하면 부가가치세를 환급 받을 수 있다. 취득세, 국민주택채권구입, 등기비용이 지출된다.

㉯ 보유

① 부가가치세

상가를 임대하는 경우 부가가치세를 신고해야 하며 주택의 임대에 대하여는 부가가치세를 부담하지 않는다.

② 종합소득세

:: 임대수입금액 과세여부 ::

주택수	보증금(임대보증금) x 이자율	월세
1주택	비과세	과세(기준시가 9억이하는 비과세)
2주택	비과세	과세
3주택	3억원 초과 보증금 과세, 단 보증금은 기준시가 2억원이하 40㎡이하 비과세	과세

- 공동소유자 중 최다지분권자의 주택으로 계산.

- 다음의 소수지분권자도 주택수 가산

① 소수지분권자 임대소득이 연간 600만원이상

② 기준시가가 9억원을 초과하는 주택의 30% 초과 공동소유지분
  소유

:: 임대주택 과세방법(수입금액 = 보증금 x 이자율 + 월세 합계) ::

수입금액	신고 방법
2,000만원 이하	과세(분리과세 선택가능) - 분리과세시 임대주택 미등록자 기본공제 축소(등록:400만원, 미등록:200만원)
2,000만원 초과	종합과세

:: 2,000만원 이하 분리과세시 소득금액 계산
(임대수입금액 = 보증금 x 이자율 + 월세 합계) ::

수입금액	산출세액 계산
임대주택 등록사업자	{임대수입금액 - (임대수입금액 x 70%) - 400만원}x14% x (1-감면율) = 산출세액
미등록 사업자	{임대수입금액 - (임대수입금액 x 50%) - 200만원}x14% = 산출세액

● 2019.12.31. 까지 감면율(연도별 감면율 확인): 4년이상 임대 30%, 공공지원민간임대주택 또는 장기일반민간임대주택 75%, (2021년이후 2호이상임대시, 30% → 20%, 75% → 50%)

:: 임대주택 종합과세시 소득금액 계산 ::

추계과세	수입금액 2,400만원 초과 : 기준경비율 x (1- 기준경비율) = 소득금액 * 수입금액 산식 : (보증금 - 3억원) x 60% x 이자율 + 월세합계
장부기장	수입금액 - 재산세- 이자비용 - 기타 관리비용 = 소득금액 * 수입금액 산식 = 보증금 수입금액{(보증금 - 3억원) x 60% x 이자율 - 임대사업부분에서 발생한 이자액} + 월세수입

- 소득세법 제25조(총수입금액 계산의 특례)

- 소득세법 제64조의2(주택임대소득에 대한 세액 계산의 특례)

- 소득세법 시행령 제53조(총수입금액계산의 특례)

- 조특법 제96조(소형주택 임대사업자에 대한 세액감면)

③ 국민연금과 건강보험료

임대사업을 하여 소득세 신고를 하게 되면 국민연금과 건강보험료를 납부해야 한다.

🕒 양도

① 양도소득세

- 주택의 경우에는 주택수가 양도소득세에 큰 영향을 미친다.(1세대 1주택 비과세) 단, 임대주택으로서 구청에 임대사업자등록과 세무서에 사업자등록을 하면 주택 수에서 제외된다.

여러 채의 주택을 소유한 상태에서 주택을 양도하는 경우 양도하는 자산이 양도소득세가 많으면 다른 주택을 먼저 양도하거나 임대사업자등록을 하거나 증여한 후 처리해야 한다.

② 부가가치세

주택이나 토지 이외의 상가 등 상업용 시설을 양도하는 경우에는 부가가치세를 납부해야 한다. 부가가치세를 납부하지 않으려면 매매 쌍방이 포괄적 사업양수도 계약서를 작성하여야 한다.

7. 상가취득의 경우 부가가치세 환급문제를 검토해야 한다

"살아남"씨는 상가나 오피스텔에 투자하려고 하는데 부가가치세를 환급 받을 수 있다고 한다. 어떻게 해야 부가가치세를 환급 받을 수 있는가?

상가 등 업무용 부동산을 취득하는 경우에는 건축물에 부가가치세가 포함되어 분양되었을 것이다. 이 경우 부가가치세를 환급 받을 수 있는 데 그 요건은 다음과 같다.

㉮ 반드시 사업자등록 신청시 일반과세자로 등록하여야 한다.

㉯ 세금계산서를 발급 받은 분에 대하여만 환급이 가능하다.

그러나, 환급을 받는 대신 임대사업자로서 임차인에게 월 임대료를 받는 경우에는 납부시 공급가액에 10%의 부가가치세를 납부하여야 하며, 환급신청은 세무사에게 의뢰하여 처리하는 것이 좋다.

㉡ 임대인 입장에서는 임대를 하는 경우 임대계약서에 반드시 부가가치세 별도 문구를 넣어 손해 보는 일이 없도록 하여야 한다. 상가의 경우에는 월세부분에 대한 부가가치세를 임차인이 다시 환급 받을 수 있으므로 일반과세자로 사업자등록을 하여 세금계산서를 발급해 주면 임차인은 부가가치세 10%를 환급 받을 수 있다. 그러나 임차인이 면세사업자인 경우에는 임차인이 월세에 대한 부가가치세를 환급 받지 못한다. 납부한 부가가치세는 소득세 신고시 경비로 공제된다.

㉢ 신규사업자가 일반과세자로 등록하여 건물 등을 신축 또는 구입하고 환급세액을 환급 받은 후 10년이 경과하기 전에 간이과세자로 전환하거나 면세사업에 사용하는 경우 세부담 회피의 소지가 크므로 환급세액의 일정비율을 부가가치세로 납부해야 한다.

8. 고급주택 취득시 취득세 중과(5배)

"살아남"씨는 주택을 구입하여 취득세 신고를 하기 위해 구청을 방문하였더니 고급주택에 해당되어 취득세를 5배 중과 한다고 한다. 고급주택의 범위에 대하여 알고 싶다. 고가주택이란 용어도 있는데 고가주택이란 무엇 인가.

고급주택이란 용어는 지방세에서 사용하는 용어이다. 소득세법에서는 고가주택이란 용어를 쓰고 있다. 소득세법상 고가주택의 경우 가액기준 9억원이다. 소득세법상 고가주택(실지거래가액 9억원) 경우는 1세대 1주택비과세규정을 적용할 때 사용하며, 1세대 1주택자가 임대사업을하는 경우 고가주택(12.31일 현재 기준시가 9억원) 해당되는 경우 월세를 받게 되면 1주택자라도 월세에 대하여 소득세 신고를 해야 한다.

지방세법상 고급주택은 면적기준과 가액기준이 있다. 지방세법상 고급주택의 경우에는 취득세가 5배 중과된다. 원래 취득세율은 등록세와 통합전에 2.2%(농특세 포함)이므로 5배 중과되는 경우에는 11%가 되어 추가로 8.8%를 더 납부하게 된다. 다만, 주거용 건축물을 취득한 날부터 30일 이내에 주거용이 아닌 용도로 사용하거나 고급주택이 아닌 용도로 사용하기 위하여 용도변경 공사에 착공하는 경우에는 중과세 되지 않는다.

지방세법상 고급주택에 해당되는 경우 취득세 5배 중과 된다. 지방세법상 고급주택은 면적과 금액의 제한이 있다. ① · ② · ②-2 · ④의 주택은 시가표준액이 6억원 초과되어야 한다.

① 1구의 건물의 연면적(주차장면적을 제외한다)이 331제곱미터를 초과하는 것으로서 그 시가표준액이 9,000만원을 초과하는 주거용 건물과 그 부속토지

② 1구의 건물의 대지면적이 662제곱미터를 초과하는 것으로서 그 건물의 시가표준액이 9,000만원을 초과하는 주거용건물과 그 부속토지

②-2 1구의 건물에 엘리베이터(적재하중 200킬로그램 이하의소형 엘리베이터를 제외한다)가 설치된 주거용 건물(공동주택을 제외한다)과 그 부속토지

③ 1구의 건축물에 에스컬레이터 또는 67제곱미터 이상의 수영장 중 1개 이상의 시설이 설치된 주거용 건물(공동주택을 제외한다)과 그 부속토지

④ 1구의 공동주택(여러 가구가 한 건물에 거주할 수 있도록 건축된 다가구용 주택을 포함하되, 이 경우 한 가구가 독립하여 거주할 수 있도록 구획된 부분을 각각 1구의 건물로 본다)의 연면적(공용면적을 제외한다)이 245제곱미터(복층형의 경우에는 274제곱미터로 하되, 1개 층의 면적이 245제곱미터를 초과하는 것을 제외한다)를 초과하는 공동주택과 그 부속토지

9. 별장(취득세 중과)과 농어촌주택 범위

"살아남"씨는 고향에 주택을 가지고 싶어 한다. 그런데 고향주택에 거주하지 않는 경우에는 별장으로 보아 취득세가 중과된다고 한다. 반면에 농어촌주택을 구입하면 1세대 1주택 적용 시 보유주택에서 제외된다고도 한다. 별장 및 농어촌주택에 대하여 알고 싶다.

별장의 경우에도 취득세가 5배 중과된다. 별장이란 주거용 건축물로서 상시 주거용으로 사용하지 아니하고 휴양·피서·위락 등의 용

도로 사용하는 건축물과 그 부속토지를 말한다. 별장의 경우에는 호화스러운 주택으로 생각하기 쉬우나 실제로 상시 거주하지 아니하면 별장으로 보게 되므로 주의하여야 한다. 농어촌주택의 경우에는 일반 1주택에 대한 1세대 1주택 판정시 주택으로 보지 않는다.

㉮ 별장으로 보는 경우는 다음과 같다.

① 주택을 건축하고 입주한 사실이 없는 주택

② 자녀들이 방학기간 동안에 가끔 사용하고 주택

③ 연못, 원두막, 야외부스 등 휴식용 시설물이 설치되어 있는 주택

④ 상속으로 취득한 주택을 상시 주거용으로 사용하지 않으며 매각 또는 임대를 추진한 사실이 입증되지 않는 주택

⑤ 유원지의 강가에 위치한 주택이 상시 주거용이 아니고 민박 등의 용도로 입증되지 않는 주택

⑥ 주로 주말이나 연휴 기간에 휴양 · 피서 등의 용도로 사용되는 주택

⑦ 실제 거주 여부를 판단할 수 있는 전기 · 수도 · 가스 · 전화사용량이 휴가철이나 주말에 집중된 주택

㉯ 별장으로 보지 않는 농어촌주택과 1세대 1주택 판정시 보유주택으로 보지 않는 농어촌주택 및 고향주택

별장으로 보는 경우는 지방세법의 취득세 5배 중과되고 재산세가 높은 세율(4%)이 적용된다.

또, 일반주택과 요건에 맞지 않는 농어촌주택을 소유하고 있는 경

우 1세대 1주택 판정시 주택 수에 계산되어 일반주택을 양도하는 경우 양도소득세가 과세될 수 있다. 일반인들이 쉽게 생각하기에는 농어촌주택의 가격이 낮기 때문에 일반주택을 양도할 경우 주택으로 보지 않기 때문에 주택 수 계산시 무시하는 경우가 있다.

농어촌주택으로 보는 규정은 여러 가지 조건이 맞아야 농어촌주택으로 보기 때문에 소홀이 다루면 안 된다. 기간, 면적, 지역에 따라 농어촌주택 여부가 판정되기 때문에 주의해야 한다.

▶ 농어촌주택이란(지방세법 시행령 28조)

수도권지역, 도시지역 및 허가구역에 속하지 아니할 것(지방세법)

– 연면적 150㎡ 이내, 대지 660㎡,

– 건축물가액이 6,500만원 이내

조세특례제한법(99조의 4) 금액 기간 제한

– 취득 당시 기준시가 2억원(한옥 4억) 이내

– 2003.8.1 – 2020.12.31. 기간 중에 농어촌주택을 취득한 경우

따라서 농어촌주택의 요건을 갖추지 못한 경우에는 별장으로 볼수 있고, 농어촌주택이지만 보유주택으로 보아 다른 주택 양도시 비과세를 받을 수 없는 경우도 발생할 수 있다.

● 고향주택 : 2009. 1. 1 ~ 2020. 12. 31.

10. 부동산을 법인으로 살까 개인으로 살까?

"살아남"씨는 부동산에 투자하고 싶다. 부동산을 투자하는 경우 개인명의로 투자할 수 도 있고, 법인을 설립하여 투자할 수 있다고 한다. 개인과 법인 명의로 할 경우 각각에 대한 장점과 단점을 알고 싶다.

부동산을 개인으로 구입하는 경우와 법인으로 구입하는 경우에 세부담이 달라진다. 특히 농지나 주택의 경우는 법인이 취득하는 경우는 여러 가지 제한이 있다. 또 법인의 경우는 법인설립일로부터 5년 이내에 대도시 내에 부동산을 구입하는 경우 취득세가 중과되는 규정이 있다. 반면에 개인이 주택을 2채 이상 보유 후 양도시에는 비과세를 받을 수 없는 경우도 발생한다.

대부분 법인이 세율이 적게 부담한다고 생각하기 쉬운데 법인의 주인은 주주이다. 주주는 법인에 재산을 출연한 개인을 말한다. 법인의 이익은 개인이 사용하려면 법인의 재산에서 인출되어야 한다.

법인의 재산에서 인출되는 경우는 법인의 대표자의 급여(근로소득)로 처리하여 사용하는 방법과 법인의 주주총회를 통하여 배당(배당소득)처리하여 법인재산을 인출한다. 결국 법인 돈을 개인이 사용하려면 급여처리나 배당 처리한 후에만 사용할 수 있는 것이다.

부동산 보유에 따라 개인과 법인을 비교해 보면 다음과 같다.

개인적으로 판단하면 개인이 보유하는 것이 유리하다. 장기보유공제도 가능하고 처분이 자유롭고 처분한 돈의 사용도 자유롭기 때문이다.

구분	개인	법인
취득세	취득세 일반세율적용 (별장.고급주택은 취득세 중과세함)	취득세 중과규정 있음
보유단계	재산세와 종합부동산세	재산세와 종합부동산세, 업무와 관련 없이 부동산을 취득하는 경우 차입금 이자 불인정
농지보유	가능	원칙적으로 불가능
장기보유 특별공제	3년이상 가능	불가능
양도소득 기본공제	가능	불가능
소득금액 산출	양도가액−취득가액(감가상각비 제외) − 필요경비 − 장기보유특별공제 − 양도소득기본공제	양도가액 − 양도시 장부가액
납부하는 세금	양도소득세, 지방소득세	법인세, 추가법인세, 지방소득세
과세방법	양도소득과 다른 소득 합산하지 아니함(소득원천별로 과세)	법인의 다른 소득과 합산과세(순자산증가설)

세율
(지방
소득세
10%별도)
	− 2년 이상이면: 6% ~ 42%
	− 1년이상~2년 미만: 40%
	− 1년 미만: 50%(주택 및 조합원
	  입주권 40%)
	− 비사업용 토지: 기본세율 +10%
	− 2주택: 기본세율 + 10%
	− 3주택: 기본세율 + 20%
	− 미등기양도: 70%
		− 보유연수에 관계없이: 법인세율
		  10% ~ 25%
		− 추가과세
		① 주택을 양도하는 경우: 일부
		  주택을 제외한 주택에 대하여
		  10%(미등기 40%)
		② 비사업용토지: 10%(미등기 40%)

2주택 이상	2018.4.1.이후 장기보유공제 불가 (2019.12.17−2020.6.30 기간 한시적 장기보유공제 가능)	임대주택, 사원용 주택, 저당권 실행 등 부득이한 사유에 해당되지않은 주택은 3주택이상 상관없이 법인세외 10% 추가과세
이월결손금	연도를 달리하는 결손금 공제불가	이월결손금과 상계가능
처분재산 유용	제한이 없음	처분재산에 대하여 개인이 사용 하려면 배당 또는상여처분(세금 징수)

● 2021년 이후 단기보유(2년미만)는 주택과 다른부동산 세율 동일

11. 법인의 주주와 세금

"살아남"씨는 먼 친척이 법인을 설립하기 위하여 법인 주주로 등재하기를 원하는데 만약 법인의 주주가 되는 경우 어떠한 불이익이 발생하는지 알고 싶다. 과점주주의 취득세와, 법인이 세금을 납부하지 않는 경우 개인재산으로 납부해야 한다.

▶ 친족이 50%초과의 주식을 소유하면 과점주주가 된다. 과점주주가 되는 경우에는 취득세 대상 자산에 대하여 취득세를 개인이 납부하여야 한다.

과점주주란 출자자와 특수관계인의 주식합계액이 50%초과인 주주를 말한다. 법인은 개인과 달리 회사의 채권채무에 대하여 주주의 경우는 유한책임을 진다. 유한책임이란 자기가 출자한 금액에 대하여만 책임을 진다는 의미이다. 다만 지방세법에서는 법인소유재산 중 취득세 과세 대상인 부동산, 차량, 기계장비, 입목, 항공기, 선박, 광업권, 어업권, 골프회원권, 승마회원권, 콘도미니엄 회원권, 종합체육시설이용회원권, 요트회원권에 대한 취득세 납세 의무를 과점주주에게도 지우고 있다. 주식 또는 지분을 50%초과 취득하여 과점주주가 된 경우 그 과점주주는 당해 법인의 총자산 중에서 위의 취득세 과세 대상 물건을 과점비율만큼 취득으로 의제하여 취득세 납세의무를 갖게 되는 것이다. 과점주주는 일반주주와 달리 그 법인에 대한 경영권을 지배할 수 있을 뿐 아니라, 당해 법인의 자산을 임의 처분하거나 관리 · 운용할 수 있는 지위에 있어 실제로는 자기 소유자산과 크게 다를 바 없으므로 세금을 납부할 능력이 있다고 보는 것이다. 다만, 법인설립 시에 발행하는 주식 또는 지분을 취득함으로써 과점주주가 된 경우에는 취득으로 보지 아니한다.

▶ **과점주주가 최초로 되는 경우에는 취득세에 대하여 납부의무가 발생한다.**

과점주주의 취득세 납세의무는 과점주주성립 당시(즉, 주식취득일) 당해 법인이 소유하고 있던 취득세 과세물건이므로 과점주주가 된 이후에 법인이 취득하는 과세물건에 대하여는 납세의무가 없다. 또는 특수관계인으로부터 주식을 취득하였으나 전체 주식소유비율이 변동이 없는 이상 간주 취득세 납세의무를 지는 과점주주에 해당되지 않는다. 다만, 특수관계자의 주식 소유비율이 50%를 최초로 초과되는 경우에는 과점주주에 대한 간주 취득세 납세의무를 진다. 예를 들어 특수관계자가 40%를 소유하고 있던중 15%를 취득하여 55%가 되는 경우 과점주주 성립 당시 취득세 과세물건에 대한 장부가액에 55%에 해당하는 가액에 취득세율을 곱하여 취득세를 납부하여야 합니다.(과점주주성립 당시 장부가액 × 55% × 취득세율) 또한 세율(일반세율 또는 중과세율)의 적용 여부도 과점주주 성립 당시를 기준으로 하는 것임.

▶ **법인 증자시는 구주 비율에 따른 자본금을 증자하여야 한다.**

법인은 설립시 발기인이 구성되고 발기인은 반드시 주식 1주 이상을 보유하여야 한다. 이후 법인은 자본금을 증자하는 경우 특별한 경우를 제외하고 발기인에게 주어지는 신주인수권을 각 발기인의 애초 소유주식의 비율대로 배당하여야 하고, 신주인수권을 포기한 주식을 타인이 취득하는 경우에는 증여로 간주하여 증여세가 부과된다. 증자 시 주식의 평가, 특히 비상장주식의 평가는 복잡하기 때문에 사전에 충분한 검토가 있어야 한다. 다만, 손실이 나는 법인이나 사업 초기에 주식을 증여하는 경우 증여세가 가벼워질 수 있다.

▶ **타인 명의로 주식를 취득하는 경우(친족의 회사에 주주가 되는경우) 명의신탁으로 보아 증여세가 과세되고 과점주주인 경우에는 법인이 납부하지 않은 세금을 부담할 수 있다.**

상속 및 증여세법은 97.1.1. 이후에는 명의신탁에 의한 주주를 증여로 과세하고 있다. 단순한 위탁계좌에 입금하는 경우도 증여세가 과세될 수 있으므로 주의해야 하고, 법인의 설립시 주주명부를 제출하는 경우 나중에 국세의 제2차 납세의무자가 될 수 있으므로 신중하게 결정해야 한다.

반면에 타인 명의로 주주명부에 등재한 후 명의를 본인으로 환원하는 경우 증여세가 과세 되지 않는다. 이를 위해서는 타인 명의로 주식을 구입할 때 명의신탁임을 입증 할 수 있게 취득자금(금융자료)을 확인할 수 있는 서류가 있어야 한다. 명의신탁환원에 대하여는 증여세가 과세되지 않지만 애초 타인 명의로 주식을 등재할 경우의 증여세는 피할 수 없다.

▶ 부동산과다보유법인 주주(주식 50% 이상 소유, 부동산 등 보유 비율 50%, 또는 80% 이상) 부동산과다보유법인 주식을 양도하는 경우 누진세율(6%~42%)이 적용된다.

12. 남편이 소득이 많은 경우 배우자 명의로 임대업을 하는 것이 유리하다

"살아남"씨는 연봉이 1억이 넘는다. 그래서 배우자 명의로 임대업을 하게 되는 경우 낮은 세율을 적용 받게 된다고 한다. 배우자 명의로 임대를 하는 경우 발생될 수 있는 문제는 무엇인지 궁금하다.

부부합산과세 위헌 판결로 인하여 남편과 배우자의 소득을 나누는 것이 유리하다. 그러나, 부동산을 취득할 경우 취득자금에 대한 자금출처조사가 있을 수 있으므로 세법규정을 잘 알아야 한다.

현행 배우자 간의 증여공제범위는 6억원까지 증여세가 없다. 그러나, 6억원을 초과하는 경우에는 증여세 문제가 발생할 수 있으므로 무턱대고 부인 명의로 부동산을 구입하면 큰 낭패를 볼 수 있다.

취득자금이 증여공제액을 넘는 경우에는 대출을 받는 방법도 가능하다. 대출로 부동산을 구입하는 경우에는 매년 소득세 신고시 "지급이자"로 필요경비가 인정된다. 그러나, 예금이 있는 데도 불구하고 대출을 받는 경우에는 소규모 임대업에서는 실제 수입액이 적어질 수 있다.

남편의 소득이 매우 크다면 임대업을 부인 명의로 하여 소득세를 절세할 수 있다. 그러나 부인 명의로 하는 경우에는 국민연금과 건강보험 납부의무가 추가됨으로써 실제 수입액을 사전에 비교해보는 것이 좋다.

재산이 20억원 이상인 경우에는 배우자에게 사전에 증여해야 소득세도 절세할 수 있고, 나중에 상속세도 덜 낼 수 있다. 소득세는 소득자별로 세율이 적용되기 때문에 남편소득과 합산하지 않아 종합소득세율의 낮은 세율이 적용되고, 상속세는 상속인에게 증여한 경우는 10년, 상속인이 아닌 자에게 증여한 경우는 5년이 경과되면 상속재산에 합산하지 않아 낮은 세율로 종결된다.

그러나, 사망이 임박하여서 배우자공제액을 초과하여 증여하는 경우에는 나중에 배우자 상속공제를 받지 못할 수 있으므로 주의하여야 한다. 이유는 배우자 공제 한도액 계산 때문이다. 배우자공제는 상속재산에서 배우자의 법정상속비율을 곱한 금액에서 사전에 배우자에게 증여한 재산의 과세표준을 차감하기 때문이다.

2005.1.1. 이후부터는 집단상가와 오피스텔에 대하여도 국세청기준시가가 고시되어 상속세 및 증여세가 증가되었다. 2005.5월부터는 개별주택에 대한 가격이 공시되었다. 또 주변의 시세도 증여의 기준가격(시가)으로 보게 된다. 포괄과세 제도시행으로 시가의 범위가 확대되었으므로 사전에 충분한 검토가 있어야 한다.

부담부증여 제도를 이용하면 상가 등 부동산을 증여할 때 증여세를 절세하면서 이전할 수 있다. 부담부증여란 쉽게 말해 본인 소유의 아파트로 임대업을 하고 있다가 그 아파트를 증여할 때 전세보증금 등의 부채를 함께 증여하는 것이다. 아니면 부동산 소유주가 대출받은 후 그 대출금을 함께 증여하는 것이다. 그러나 부채를 상환하거나 전세금을 상환하는 경우에는 다시 증여문제가 발생한다. 부채 상환자금이나 전세금의 자금출처를 입증해야 하기 때문이다. 더불어 부담부분에 대하여 양도소득세가 과세된다는 것을 잊지 말아야 한다.

배우자 명의로 이전시는 증여세와 부담부분에 대한
양도소득세, 상속세 절세효과,
종합소득세 및 재산세 · 종합부동산세 절세효과, 취득세 등
이전비용 등을 고려하여 결정해야 한다.

더불어 이전에 따른 비용과 연도별 세금부담, 추후 상속문제까지 검토하는 것이 바람직하다. 이전시 취득세와 구 등록세의 기준이 되는 가격이 종전에는 시세의 30%정도의 가격이 기준이 되었으나 지금은 기준시가와 주택공시가격을 기준으로 변경되어 이전비용도 만만치 않다.

배우자에게 명의 이전 한 후 5년이내에 양도하는 경우에는
당초증여자가 취득한 때로부터 양도소득세를 계산한다.

배우자 명의로 이전 후 5년이내에 양도하면 취득세 등 이전비용만

부담하는 경우가 있다. 세법은 배우자 증여공제 한도를 이용하여 증여한 후 5년이내 양도시는 양도소득세를 피할 목적이 있다고 보아 당초 증여자의 취득일부터 수증 받은 배우자의 양도일까지 전 기간의 양도차익에 대하여 과세하도록 하고 있다.

13. 공동으로 사업자등록 시 동업계약서 작성과 문제점

"살아남"씨는 부동산을 부인과 공동으로 구입하여 임대하려고 한다. 자금이 부족하여 은행에서 차입하여 임대를 하려고 하는데 사업자등록시 동업계약서를 제출하여야 한다고 한다. 이 때 주의해야 할 점은 무엇인가?

세법을 해석할 때 상식에 맞지 않는다고 생각하는 경우가 많을것이다. 필자와 같이 세금에 대하여 컨설팅을 하는 세무사의 입장에서도 이해하지 못할 경우가 많다. 아니면 필자의 경우도 주관으로 해석하기 때문일까?

공동사업을 하게 되면 사업자등록시 공동사업으로 등록하게 되는데 등록시 동업계약서를 작성하여 제출하여야 한다.

예를 들어 20억원의 부동산을 구입하면서 대출 10억원을 받아 취득하는 경우를 보자.

20억원 중 10억원은 차입금이고 나머지 10억원에 대하여 5억원씩 출자하기로 하는 경우 당연히 10억원을 출자금으로 해석해야 하지만 세무서의 입장은 다를 수 있다.

세무서에서는 20억원을 출자한 것이고 대출금 10억원은 출자금을 조달하기 위한 금액으로 본다. 각각 10억원씩 출자한 것으로 보게 되는 경우다. 즉, 대출금을 출자를 위한 대출이기 때문에 비용으로 인정할 수 없다는 주장이다. 이 경우는 억울하다. 임대사업자의 입장에서는 10억원을 사업자의 대출비용으로 공제하여 소득세를 신고하였을 것이다. 이러한 비용인정을 세무서에서 해주지 않는 경우가 가끔 있다.

이러한 세무서와의 마찰을 피하기 위해서는 먼저 동업계약서를 작성해야 하고 동업계약서 작성 후 사업자등록을 해야 하고 사업자등록 후 대출을 받아야 한다.

비용인정
재무상태표

재산20억	부채 10억
	자본 10억

비용 불인정
재무상태표

재산20억	부채 0원
	자본 20억

손익계산서

지급이자 ?	임대료?
기타비용 ?	

손익계산서

지급이자 0	임대료 ?
기타비용 ?	

14. 부동산 임대업과 사업자등록

주택과 상가를 구입하여 임대를 하려고 하는데 사업자등록은 어떻게 해야 하는지 사업자등록을 하지 않는 경우 어떠한 불이익이 있는지 알고 싶다. 특히 주택의 경우는 사업자등록을 세무서와 구청에 해야 한다고 하는데 왜 그런가.

사업자등록은 사업개시일로부터 20일 이내에 하여야 한다. 사업자 등록 전에 아래의 서류를 준비하여야 하므로 사전에 가까운 세무사와 협의하여 사업자등록을 하는 것이 시간을 절약할 수 있는 방법이다.

㉮ 주택을 임대하는 경우

매입임대주택 1호 이상을 임대하려는 경우에는 구청에 주택임대사 업자등록을 하여야 하고, 세금을 납부하기 위해서는 세무서에 "사업자 등록"신청을 해야 한다. 주택에 대해서는 "사업자등록"신청를 하지 않는 경우 수입금액의 0.2% 가산세가 있으며, 임대주택이 아닌 주택을 양도할 경우 비과세혜택을 받을 때 사업자등록이 안되었다는 이유로 1세대 다주택자로 판단하여 양도소득세를 과세할 수 있으므로 주의해야 한다. 세법에서 2주택 이상에서 제외되는 임대주택은 구청뿐만 아니라 세무서에 사업자등록을 한 경우만 보유주택에서 제외하도록 하는 규정이 있으므로 반드시 세무서에 사업자등록을 해야 한다.

㉯ 상가를 임대하는 경우

상가를 임대하는 경우에는 세무서에 "사업자등록"만 하면 된다. 사업자등록 시에는 간이과세자 와 일반과세자 중 선택할 수 있으므로 신청시 요건을 확인하여 신청해야 한다.

취득단계에서는 상가의 경우 부가가치세 환급문제가 발생하므로 계약 후 곧바로 사업자등록을 신청하는 것이 부가가치세 환급문제를 수월하게 처리할 수 있는 방법이다. 보유단계의 경우는 재산세와 종합부동산세, 양도단계에서는 양도소득세와 부가가치세를 납부해야 한다. 그러나, 가장 문제가 되는 것은 양도단계의 부가가치세 문제이다. 상가의 경우는 부가가치세를 납부할 의무가 있다. 다만, 포괄적으로 사업을 양도하는 경우 부가가치세 문제가 없으나 요건이 까다롭기 때문에 세무사와 상담 후 양도해야 한다.

㉰ 사업자 등록을 위한 준비 서류

① 등기 전

부동산 매매계약서. 공동으로 하는 경우에는 동업계약서

* 매매계약서 제출시는 실제취득가액이 확인되어 자금출처 조사를 받게 되는 경우가 있으므로 사전에 충분한 검토가 필요하다. 또 개인간 잔금이 청산되지 않는 상태에서는 사업자등록증 신청을 하면 실제 계약 여부 등을 조사 할 수 있다. 즉 계약이 취소될 수 있기에 사업자등록을 내어줄 수 없다고 한다.

② 등기 후

부동산 등기부 등본. 공동으로 하는 경우에는 동업계약서

❹ 사업자 등록증발급

신청인 본인이 직접 세무서 민원실에 방문하여 사업자등록신청서를

작성 제출하는 경우는 신청 즉시 발급된다.(신분증 지참)

제3장

부동산 보유 관련 세금

보유

세금

절세

재산세

종합
부동산세

종합
소득세

부가
가치세

차입금

1. 재산세 과세방법

> "살아남"씨는 주택과 토지를 소유하고 있는데 재산세는 뭐고 종합부동산세
> 는 어떻게 과세되는지 알고 싶다.

2005년부터는 토지는 종합합산과세대상, 별도합산과세대상, 분리
과세대상으로 나누고, 건축물은 주택을 제외한 건축물과 주택으로 나
누어 과세된다.

과세대상의 구분은 다음과 같다.

① 주택에 대하여는 주택과 토지를 합산하여 과세하고

② 토지에 대하여는 전국의 주택의 부수 토지를 제외한 모든 토지를
합산하여 종합합산과세대상, 별도합산과세대상, 분리과세대상으로
구분한다.

(1) 종합합산과세대상은 과세기준일 현재 납세의무자가 소유하고 있는
    토지 중 별도합산 또는 분리과세대상이 되는 토지를 제외한 토지

(2) 별도합산과세대상 토지는 과세기준일 현재 납세의무자가 소유하
    고 있는 사업용 토지

(3) 분리과세대상 토지는 저율 분리과세 하는 공장용지·전·답·과
    수원 및 목장용지와 산림보호 육성해야 하는 임야 및 종중 소유
    임야와 고율 분리 과세하는 골프장 등으로 나누어진다.

③ 건축물은 주택과 토지를 제외한 주택 외 건물 부분만 별도로 과
세한다.

재산세의 경우에는 납세자로서는 특별히 절세할 수 있는 방법은 없다. 보유하는 것 자체에 세금이 부과되기 때문이다. 다만, 재산세와 종합부동산세는 인별 과세 원칙이 적용되므로 여러 사람이 소유하는 방법으로 누진세율을 피할 수 있는지 여부를 판단해야 한다. 그러나, 재산을 분할하거나 증여할 때에는 증여세와 취득관련 세금이 과세될 수 있고, 증여세가 보유단계에서 보유하는 세금에 비하여 높기 때문에 재산을 분할 할 때는 충분히 검토 한후에 해야 한다. 소득이 없더라도 재산세와 종합부동산세는 납부하여야 한다. "소득이 있는 곳에 세금이 있다"에 대한 예외라고 보면 된다.

토지의 경우에는 종합합산, 별도합산, 분리과세 여부를 확인해야 한다. 토지분 재산세가 고지되면 고지서에 구분 표시되어 있으므로 과세가 정확하게 되어 있는지 확인해야 한다. 재산세 내용에 의하여 종합부동산세가 과세되기 때문이다.

재산세 토지분 영수증을 확인하자

2. 종합부동산세란

"살아남"씨는 1세대 2주택자이다. 1주택은 아파트로서 공동주택가격이 9억원이고, 1주택은 단독주택으로 개별주택가격이 6천만원이다. "살아남"씨가 종합부동산세를 절세하기 위하여 해야할 일은?
1세대 1주택을 만들어야 한다.

먼저 1세대 1주택을 만드는 것이 중요하다. 1세대 1주택의 경우에는 9억원까지 종합부동산세 과세대상이 아니기 때문이다. 즉, 단독주택 6천만원을 양도하거나 다른 세대에게 증여하는 방법을 선택할 수 있다. 다른 세대에게 증여하는 경우에는 취득세 등 이전등기비용이 발생한다.

만약 주택가격이 12억원이라면 배우자와 공동으로 소유하는 것이 종합부동산세를 절세할 수 있다. 다만, 종합부동산세의 경우에는 공시가격을 기준으로 과세하지만 배우자 명의로 이전하는 경우에는 공동주택가격은 주변시세를 적용할 수 있어 증여세 문제가된다. 즉, 16억원이 주변시세라면 배우자에게 증여시 8억원이 증여세 과세대상이고 증여공제 6억원을 차감한 2억원에 대한 증여세가 발생하며 이전관련비용 즉, 취득세 등이 공시가격에 약 5%정도 발생하게 되므로 사전에 세무사와 상담이 필요하다.

종합부동산세는 재산세 과세되는 토지(종합합산대상 토지, 별도합산대상 토지) 와 주택 중 일정금액을 초과하게 되면 다시 종합부동산세를

납부해야 한다

㉮ 종합부동산세 과세대상은 다음과 같다.

주택 : 주택의 공시가격을 합산한 금액이 6억원을 초과하는 경우
(단, 1세대 1주택의 경우에는 9억원을 초과하는 경우)

종합합산대상 토지 : 종합합산과세대상 토지의 공시가격을 합산 금
액이 5억원을 초과하는 경우

별도합산대상 토지 : 별도합산과세대상 토지의 공시가격을 합산 금
액이 80억원을 초과하는 경우

㉯ 다음의 자산은 종합부동산세가 과세되지 않는다.

① 종업원에게 무상이나 저가로 제공하는 국민주택규모 이하의 주택

② 기숙사

③ 시공사가 주택신축판매업자로부터 대물변제 받은 미분양주택

④ 가정 어린이집용 주택, 노인복지주택

⑤ 공사대금으로 받은 미분양주택, 기타 미분양 주택(복잡)

⑥ 정부출연기관의 연구원에게 제공하는 주택으로 2008년 12월 31
일 현재 보유하고 있는 주택

⑦ 등록문화재에 해당하는 주택

⑧ 혼인(5년간) 또는 봉양하기 위하여 합가(10년간) 한 경우은 합산제
외 (혼인한 자별 또는 합가한 자별로 판단)

⑨ 합산배제 임대주택(복잡)

3. 종합부동산세 합산배제 신청

"살아남"씨는 주택임대사업을 하고 있다. 그런데 종합부동산세대상통보가 왔다. 종합부동산세에서 제외되기 위해서는 어떠한 조치를 해야 하는지? 종합부동산세 과세기준일(6.1.)현재 임대하고 있는 주택으로서 아래의 요건을 모두 충족하는 경우에는 임대주택에 대한 합산배제신청이 가능하다.

이 경우 과세기준일(6.1)현재 임대하고 있는 주택이라면 아래요건을 충족하고 합산배제신청기한(9.16~9.30)내에 지방자치단체에 주택임대 사업자등록을 하고 세무서에 임대사업자등록을 하여 합산배제신청을 하는 경우에는 합산배제 가능하다.

종합부동산세법 시행령 제3조 제1항 제8호 따른 합산배제 매입임대 주택의 요건은 아래와 같다.

① 과세기준일 현재 지방자치단체(시·군·구청)에 임대사업자등록과 세무서 사업자등록을 하고 임대하는 주택일 것

② 매입임대주택 중 장기일반민간임대 주택으로서 해당 주택의 임대개시일 또는 최초로 제8항에 따른 합산배제신고를 한 연도 과세기준일의 공시가격이 6억원 「수도권정비계획법」제2조 제1호에 따른 수도권(이하 "수도권"이라 한다) 밖의 지역인 경우에는 3억원] 이하일 것

③ 8년 이상 계속하여 임대하는 것일 것

④ 1호 이상의 주택을 임대할 것

⑤ 임대보증금 또는 임대료의 연 증가율이 100분의 5를 초과하지

않을 것

4. 재산세와 종합부동산세 납기

구분	과세기준일	납부기한
재산세	매년 6월 1일	(고지서 납부): 물건소재지 시청. 구청 - 토지 : 9.16 - 9.30 - 건축물 : 7.16 - 7.31 - 주택 :(1/2)7.16 - 7.31,(1/2) 9.16-9.30 - 단, 20만원이하 7.16 - 7.31
종합 부동산세	매월 6월 1일	매년 12월 1일부터 12월 15일까지 (고지납부와 신고납부) 주소지관할세무서

재산세는 구청 또는 시청이 발부한 고지서에 의하여 은행에 납부하면 된다. 재산세 및 종합부동산의 납세의무자는 매년 6월 1일기준으로 공부(건축물관리대장 또는 토지대장)상의 소유자에게 납부의무가 있으므로 부동산을 매매할 경우에는 재산세와 종합부동산세에 대하여 누가 납부할 것인지를 확인 할 필요가 있다.

따라서 잔금 청산일이 5월 31일이라면 과세기준일 전에 소유자가 변경되었으므로 새로운 소유자에게 납세의무가 있는 것이다.

반대로 6월 1일 이후에 잔금 청산일이 도래한 경우는 매도자가 납세의무자가 된다.

● 신탁재산에 대하여는 위탁자 수탁자 별로 각각 종합부동산세 과세기준금액 산정(지방세법 제107조 제1항 제3호)

5. 임대소득에 대한 부가가치세

"살아남"씨는 상가를 구입할 때 일반사업자로 등록하여 건물 분에 대하여 부
가가치세를 환급 받았다. "살아남"씨는 구입한 상가에서 보증금과 월세를 받
는데 부가가치세 신고와 종합소득세 신고를 해야 한다고 한다. 언제 어떻게
해야 하는가?

보증금에 대하여는 정기예금이자율에 해당하는 만큼을 수입으로 본
다. 또 월세를 받는 경우 임대차 내용에 따라 부가가치세를 내야 한
다. 월세는 임대차계약서에 부가가치세 별도라는 문구가 있느냐 없느
냐에 따라 세부담이 다르다.

㉮ 월 50만원이라고만 기재한 일반과세자의 부가가치세

월 50만원이라고 임대차계약서를 작성한 경우라면 4.5만원(50만원×
0.1 / 1.1)

㉯ 월 50만원(부가가치세 별도) 기재한 일반과세자의부가가치세

부가가치세를 별도라고 기재한 경우에는 50만원에 5만원

㉰ 간이과세자

연간 수입액이 4,800만원 미만인 경우는 간이과세자와 일반과세자
중 선택할 수 있다. 그러나, 2005년부터는 일반과세사업자 등록증을
가진 자의 경우에는 간이과세자를 선택할 수 없고 일반과세자가 된다.

간이과세자의 경우에는 과세기간에 3,000만원 미만인 경우에는 부가가치세를 납부할 필요가 없다(소액부징수).

간이과세자는 세금계산서를 발행할 수 없다. 간이과세자의 경우에는 200만원에 부가가치세율(업종별 부가가치율 ×10%)을 적용한다.

즉, 200만원×0.3(업종별 부가가치율)×0.1 = 6만원

라 과세기간과 신고기한

법인사업자인 경우에는 1년에 4번 신고납부하고 개인사업자의경우에는 1년에 2번 확정 신고납부를 한다. 다만, 개인은 예정신고를 하지 않고 예정신고세액은 세무서로부터 고지서에 의하여 납부하면 된다.

:: 일반과세자 ::

과세기간	신고기간
1기 예정(1.1.－3.31.)	4월 25일(개인 고지납부, 법인 신고납부)
1기 확정(4.1.－6.30.)	7월 25일(개인, 법인 모두 신고납부)
2기 예정(7.1.－9.30.)	10월 25일(개인 고지납부, 법인 신고납부)
2기 확정(10.1.－12.31.)	다음연도 1월 25일(개인, 법인 모두 신고납부)

:: 간이과세자 ::

과세기간	신고기간
1.1-12.31	다음연도 1/25, 예정부과: 7/25일

● 예정고지시 개인의 경우 30만원 미만은 징수하지 않는다.

⑪ 세금계산서를 발행했으면 현금으로 받지 않더라도 신고납부 해야 한다.

부가가치세는 세금계산서에 의하여 신고 납부한다. 현금을 받아야 세금을 내는 것이 아니고 월세를 받는 날에 받지 못하더라도 부가가치세는 납부해야 한다.

⑭ 사업자가 일반과세자인 경우에는 부가가치세를 임차인에게 전가할 수 있다.

부가가치세는 최종소비자가 부담하는 세금이다. 임차인이 월세50만원에 5만원의 부가가치세를 합하여 지급한 경우 임차인은 5만원의 부가가치세는 임차인의 사업에서 발생하는 매출 부가가치세에서 공제한다.

즉, 임차인이 도소매업을 영위하는 경우(일반과세자인 경우)

도소매수입금액 × 10%(매출세액) − 월세 × 10% (매입세액) = 납부세액

⑰ 신고시 필요한 서류는

① 사업자등록증 사본

② 세금계산서

③ 계산서

④ 신용카드영수증, 현금영수증, 기타 현금매출액

⑤ 부동산 임대공급가액 명세서(임대차계약서)

6. 일반과세자가 간이과세로 전환 되는 경우 부가가치세를 납부해야 한다

"살아남"씨는 상가를 분양 받았고 일반과세자로 등록하였다. 상가 취득 당시 부가가치세를 환급 받았는데 연간 4,800만원 미만이라고 하여 간이과세자로 전환하라고 세무서로부터 안내장을 받았다. 간이과세자로 전환해야 하는지, 전환 안하려면 어떠한 절차를 취해야 하는가?

상가 등을 취득하고 부가가치세를 환급 받았다. 환급을 받은 후 연간 수입액이 4,800만원이 안되어 세무서로부터 부가가치세 과세 유형이 일반과세자에서 간이과세자로 전환된다는 안내장을 받아 본 경우가 있을 것이다. 그러나 간이과세자의 경우에는 간이세율(0.5%~3%)로 적용되므로 세부담이 줄어든다는 것만 믿고 간이과세자로 전환하면 기존에 환급 받는 부가가치세를 국가에 납부하여야 한다. 이 때에는 간이과세 포기신고를 해야 추징 당하지 않는다.

부가가치세를 납부하여야 하는 이유는 일반과세자의 경우 부가가치세를 매입세액 전액에 대해 환급 받지만, 간이과세자의 경우에는 매입세액 중 5%~30%만을 환급 받기 때문이다. 따라서 일반과세자에서 간이과세자로 전환하는 경우에는 기존에 환급 받은 부가가치세를 정산해야 한다. 다만, 환급 받지 아니한 경우에는 납부할 세액이 발생하지 않는다.

부가가치세를 납부해야 하는 대상은 다음과 같다.

㉮ 상품

㉯ 제품 (반제품 및 재공품 포함)

㉰ 재료 (부재료 포함)

㉱ 감가상각자산

상품, 제품, 재료의 경우에는 취득 후 2년 이내의 것에 한하며, 감가
상각자산의 경우에는 취득 후 10년 이내 것에 한하므로 위 기간이 경
과되지 않은 경우 간이과세자로 전환하는 경우 일시에 부가가치세를
납부하여야 하므로 반드시 사전에 충분히 검토해야 한다.

예를 들어, 부동산 임대업으로 취득가액이 1억원이고, 매입세액이
1,000만원으로 부가가치세를 환급 받았고, 2년(1년에 2과세기간)이 경
과되었다면 간이과세전환 시 납부할 재고납부세액은

$$560만원 = 1억원 \times (1 - 5/100 \times 경과된\ 과세기간\ 수\ 4)$$
$$\times 10/100 \times (1 - 업종별\ 부가가치율\ 30\%)$$

또, 간이과세자로 전환하지 않기 위해서는 관할세무서에 "간이과세
포기신고서"를 제출하여야 한다. 간이과세 포기신고는 세무서를 직접
방문하거나, 우편으로 신고할 수 있다. 우편으로 신고하는 경우에는
반드시 등기로 신고하여 나중에 "간이과세 포기신고"가 안되었다는
이유로 불이익을 당하지 않도록 한다.

7. 부동산 임대사업을 시작하면 국민연금보험 · 건강보험을 납부해야 한다

"살아남"씨는 부동산 임대사업을 부인 명의로 하려고 하는데 국민연금 · 건강보험료를 납부해야 한다고 한다. 얼마의 4대 보험을 부담해야 하는가?

부동산을 임대하게 되면 국민연금 · 건강보험료와 종합소득세를 납부해야 한다. 사업을 하지 않으면 세대주의 부양가족으로 등재되어 4대 보험 납부문제가 해결되지만, 사업을 시작하여 사업자등록을하게 되면 국민연금 · 건강보험료를 납부해야 한다. 특히 건강보험료와 국민연금은 사업자로서 큰 부담이 아닐 수 없다. 사업자가 단독사업자인 경우에는 지역가입자에 해당된다. 만약 사업을 하는데 근로자인 종업원이 있는 경우에는 직장가입자로 분류되어 4대 보험료를 납부하게 된다.

국민연금의 경우 60세 이상인 경우 가입대상이 아니나 건강보험료를 납부해야 한다. 4대 보험의 가입 여부에 대하여는 해당 공단에 확인할 필요가 있다.

● 지역보험료 계산하기(국민건강보험홈페이지 ⇨ 사이버민원센터 ⇨ 건강보험안내 ⇨ 보험료 ⇨ 4대 사회보험료 계산 ⇨ 지역보험료 계산하기)

예) 150만원의 급여를 지급하는 경우 사업자와 근로자가 부담해야할 4대 보험은다음과 같다.(연도별 보험요율 변동여부 확인)

항목	2020 요율	2015년 부담주체별 요율		기준금액
		근로자	사용자	
국민연금	9%	4.5%	4.5%	급여기준
건강보험	6.67%	3.335%	3.335%	급여기준
장기요양	10.25%	10.25%	10.25%	건강보험료기준
고용보험	1.60%	0.800%	0.800%	급여기준
고용안정, 직업능력 개발사업	0.25%	0.0%	0.25%	150인 미만기업
계	17.25%	8.5%	8.75%	

종류	대상자	관련 법령
국민연금보험료	소득이 있는자	국민연금공단 홈페이지 참조
국민건강보험료	소득이 있는자	국민건강보험공단 홈페이지 참조
고용보험료	근로자를 사용하는 사업자	근로복지공단 홈페이지 참조
산재보험료	근로자를 사용하는 사업자	근로복지공단 홈페이지 참조

8. 소득이 발생하면 소득이 발생하는 사람으로 세금신고를 해야 한다

"살아남"씨는 부부 공동으로 사업을 영위하고 있다. 사업이 잘되어 상당한 재산을 모았다. 그러나 "살아남"씨가 사망하게 되어 "살아남"씨 재산을 상속받게 되는 경우 "살아남"씨의 배우자의 재산으로 인정받아 상속세를 납부하지 않을 수 있는가?

재산을 취득하면 취득자금에 대한 자금출처를 받거나 상속이 개시됨으로써 피상속인의 재산을 조사하는 과정에서 배우자나 자녀명의 재산에 대한 소명요구를 받을 수 있다. 재산에 대한 소명요구를 하는 과정에서 부부 또는 가족 공동이 사업을 하는 경우 그대표자만 세금 신고를 하는 경우를 볼 수 있다. 실제로는 부부 또는 가족 공동으로 형성된 자산임에도 불구하고 대표자의 이름으로만 신고함으로써 배우자나 가족으로 자금이 이동된 것에 대하여 증여한 것으로 오해 받을 수 있는 소지가 많다.

예를 들어 아버지 어머니 자녀가 사업을 한 경우 아버지만 사업자를 내게 되고 세금도 아버지 명의로만 신고한 경우를 보자. 현행세법은 아버지가 어머니와 자녀의 소득에 대하여 원천징수 즉 근로소득으로 세금을 납부할 수 있는 제도가 있다. 물론 자녀나 배우자 명의로 근로소득이 발생하면 건강보험이나 연금보험을 별도로 납부해야 하는 문제가 발생한다. 즉, 4대 보험의 보험료가 약 17.25%에 해당되기 때문에 가족 명의로 소득세 신고를 기피하는 경우를 볼 수 있다. 반면에 가족 명의로 소득세를 신고함으로써 소득세의 누진세율 구조를 피하여 절세하는 부분도 발생한다.

그러나 상속세를 조사하다 보면 10년이 지난 경우 과거의 소득 기여에 대한 것을 인정되지 못하여 피상속인의 재산으로 보거나 증여한 것으로 보게 되는 경우를 볼 수 있다. 가족 공동이 사업을하는 경우 자산배분에 대하여 어떻게 할지 생각해 볼 필요가 있다.

특히 가업상속의 경우는 상속인이 2년이상 근무요건을 갖춘 경우만 가업상속공제로 인정된다.

9. 부동산임대사업 공동사업의 경우 지급이자 필요경비 인정 여부

"살아남"씨와 "살아남"씨의 아들이 공동 토지 위에 건물을 신축하려고 한다. 신축비용은 약 50억원이 소요되는데 "살아남"씨는 출자금을 조달할 수 있다. "살아남"씨의 아들은 소득원이 없기 때문에 대출을 받아야 한다. 대출이자를 비용처리 할 수 있나?
"살아남"씨의 아들은 공동명의로 동업하는 경우 출자를 위한 대출의 경우에는 대출이자를 비용으로 인정받을 수 없다.

공동으로 사업을 하는 경우에는 여러 가지 문제가 발생한다. 소득의 귀속문제, 자금관리문제, 차입금에 대한 이자지급 문제 등이다. 예를 들어 위의 사례와 같이 50억원의 자금이 소요되는 경우 아들은 25억원 중 20억원을 대출받고자 한다. 20억원의 대출금이자는 이자비용으로 인정받을 수 없다. 이는 25억원을 출자하기 위하여 대출을 받은 것으로 보기 때문이다. 이자비용으로 인정받을 수 있는 방법은 없는가?

대출이자로 인정받으려면 공동사업으로 하면 안 된다. 신축하는 건물을 각각 구분등기 할 수 있는 경우에는 각각 소유한 건물에 대하여 각각 아버지와 아들 각자 사업자등록을 내는 경우에는 대출이자를 인정받을 수 있다.

만약 공동사업으로 하는 경우에는 다음과 같이 분개할 수 있다.

[분개] 건물 50억원 / 출자금 50억원(아버지, 아들 각각 25억원)

▶ 만약 각자 임대사업을 등록하면

아버지는 　　[분개] 건물 25억 / 출자금 25억

아들은 　　　[분개] 건물 25억 / 출자금 5억, 대출금 20억

상식적으로 대출이자를 공제받지 못하는 부분에 대하여 이해가 되지 않을 수 있다. 이는 다음과 같은 소득금액을 계산하기 때문이다.

수입액 - 지출액 (경비, 대출이자) = 소득금액

각자의 소득은 소득금액에 출자비율을 곱하기 때문이다.

만약 위의 사례에서 대출이자 20억원에 5%를 곱하면 1억원이 산출되는데 1억원을 대출이자로 경비 인정할 방법이 없다.

수입액 - 지출액 (경비, 대출이자) = 소득금액

아들의 이자 1억원을 인정받게 되면 대출이자를 사용하지 않는 "살아남"씨의 소득금액이 줄어들고 아들은 소득금액이 늘어나게 된다.

공동사업을 하는 경우 일부만 대출이자를 인정받을 수 없다. 인정받기 위해서는 공동으로 대출을 받아야 한다. 아니면 공동건물을 "살

아남"씨와 "살아남"씨의 아들 명의로 구분등기 하고 사업자등록도 별도로 하여야 한다.

10. 위약금을 받으면 기타소득으로 종합소득세 신고해야 한다

"살아남"씨는 주택을 매매하기로 하여 매매계약을 체결하였다. 계약금 10%를 받고 중도금을 받아야 하지만 매입자가 계약을 해지하는 경우 계약금은 "살아남"씨의 재산이 된다. 이 경우 세금을 납부해야 하는지?

부동산 거래를 하다 보면 위약금을 받는 경우가 발생한다. 일반적인 주택의 매매에 있어서 사정에 의하여 위약금을 받는 경우 받은 위약금은 소득세법에서 말한 기타소득에 해당되기 때문에 다음연도 5월 중에 종합소득세 신고를 해야 한다.

위약금에 대하여는 원천징수(지급액×22%, 지방소득세 포함)하도록 하고 있으나 계약금이 위약금·배상금으로 대체되는 경우에는 원천징수하지 않도록 하고 있다. 이유는 원천징수가 실질적으로 불가능하기 때문에 원천징수하지 않는다.

부동산 임대업과 매매업의 경우 위약금에 대한 회계규정은 다음과 같다.

① 부동산임대업자가 임대계약을 위약하여 임차인이 부담한 실내

장식비 · 이사비용 등으로 지급하는 실제 비용 상당액은 필요경비에 산입할 수 있으나 임대용 상가 매매계약의 해지로 인한 위약금은 부동산임대소득의 총수입금액에 대응되지 않아 필요경비에 산입 할 수 없다.

② 부동산 매매업을 경영하는 거주자가 판매용 상가의 매매계약의 해제와 관련하여 부담한 위약금은 필요경비에 해당한다.

11. 돈을 빌려주었다가 원금을 회수하지 않았는데 종합소득세가 과세되는 경우

"살아남"씨는 법인에 자금을 빌려주었다. 법인이 이자를 지급할때 원천징수를 하지 않았으나 나중에 세무조사에 적발되어 이자소득이 발생하였고, 더욱이 이 법인은 폐업하여 빌려준 돈 5억원을 받지 못한 경우 이자소득에 대한 종합소득세를 신고하여야 하는지?

사인 간의 채권 채무관계를 사채라고 할 수 있다. 돈을 빌려주는 사람이 원금을 받지 못했는데 이자소득에 대하여 종합소득세신고를 하라는 경우가 발생 할 수 있다.

세법은 사인 간의 금전대차에 대한 이자를 비영업대금이라고 부른다. 이자를 받는 금액에 대하여 종합소득세를 신고할 의무가 있으며 사업자가 차주인 경우에는 이자를 지급할 때마다 원천징수를 하도록 하고 있다. 사채거래가 은밀히 거래되는 관계로 과세당국에 노출되지 않는 경우가 많다. 노출되는 경우는 법인의 세무조사를 한다든가 법원에 소송으로 노출이 되는 경우를 볼 수 있다.

　돈을 빌려주고 원금도 다 받지 못했는데 종합소득세를 부과하는 것은 부당한 것이 아닌가 하고 이의제기를 하는 경우를 볼 수 있다.

　예를 들어 5억원을 빌려주면서 연리 10%의 이자를 받도록 약정하였다고 하자 그러면 채권자는 매년 5,000만원에 해당하는 이자를 종합소득 신고를 해야 한다. 신고소득이 발생하면 4대보험료를 납부하는 문제가 발생한다. 위와 같이 돈을 빌려주고 이자는 4년간 매년 5천만원씩 2억원을 받았는데 채무자가 행방불명이 되었거나 파산을 하여 원금을 되돌려 받을 수 없을 때 세금은 어떻게 되는가? 이때에는 부도 난 년도의 소득(이자 5천만원 - 원금5억= -4.5억)은 손실(-)이므로 세금이 발생하지 않지만 3년간의 이자소득에 대하여는 종합소득세 납세의무가 발생하므로 금전거래시는 주의해야 한다.

제4장

부동산 양도 관련 세금

1. 양도소득세 과세대상

"살아남"주택을 양도하려고 한다. 양도소득세가 과세되는 자산들은 어떠한 것들이 있는지?

㉮ 양도소득세 과세대상자산

① 부동산 및 이에 준하는 것 : 토지, 건물, 부동산에 관한 권리, 지상권, 전세권과 등기된 부동산 임차권, 기타자산(특정주식, 특정시설물이용권, 영업권, 파생상품)

② 유가증권 : 상장주식 · 협회등록주식 대주주 양도분(직전사업연도 종료일 현재 1%(10억), 코스닥 법인은 2%(10억), 코넥스법인 4%(10억원)} 비상장주식, 상장주식이나 증권시장에서 거래 되지 아니한 주식(장외거래). 2021.4.1 이후: 3억원

㉯ 양도의 정의와 취득시기 및 특수관계자간 매매인정여부

양도라 함은 자산에 대한 등기 · 등록에 관계없이 매도 · 교환 · 법인에 대한 현물출자 등으로 인하여 그 자산이 유상으로 사실상이전되는 것을 말한다.

양도에 해당하는 경우에는 매매, 교환, 대물변제, 부담부증여, 담보제공 자산의 처분, 배우자 · 직계존비속에게 양도한 경우가 있다. 다만, 배우자 · 직계존비속에게 양도한 경우에는 당해자산을 양도한

때에 그 재산의 가액을 증여로 보나 다음의 경우는 예외적으로 양도로 본다.

① 법원의 결정으로 경매절차에 의해 처분된 때
② 국세징수법에 의하여 공매된 때
③ 파산선고에 의해 처분된 때
④ 한국증권거래소를 통하여 유가증권이 처분된 때
⑤ 대가를 지급하고 양도한 사실이 명백히 인정된 때

양도에 해당하지 않는 경우에는 환지 처분(예 토지구획정리를하면서 면적이 감소된 경우 감소된 면적은 양도가 아니다), 양도담보로 제공된 재산, 소유권의 환원, 공유물의 분할 등이 있다. 논란이 되는 양도는 공동사업에 출자하는 경우에 발생한다.

예를 들어 공동사업을 하기 위하여 자산을 출자하는 경우 양도로 보게 되나 사용권을 출자하는 경우에는 양도에 해당하지 않는다. 사용권을 출자한 것인지 자산을 출자한 것인지는 백지장 차이일 뿐이다. 공동사업으로 사업을 하는 경우는 주의해야 한다.

사례로서 임의 재건축을 위하여 조합에 구주택을 현물출자 하는것은 환지로 보지 않는 것이므로, 처분청이 이를 양도로 보아 과세한 처분은 잘못이 없다고 하였고(조심 2011서2406. 2012.07.18)

개인 간 공동사업에의 토지 제공 등이 양도소득세의 과세대상이되는 현물출자에 해당되는지, 아니면 단순한 사용권의 출자에 해당되

는지 여부는 공동사업의 성격 및 토지 등을 제공한 자의 의사등을 감
안하여 판단하는 것이 합리적이라고 판단하고 있음. (조심 2009서4094.
2010.03.31)

㉖ 주택에 대한 비과세 및 감면

1세대 1주택으로 9억원이하의 주택을 양도하면 비과세된다. 이때,
세대원 중 주택이 있는지 여부, 2년이상 보유 · 거주여부 등을 고려해야
한다. 주의 할 것은 양도당시 다른 주택이 없어야 한다(예외규정 있음.)

감면이란 조세제한특례법에 의하여 감면되는 경우가 있다. 특히
국가에 토지가 수용되는 경우 비과세로 알고 신고 등의 조치를 취하
지 않는 경우가 있으나 이는 틀린 것이다. 비과세가 아닌 감면은 신
고하고 납부해야 한다.(감면세액의 일정액을 농어촌특별세로 납부하는 경우
도 있다.)

2. 양도 또는 취득시기

"살아남"씨는 주택을 양도하였다. 그런데 매수자가 이전을 하지 않고 있는
경우 양도시기는 언제로 해야 하는지 또는 아파트를 입주하였는데 건축물
준공이 늦어지는 경우 취득시기를 언제로 해야 하는지?

아파트에 입주하여 살고 있는데 등기가 안 되었을 때 언제가 취득시

기가 되는지 묻는 분들이 많다. 이때에는 잔금을 청산한 입금증, 아파트 관리사무소에서 확인한 입주확인서, 아파트에 입주하면 주민등록을 옮기므로 주민등록증의 전입날짜로 입증하면 된다. 양도 및 취득시기에 따라 비과세 받을 수 있는데도 불구하고 날짜를 잘못 계산하여 2년 보유를 하지 못하고 과세되는 사례가 있다. 단 하루라도 요건을 갖추지 못하면 양도소득세가 과세되는것을 잊어서는 안 된다. 세법에 양도 및 취득시기에 대하여 다음과같이 규정되어 있다. 세법에 규정되지 아니한 경우에는 국세청의 해석이나 법원의 판례 등으로 취득 및 양도시기를 결정하게 된다.

㉮ 양도 및 취득시기(소득세법 시행령 162조)

① 매매 등 일반적인 거래 : 대금 청산일이 분명한 경우에는 대금을 청산한 날, 대금을 청산한 날이 분명하지 아니한 경우에는 등기부·등록부 또는 명부 등에 기재된 등기·등록 접수일 또는 명의 개서 일이 취득시기가 된다.

② 자기가 건설한 건축물 : 사용검사필증 교부일. 사용검사 전에 사실상 사용하거나 사용승인을 얻은 경우에는 사실상의 사용일 또는 사용승인일로 하며, 무허가 건축물의 취득시기는 사실상의 사용일이 취득시기가 된다.

③ 상속·증여재산 : 상속개시일 또는 증여등기 접수일이 된다. 단, 세율을 적용하는 경우 보유기간 판단은 상속재산의 경우에는 피상속인의 취득일부터 계산한다. 배우자 및 직계 존·비속에게 증여 후 5년

이내 양도시 적용되는 경우는 당초증여자의 취득일이 취득시기다.

④ 부동산을 취득할 수 있는 권리 : 당첨일 또는 잔금청산일

⑤ 건설 중인 아파트 : 사용 승인일 또는 사용 검사필증에 기재된 준공일

⑥ 취득시기에 대한 의제 : 1984.12.31일 이전에 취득한 토지·건물을 양도하는 경우에는 1985.1.1.에 취득한 것으로 본다.

❹ 기타 유의할 점

- 양도나 취득시기의 경우는 등기가 늦어지는 경우가 있는데 이때에는 잔금 청산을 입증하는 서류(입금증, 통장, 입주확인서)를 잘 갖추어 두어야 된다.

- 아버지가 아들에게 자산을 양도한 경우에는 아들이 아버지에게 지급한 금융자료, 아버지가 그 금융자산을 사용한 것 등을 입증해야 증여로 보지 않게 된다. 즉, 아버지에게 금융자산을 통하여 지급한 사실이 있지만 실제로 그 금융자산을 아들이 사용한다면 증여세가 과세되는 것이다.

-「민법」제245조 제1항의 규정에 의하여 부동산의 소유권을 취득하는 경우에는 당해 부동산의 점유를 개시한 날이 취득시기가 되는 것임(법규재산 2012-123. 2012.07.10)

3. 양도가액은 어떠한 금액으로 하는가?

양도소득세는 실제 거래한 가액으로 양도소득세를 신고해야 한다고 알고 있다. "살아남"씨는 기준시가 10억원의 자산을 7억원에 특수관계자에게 양도하였다. 이 경우 양도가액을 어떠한 금액으로 하여 양도소득세를 신고해야 하는가?

양도가액은 실제로 거래된 가액을 말한다. 특수관계자인지 아닌지에 따라 양도가액 적용이 달라진다. 특수관계자간의 거래는 시가를 확인할 수 없는 경우 기준시가를 기준으로 거래하면 된다. 기준시가가 보충적인 시가가 된다.

㉮ 특수관계자인 경우

특수관계자인 경우에는 시가보다 저가로 거래한 경우 시가를 양도가액으로 보게 된다. 위의 "살아남"씨의 경우에는 특수관계자에게 양도한 것이 되므로 양도가액은 7억원이 아닌 10억원을 양도가액으로 하여 양도소득세를 신고해야 한다.

매수자가 특수관계자인 경우에는 증여세 문제도 발생한다. 증여가액은 다음과 같다. 증여가액에 대하여는 증여세를 납부해야한다.

증여가액 = (시가 - 대가) - 시가의 30% 또는 3억원 중 적은 금액

㉯ 특수관계자가 아닌 경우

특수관계자가 아닌 경우에는 7억원을 양도가액으로 신고하여야 한다. 특수관계자가 아닌 경우에도 실제로 거래한 사실을 입증해야 하는 경우도 있으므로 실제 거래한 금융거래 내역을 보관하고 있어야 한다.

즉, 거주자가 소유부동산을 특수관계자에게 시가에 미달하게 양도함으로써 거주자의 양도소득을 부당하게 감소시킨 것으로 인정되는 때에는 거주자의 계산에 불구하고 부당행위계산을 적용하여 양도가액을 시가로 재계산할 수 있는 것이고, 특수관계자 사이가 아닌 정상적인 거래에 의하여 형성된 경우 거래가액으로 인정한다.

4. 취득가액을 기준시가로 계산하는 경우도 있다(상속 · 증여 재산)

"살아남"씨는 부친으로부터 부동산을 상속받았다. 상속받을 당시 시가가 없어 기준시가로 상속세를 신고하였는데 이 부동산을 양도하는 경우 취득가액은 어떠한 금액으로 해야 하는지?

양도가액을 실지거래가액으로 취득가액은 기준시가로 계산하는 경우도 있다. (상속 및 증여로서 기준시가로 상속세와 증여세를 낸 경우)

양도소득세는 양도시 양도가액이 부동산 등기부 등본에 기재된다. (2006.6.1일부터) 따라서 양도가액은 쉽게 확인할 수 있을 것이다. 그러나 취득은 매매에 의한 취득, 상속이나 증여와 같이 무상 취득하는 경우로 나눌 수 있고 과거 거래가액은 등기부에 기재되어 있지 않다.

매매에 의한 취득의 경우 과거에 취득한 취득가액을 확인하는데 어려움이 있을 수 있다. 즉, 계약서를 잃어버렸거나 취득당시 취득가액을 구청에 적게 신고한 경우 어떤 금액으로 해야 할지 고민이 되는 경우가 있다. 취득가액을 입증할 수 없는 경우에는 환산가액(양도가액 × 취득당시 기준시가 / 양도당시 기준시가)에 의하여 계산한다. 문제는 실제로 취득한 가액이 환산가액보다 많은 경우에는 양도소득세를 더 납부하는 문제가 발생한다. 이 경우 과거에 양도한 사람으로부터 실제 거래가액확인서를 제출하면 된다. 과거에 양도한 사람이 연락이 되지 않는 경우에는 환산가액으로 신고 할 수 밖에 없다.

특히 증여나 상속으로 취득한 경우 취득가액을 어떠한 금액으로 할 것인지 생각해보아야 한다.

상속세 신고시 신고한 가액이 취득가액이 된다. 만약 상속세 신고시 가액을 높여 신고했다면 양도차익이 그만큼 줄 수 있어 양도소득세를 절세할 수 있다. 대신 상속세는 더 내는 경우가 발생할 수 있다. 유·불리를 따져 보아야 한다.

1984.12.31. 이전에 상속이나 증여에 의하여 취득한 경우 환산가액을 적용할 수 있으나, 1985.1.1. 이후에는 상속세 및 증여세 결정 시 적용한 금액이 취득가액이 된다. 다만 개별주택 가격 고시 이전에 상속받은 건물의 경우에는 상속개시일 현재 평가한 가액과 최초 공시된 개별 주택 가격을 취득 당시로 환산한 가액 중 많은 금액으로 취득가액을 할 수 있다.

● 복식부기의무자의 장부가액을 취득가액으로 보는 경우가 있다.

5. 취득가액을 모르는 경우에는 환산가액을 적용할 수 있다

"살아남"씨는 과거에 취득한 부동산에 대하여 실지거래가액을 확인할 계약서를 분실하였다. 이 경우 어떠한 방법으로 실지거래가액을 입증할 수 있는지 와 종전 양도인이 연락이 안 되는 경우 취득가액을 어떠한 금액으로 할 수 있는지?

취득가액은 취득 당시 계약서에 의하여 입증하면 된다. 과거에는 검인계약서 금액으로 신고하는 것이 일반적이어서 구청에 신고한 가액과 실제취득가액이 틀리는 경우가 있다. 취득가액을 모르는 경우 종전 양도인으로부터 받은 사실 확인서(실지거래가액회보서)에 의한 양도가액을 실지 취득가액으로 보아 양도소득세를 과세 할 수 있다. 그러나, 회보서가 없는 경우 등은 환산가액을 적용할 수 있다. 즉, 양도인이 해외로 이주하였거나, 사망하였거나, 양도인이 확인을 해 줄 수 없는 경우 어떠한 금액으로 취득가액을 계산 할까? 이러한 경우에는 환산가액(양도가액 × 취득당시 기준시가 / 양도당시 기준시가)를 적용하여 취득가액을 계산한다. 위와 같은 환산규정은 취득가액을 확인할 수 없을 때 이용하지만 불리한 경우가 많이 발생한다. 문제는 기준시가 금액에 따라 취득가액이 많이 좌우된다.

기준시가는 시가에 근접하기 위하여 시가대비 기준시가비율(즉,기준시가 / 시가)을 높이는 것이 문제이다. 과거의 기준시가는 놔두고 양도 당시 기준시가만을 조정하기 때문에 취득가액이 적어지는 문제가 발생한다.

예를 들어 과거 기준시가는 1억원, 전년도 기준시가는 2억원, 올해 기준시가는 3억원이다. 양도가액은 10억원인 경우 다음과 같이 기준시가가 오를수록 취득가액이 낮아지는 모순이 발생한다.

$$10억 \times ½ = 5억,$$

$$10억 \times ⅓ = 3.3억$$

위 사례처럼 전년도에는 취득가액이 5억원이고, 올해에는 3.3억원이 되어 기준시가가 오를수록 취득가액이 작아지게 된다.

건물 신축후 5년이내 환산가액을 취득가액으로 하는 경우 환산가액의 5%를 추가로 납부한다. 세액이 없는 경우도 적용한다. (소득세법 제114조의 2)

6. 과거에 취득가액을 낮추어 신고하였는데 지금에 와서 양도소득세를 추가로 납부하라고 한다

"살아남"씨는 부동산 취득 당시 양도인의 요구에 의하여 실제거래가액이 2억원인데 1.5억원으로 하여 취득계약서를 작성하였다. 양도인은 1.5억원으로 양도소득세를 실지거래가액으로 신고하였다. 지금에 와서 "살아남"씨는 3억원에 양도하려고 한다. 과거 취득가액 2억원으로 신고하는 경우 세금관계는 어떻게 되나?

2005.12.31. 이전에 투기지역이 아닌 경우에는 기준시가로 양도소득세를 납부하였다. 기준시가로 계산해 보니 양도소득세가 많다고 생각하여 세무서에 양도소득세 신고시 실제거래가액 보다 낮은 가액의 다운계약서를 작성한 경우가 있다. 즉, 위 경우와 같이 2억원에 거래했는데 1.5억원으로 다운계약서를 작성한 경우를 말한다.

양도인이 실제거래가액보다 적게 다운계약서를 작성하여 세무서에 양도소득세를 신고하였다. 그런데 양수인이 이제 와서 그 자산을 양도하게 되었는데 취득가액을 종전양도인이 양도한 가액(2억)으로 신고를 하게 되는 경우 지금의 양도인은 양도소득세가 감소(2억원과 1.5억원 차이)하게 된다. 이런 경우 지금의 양도인은 종전 양도인이 신고한 가액(1.5억)과 다르게 취득가액(2억)을 신고하게 되어 종전양도인은 양도소득세 문제가 발생한다. 종전양도인이 기준시가로 신고한 경우에는 문제 되지 않는다.

국세청에 양도가액을 허위로 신고하는 경우(2억원을 1.5억원으로 신고)에는 양도소득세의 부과제척기간이 10년으로 늘어나게 되어 추가되는 종전양도인은 양도소득세와 가산세를 부담하게 된다. 가산세는 신고불성실가산세와 납부불성실가산세가 적용되는데 본세의 100% 이상이 되는 경우도 발생한다.

7. 검인계약서와 다른 실지거래가액으로 취득가액 인정 여부

"살아남"씨는 2002년에 부동산을 5억원에 구입하면서 취득세. 신고시 신고액
을 시가표준액인 3억원으로 신고한 부동산을 양도하려고 하는데 실제취득가
액 5억원을 취득가액으로 신고해도 되는지 여부와 5억원으로 신고하는 경우
취득세가 추징되는지? (2005.12.31. 이전)

많이 받는 질문 중 하나가 과거 취득세 신고 때 취득세를 낮게신고
하였는데 양도소득세를 실지거래가액으로 신고시 취득세와 구등록세
를 추징하는 것이 아니냐는 질문이다.

양도소득세의 경우는 실제 과세원칙에 따라 실지거래가액을 입증
하여 취득가액을 신고할 수 있다. 즉, 위와 같은 경우 5억원으로 취득
가액을 신고하면 된다. 취득세의 경우에는 2006.1.1. 이후에는 취득
가액을 '공인중개사의 업무 및 부동산거래신고에 관한법률' 27조(부동
산거래의 신고)에 따르면 거래당사자가 부동산 관련 매매계약을 체결한
때에는 실제 거래가격 등 일정사항을 계약의 체결일부터 30일 이내에
매매 대상 부동산 소재지의 관할 시장·군수 또는 구청장에게 공동으
로 신고토록 하고 있다. 이를 어길 경우 '공인중개사 업무 및 부동산
거래신고에 관한 법률'에 따라 해당 부동산 취득세액 3배 이하의 과태
료는 물론, 취득세와 가산세도 물어야 한다.

위 사례에서 2006.1.1일 이전인 2002년도에 취득한 부동산은 양도
소득세 계산시 취득가액은 5억원이 되며 취득세 추징은 되지 않는다.

2006.1.1. 이후부터는 취득가액을 허위 신고시에는 과태료가 부과된다. (부동산거래 신고등에 관한 법률)

8. 허위계약서를 작성하게 되면 비과세 및 감면이 배제된다
(2011.7.1.이후 최초로 매매계약 하는 분부터)

"살아남"씨는 주택을 양도하였는데 비과세대상이다. 그런데 부동산을 양도하면서 취득세 등의 납부액을 경감시키기 위하여 허위계약서를 작성한 경우 양도소득세를 납부해야 한다고 한다. 얼마를 납부해야 하는지?

토지 또는 건물 및 부동산에 대한 권리를 매매하는 거래당사자가 매매계약서의 거래가액을 실지거래가액과 다르게 적은 경우에는 해당 자산에 대하여 비과세 또는 감면 받았거나 받을 세액에서 다음 각 호의 구분에 따른 금액을 뺀다. 허위계약서를 작성하면 양도소득세를 추가로 납부해야 한다.

① 비과세에 관한 규정을 적용 받을 경우: 비과세에 관한 규정을 적용하지 아니하였을 경우의 양도소득 산출세액과 매매계약서의 거래가액과 실지거래가액과의 차액 중 적은 금액

② 감면에 관한 규정을 적용 받았거나 받을 경우: 감면에 관한규정을 적용 받았거나 받을 경우의 해당 감면세액과 매매계약서의 거래가액과 실지거래가액과의 차액 중 적은 금액

▶ 사례 4-1

– 실지거래가액: 10억원, 허위계약서상 거래가액: 7억원

– 실지거래가액대로 비과세를 적용 안 한 경우의 산출세액: 0.6억원

▶ 납부할 세액 계산

① 허위기재차이금액 = 3억원(10억-7억)

② 실지거래가액대로 비과세를 적용 안 한 경우의 산출세액: 0.6억원

③ 따라서 납부하여야 할 양도소득세

①과 ② 중 적은 금액 = 0.6억원

9. 취득 및 양도가액을 확인할 수 있는 경우 신고서류는

"살아남"씨는 취득 및 양도시 작성한 실제 계약서를 가지고 있다. 양도소득세 신고시 첨부해야 할 서류는 어떠한 것이 있는지? 양도하는 부동산이 재개발 주택인 경우 양도시 추가로 있어야 할 서류는 어떠한 것이 있는지?

㉮ 양도시 기본서류

① 건축물관리대장

② 토지대장

③ 등기부 등본

④ 주민등록등본

⑤ 취득세 및 등록세 영수증

⑥ 법무사 영수증 및 공인중개사 수수료, 자본적 지출비용을 입증할 서류

❹ 실제거래가액을 확인할 수 있는 경우(추가서류)

실제 계약서 또는 실제 계약서가 없는 경우는 거래사실확인서(팔때, 살 때 모두 필요 : 인감증명서 첨부)

- 규격화한 서식은 아니고 세무사 사무실에 비치되어 있다.
- 실지거래가액으로 신고한 경우에는 세무서로부터 별도의 금융자료 등을 요청 받는 경우가 있으므로 계약금, 중도금, 잔금의 입금증, 통장, 수표사본 등을 구비하여 불이익을 받지 않도록 하는 것이 중요하다.

❺ 재개발 · 재건축 조합의 경우(추가서류)

재개발 · 재건축의 경우에는 종전 주택을 평가하고 새로운 주택의 건설비를 산정한 후 종전 평가액을 차감한 금액을 청산금으로하여 추가로 납부하거나, 종전 부동산의 평가액이 많은 경우는 청산금을 받게 된다.

기존주택의 평가액이 많아 청산금을 받는 경우에는 청산금을 받은 때에 양도소득세를 신고하여야 하고, 청산금을 납부한 경우에는 완성된 주택의 양도시에 추가로 양도가액에서 차감된다.

① 사업승인일 현재 건설비 상당액(분양가액)

② 사업승인일 현재 종전 주택(부동산)의 평가액

③ 청산금(분양예정조서, 분양계약서) : 재개발조합의 경우 토지와 건물을 출자하여 아파트를 분양 받는 경우 정산명세서(대개공증하여 조합사무실에 비치한다.)

④ 종전 토지대장 및 건축물관리대장, 공시지가확인원

Ⓠ 청산금이란 무엇인가?

예를 들어 기존주택의 사업승인일 평가액이 5억원이고, 건설비가 7억원이 소요된다면 기존 주택의 소유자는 2억원을 추가로 납부해야한다. 이때 추가로 납부한 금액 2억원을 납부할 청산금이라 한다. 이때 추가로 납부한 청산금은 자산을 양도할 때 취득가액으로 인정된다. 반면에 기존주택의 평가액이 7억원이고 건설비가 5억원이 소요되는 경우 기존주택의 소유 자는 2억원을 정산받게 되는데 이를 받을 청산금이라 한다. 청산금을 받게 되는 경우 양도소 득세를 내야 한다.

10. 양도소득세 계산 구조

구분	일반적인 경우	상속 및 증여시 (시가가 없는 경우)
양도가액	실제거래가액	실제거래가액
취득가액	실제거래가액, 취득가액을 모르는 경우 환산가액(감가상각비 경비처리금액 제외)	취득당시 기준시가(상속 또는 증여 당시 평가액)감가상각비 경비처리금 액 제외
자본적 지출	자본적 지출 : 용도변경.개량 또는 이용 편의를 위하여 지출한 비용, 개발부담금, 당해 자산의 가치를 증가시키거나 내용연수를 연장시키는 지출 취득 관련 비용 : 취득세, 등록세, 채권할인액, 등기대행비	좌동

양도비용	- 환산가액 적용시 취득 당시 기준 시가에 3% (개산공제) - 양도하기 위하여 직접 지출한 비용: 중개수수료, 증권거래세	- 환산가액적용불가 - 양도비용: 취득세등 납부비용, 중개수수료
양도차익	양도가액 - 취득가액 - 자본적 지출 - 양도비용	양도가액 - 취득가액 - 자본적 지출 - 양도비용

| 장기보유
특별공제 | - 토지.건물로서 보유기간이 3년 이상이고 등기된 것. 조정지역내 다주택자
(2018.4.1.이후)는 제외(2019.12.17-2020.6.30. 한시적 적용)
- 장기보유특별공제×공제율 |

	1세대1주택	기타부동산
	3년이상 보유시 보유기간 x 8%(80% 한도) (2020년부터 조정지역 2년거주, 비조정지역 보유시 적용) - 2021.1.1.이후 보유 매년 4%(최대 40%), 거주 매년 4%(최대 40%)	3년이상보유시 보유기간 x 3%(30% 한도) * 2019.1.1.이후 보유기간 x 2%(30% 한도)

양도소득 금액	양도차익 - 장기보유특별공제
양도소득 기본공제	미등기 자산을 제외한 모든 자산 - 부동산, 부동산에 관한 권리, 기타 자산 : 250만원 - 주식과 출자지분: 250만원
양도소득 과세표준	양도소득금액 - 양도소득 기본공제
세율	양도소득 세율 참조
양도소득 산출세액	양도소득과세표준 × 세율
세액감면 및 세액공제	- 조세특례제한법상 감면규정확인 산출세액 × 감면율(현금10%, 채권 15%, 30%, 40%) 그러나 감면세액에 농어촌특별세가 과세되는 경우가 있음 (양도소득세 감면세액 × 20%)
양도소득 결정세액	양도소득산출세액 - 세액감면 및 세액공제
가산세	- 신고불성실 가산세 : 10%(20%, 40%) - 납부불성실 가산세 : 미납세액×25/100,000×일수×1/365

양도소득 총 결정세액	양도소득결정세액 + 가산세
기 납부세액	기 납부한 양도소득세
양도소득 신고납부 세액	– 양도소득 총 결정세액 – 기 납부세액 – 양도소득세 납부세액이 1,000만원 이상이면 분납 　(분납기간:2개월) – 물납 가능:공공용지보상채권
신고기한	양도일로부터 2개월이 되는 말일

11. 양도소득세율

"살아남"씨는 부동산을 여러 가지 소유하고 있다. 한 해에 여러 자산을 양도하면 불리하다고 하는데 불리한 점은 무엇인가?
(양도소득 기본공제와 누진공제액을 받지 못한다)

양도소득 산출세액은 양도소득과세표준에 다음의 세율을 적용하여 계산한다. 양도소득세의 세율은 연간 양도소득을 합하여 소득이 많고 적음에 따라 차등세율이 적용되므로 1개 연도에 여러 부동산을 양도하면 양도소득세를 더 부담하게 된다.

보유기간을 산정함에 있어 상속받은 재산의 경우에는 피상속인의 취득일부터, 배우자 이월과세 또는 양도소득세 부당행위 규정에 해당하여 증여 후 양도하는 경우에는 증여자의 취득일부터 계산한다.

구분	과세표준	세율	누진공제
2년 이상 보유자산 및 1년 이상 주택 및 조합입주권 (기본세율)	1,200만원 이하	6%	–
	1,200만원 초과 4,600만원 이하	15%	108만원
	4,600만원 초과 8,800만원 이하	24%	522만원
	8,800만원 초과 1.5억원 이하	35%	1,490만원
	1.5억원 초과 3억원 이하	38%	1,940만원
	3억원 초과 5억원 이하	40%	2,540만원
	5억원 초과	42%	3,540만원
1년 ~ 2년 미만 보유자산		40%	주택 및 입주권 1년미만 포함
1년 미만 보유자산		50%	조정대상지역내 분양권 포함
1세대 2주택자 주택양도시 (2년이상보유)		기본세율 + 기본세율 10%	2020.6.30 까지 양도세율 중과 및 장기보유공제 배제 한시 적유예
1세대 3주택자 주택양도시 (2년이상보유)		기본세율 + 기본세율 20%	
비사업용 토지		기본세율 + 기본세율 10%	
미등기 전매자산		70%	–

● 2021.1.1.이후부터 주택의 보유기간별 세율을 다른 부동산과 동일하게 적용

구분		주택 외 부동산	주택 · 조합원입주권	
			현행	개선
보유기간	1년미만	50%	40%	50%
	2년미만	40%	기본세율	40%
	2년이상	기본세율	기본세율	기본세율

▶ 2년 이상으로 과세표준이 7,000만원인 경우 산출세액

[산식] 1,200만원 × 6% + 3,400만원 × 15% + 2,400만원 × 24%

　　　 = 1,158만원

[속산] 7,000만원 × 24% - 522만원 = 1,158만원

:: 주식 ::

구분	중소기업	중소기업외 법인		
대주주	양도차익 3억원이하 20%	1년미만 30%		
	양도차익 3억초과 25%	1년이상 보유	양도차익 3억이하 20%	
			양도차익 3억초과 25%	
소액주주	10%	20%		

● 소액주주의 장내거래 거래 주식 양도는 비과세됨.

파상상품	20%

12. 상속자산 양도시 보유기간 계산 주의

"살아남"씨는 부친으로부터 상가를 상속받았다. 상속받은 상가를 1년쯤 지난 후 양도하려고 하는데 양도소득세율은 1년 이상 2년미만에 해당되어 40%의 세율을 적용 받는지?
상속받은 부동산은 부친의 취득일부터 "살아남"씨가 양도하는 날까지의 보유기간을 적용하여 2년 이상에 해당되어 일반누진세율을 적용 받는다.

일반인이나 상담을 주로 하지 않는 전문가의 경우는 법조문을 자세히 알 필요가 없을 것이다. 그러나 필자의 경우처럼 재산제세 전문세무사는 세무상담을 많이 하는 편이다. 최근에 두 분과 동일한 내용에 대하여 상담하였다. 두 분 모두 세무사로부터 장기보유공제는 피상속인의 취득일부터 계산하여야 한다고 알고 오셨다.

상속부동산의 세율을 적용할 경우에는 피상속인의 취득일부터 계산한다는 것 때문에 착각을 하고 상담을 하는 분들이 자주 있는 것 같다.

예) 2014.1.1에 상속이 개시되어 2019.2.1에 양도하는 경우를 보자. 피상속인의 주택 취득일은 2007.1.1이라고 가정하자.

위와 같은 예시의 경우 장기보유공제의 보유기간과 양도소득세율 적용시 보유기간에 대하여 잘못 알고 있는 경우를 볼 수 있다. 장기보유공제의 보유기간은 2014.1.1.부터 2019.2.1.까지이므로 5년의 장기보유공제를 적용하여야 한다. 즉. 1세대 1주택의 경우에는 40%(8% × 5년) 기타 일반적인 경우는 10%(2% × 5년)이다. 비사업용 토지의 경우에도 장기보유공제가 가능하다. 토지의 경우에도 장기보유공제가 가능하다. 다주택자의 조정지역내 주택 양도시 장기보유공제가 불가능하다. (2019.12.17-2020.6.30 한시적 유예)

- 2019.1.1.부터는 장기보유공제율이 2%로 낮아진다. (최고 30%)

세율적용은 2007.1.1.부터 2019.2.1.까지의 보유기간이 12년이므로 2년 이상의 세율을 적용한다.

예) 2018.1.1에 상속이 개시되어 2019.2.1에 양도하는 경우를 보자. 피상속인의 주택 취득일은 2007.1.1이라고 가정하자.

위와 같은 경우 장기보유공제는 2018.1.1부터 2019.2.1까지의 보유기간이 1년 1개월이므로 장기보유공제가 불가능하다. 일부에서는 피상속인의 주택 취득일인 2007.1.1부터 2019.2.1까지 보유기간이 10년을 초과하므로 장기보유공제를 해야 한다는 주장을 하지만 공제하면 안 된다. 즉, 장기보유공제의 보유기간은 상속개시일부터 산정한다는 것을 잊어서는 안 된다.

그러나 세율은 2018.1.1부터 2019.2.1까지 1년 1개월이어서 1년 이상 2년 미만에 해당하는 세율 40%를 적용하는 것이 아니라 특별히 상속부동산의 경우에 한하여 피상속인의 취득일 즉 2007.1.1부터 2019.2.1까지 10년을 초과하므로 2년 초과세율인 일반누진세율이 적용된다.

장기보유공제의 보유기간은 분명히 상속개시일로부터 하도록 되어 있으나 일부 전문가 특히 부동산 거래를 중개하는 경우에 장기보유공제 제도에 대하여 잘못 상담하는 경우를 종종 볼 수 있으므로 주의해야 한다.

13. 부동산 양도시 대출이자와 이주보상비를 경비처리할 수 있을까?

"살아남"씨는 주택을 구입하면서 50%를 대출받았다. 대출이자를 양도가액에서 공제할 수 있는지? 또 임차인을 내보내기 위해서 보상비를 지출하는 경우 양도가액에서 공제할 수 있는지?

부동산을 양도하는 경우 이주보상비 및 대출을 받은 경우 지급하는 이자를 양도비용에 포함 시킬 수 있는지 문의하는 경우가 많다.

부동산 취득 당시 임대용 부동산으로서 사업자등록을 한 경우에는 대출받은 금액에 대한 이자는 임대료 수입에서 필요경비로 인정된다. 그러나 개인이 주택을 취득하는 과정에서 발생한 대출금이자에 대하여는 양도시 필요경비로 인정되지 않는다. 여기서 문제가 된다. 전세값 상승을 누가 책임질 것이냐는 것이다. 우리나라의 임대차는 대부분 보증금을 받는 전세형이다. 만약 4억원의 주택을 구입하여 1.5억원에 전세와 5천만원 대출 자기자금 2억원이 자금출처라면 가격이 오르지 않는 다면 국가를 위해 봉사하는 결과가 된다. 의식주 문제는 국가가 해주어야 하는데 개인이 하는 경우다. 위 경우 4억원 중 대출을 5천만원을 받은 경우에는 주택소유자는 이자만 지불하는 구조다. 주택가격이 오르면 그 이자비용을 회수할 수 있지만 주택가격이 오르지 않으면 주택소유자는 손해이다. 자기자금 2억원을 금융기관에 예치하면 그만큼 소득이 발생하지만 주택임대업을 하면 손해만 발생하는 문제이다. 과연 주거 문제는 개인의 문제로 치부할 수 있는가?

사업을 하는 사람과 사업을 하지 않는 사람과 차별이 존재한다. 부동산 경기가 경기가 하락하는 경우에는 주택 보유자에게 있어 이중고를 겪고 있다. 취득당시보다 아파트등은 가격이 하락하였고, 대출이자는 내지만 대출이자는 양도시 필요경비로 인정되지 못한다. 다만 주택의 경우에는 근로자의 경우에 한하여 주택자금공제를 인정해주고 있다. 근로자가 아닌 경우에는 이자비용만 발생하고 공제되지 않는다.

대출받은 경우 이자비용은 그 지출한 연도의 소득금액에서 차감해야 한다는 것이 이유이다. 그렇다면 당해 연도에 소득에서 차감하지 않았으면 당연이 부동산 보유자의 경우에는 양도차익을 산정함에 있어 경비로 인정해 주어야 하는 것이 아닌지 의문이 든다. 그러나 세법은 양도가액에서 공제하지 않는다.

세법은 양도비용에 대하여 다음과 같은 경우를 인정하고 있다.

양도가액에서 공제되는 것은 취득가액, 설비비와 개량비, 자본적 지출액, 양도비용을 말하는 것이며, 이 경우 양도자산을 취득한 후 쟁송이 있는 경우에 그 소유권을 확보하기 위하여 직접 소요된 소송비용·화해비용 등의 금액으로서 그 지출한 연도의 각 소득금액의 계산에 있어서 필요한 경비에 산입된 것을 제외한 금액의 경우 자본적 지출액으로 보아 필요 경비에 포함하는 것으로서 인정 여부는 소관세무서장이 판단하도록 하고 있다.

자산의 양도차익 계산시 토지를 점유하여 사용하는 자에게 지급하는 이주비용은 양도가액에서 공제되는 필요경비에 해당하지 않고 임차인 보상금, 이사비용도 인정되지 않는다. 취득 당시 임차인을 정리하기 위하여 지급하는 비용, 취득 당시 건물은 있으나 신축하기 위하여 건물철거비용 및 건물취득원가를 취득원가에 합산할 수 있는지(가능), 유치권 자에게 지급한 금액(법적 의무있는 유치권 비용인정) 등에 대하여 의문을 제기하는 경우가 많다.

양도시 비용인정 여부에 대하여는 미리 가까운 세무사와 상담할 필요가 있다.

14. 감가상각한 부동산을 양도하는 경우 감가상각비에 대하여 양도소득세를 내야 한다

"살아남"씨는 상가건물을 임대하고 있다. 매년 상가건물에 대하여 임대소득을 신고하는데 건물에 대한 감가상각비를 계상 하여 종합소득세 신고시 공제받고 있다. 이러한 경우 감가상각비에 대하여 양도소득세를 납부하여야 하는가?

임대사업자의 경우 임대사업용 부동산을 소득세 신고시 감가상각하여 경비로 인정된다. 만약 건물가격이 4억원이라면 40년을 기준으로 하면 1천만원이 임대수입에서 공제된다. 또 대출받은 이자도 이자비용을 공제한다.

부동산을 처분하게 되는 경우 각 사업연도에 건물에 대한 감가상각액에 대하여 양도시 인정여부가 논란이 되고 있다. 최근에는 임대사업자로서 양도시 감가상각 한 부분만큼 취득가액에서 차감하게 된다. 즉 다음과 같은 산식이 된다.

① 감가상각을 한 경우 양도차익
양도가액 - (취득가액 - 공제받은 감가상각비) - 자본적 지출 및 양도비용

위와 같이 공제받은 감가상각비의 경우에는 취득가액을 실지거래가액으로 하든 추계신고로 하든 사업소득(부동산임대소득)계산시 필요경비로 계산된 경우에는 취득가액에서 공제한다.

② 감가상각을 하지 않는 경우 양도차익
양도가액 - 취득가액 - 자본적 지출 및 양도비용

감가상각분에 대하여 양도소득세 과세하는 부분에 대하여 양도소득세와 종합소득세 계산구조에 있어서 아래와 같은 의문을 제기한다.

소득세는 종합소득과 양도소득으로 분류하고 있다. 같은 소득이라도 장기간에 걸쳐 형성된 양도소득은 종합소득과 다르다. 그런데 감가상각을 한 경우 양도소득세를 과세한다면 소득세 과세체계를 흔드는 경우가 된다. 세율 면에서도 문제가 발생한다. 연임대수입이 4천만원 이하인 경우 종합소득세율은 15%이다. 그런데 양도시 양도소득 과세표준이 5억원을 초과하는 경우가 발생하면 양도소득세율은 최고 42%의 세율을 적용하게 된다. 과거에 절세한 종합소득세액(15%)보다 많은 세액(42%)을 양도소득세로 납부해야 하는 문제가 발생한다.

15. 1세대 1주택의 세대와 보유기간 (비과세)

> "살아남"씨는 주택을 1채 소유하고 있으며 처제와 생활하고 있다. 처제도
> 1주택을 소유하고 있다. 이런 경우 1세대 2주택에 해당되는지?
> 1세대 2주택에 해당하므로 양도시에는 처제와 세대를 분리한 후 양도해야
> 한다.

양도 당시 1세대가 국내에 1주택을 소유하고 2년이상 보유 후 양도
시 양도소득세가 비과세된다. 단, 1세대 1주택이라도 미등기 주택을
양도하거나, 고가주택(9억원을 초과하는 비율에 대해서만 과세), 건물바닥
면적의 5배(도시계획구역 밖은 10배) (2022년부터 도시지역중 주거.상업.공업
3배:수도권녹지지역.수도권외 5배: 도시지역 외는 10배) 초과 대지 면적, 주
택의 분할 양도는 비과세 되지 않는다.

⑦ 1세대란

세대란 : 세대란 거주자 및 그 배우자가 그들과 동일한 주소 또는거
소에서 생계를 같이하는 가족을 의미한다.

가족이라 함은 거주자와 그 배우자의 직계 존·비속 및 형제자매를 말
한다. 여기서 유의할 것은 배우자의 직계존속(친정부모)과 배우자의 형제
자매(처제·처남)도 동일한 주소에서 생계를 같이하는 경우에는 그들(친정
부모·처제·처남) 명의로 된 주택이 있으면 1세대 2주택이 되는 것이다.

세대수의 판정은 양도 당시를 기준으로 하는바, 양도 전에 동일세

대원으로서 타 주택을 취득하여 1세대 2주택에 해당한다고 하더라도 세대분리 후 1세대 1주택에 해당한다면 비과세된다. 세대 또는 세대원의 판정은 주민등록에 의함이 원칙이라 하겠으나, 궁극적으로는 가족 또는 배우자와의 사실상 동거 여부를 기준으로 판정한다. 또한 일시적으로 세대를 합가 하였더라도 양도일 현재 동일한 주소가 아닌 개별세대를 구성한 경우에는 이를 동일세대로 보지 않는다

▶ 배우자가 없어도 세대를 구성할 수 있는 경우

① 직업이 있거나 30세 이상인 경우

② 배우자의 사망, 이혼

③ 종합소득, 퇴직소득, 양도소득, 산림소득이 「국민기초생활 보장법」 제2조 제11호에 따른 기준중위소득의 40%수준 이상으로 소유하고 있는 주택 또는 토지를 관리 · 유지하면서 독립된 생계를 유지할 수 있는 경우. 다만, 미성년자의 경우를 제외하되, 미성년자의 결혼, 가족의 사망 그 밖에 기획재정부령이 정하는 사유로 1세대의 구성이 불가피한 경우에는 그러하지 아니하다.

- 1주택의 보유 여부는 양도시점을 기준으로 하므로 양도 당시에 국내에 1개의 주택을 보유한 것으로 충분하며, 2년 보유기간 동안 다른 주택을 소유한 사실이 없어야 할 필요는 없다. 2021.1.1부터 2주택 이상(일시적 1세대 2주택을 제외한다.)을 보유한 1세대가 1주택 외의 주택들 모두 양도한 후 1주택을 보유하게 된 날부터 2년 보유 후 양도해야 한다.

④ 보유기간 2년 이상이란

원칙 : 취득하기 위하여 잔금을 지급한 날로부터, 양도하여 잔금을 수령한 날까지(계약서상 잔금지급 약정일)

실제 수령일을 입증하지 못한 경우에는 등기부상의 접수일부터 양도일까지의 기간이 2년이 되어야 한다.

취득일 : 자기가 신축취득 한 경우 : 준공검사필증 교부일이 되나 준공 검사 전에 사실상 사용하거나 건축허가를 받지 않고 건축한 건축물은 사실상의 사용일이 취득일이 된다.

아파트를 준공 전 입주한 경우에도 사용검사필 이후 잔금 지급하고 입주하면 그 입주일이 보유기간 계산시 취득일이 된다.

상속받은 자산의 경우에 원칙적으로 취득일은 상속일이나 상속주택의 경우 동일 세대원이 상속받은 경우에는 피상속인의 취득일로부터 보유기간 및 거주기간을 계산한다.

16. 주택의 의미

"살아남"씨는 최근 오피스텔을 구입하였다. 오피스텔을 주거용으로 임대하는 경우 주택으로 보는지 여부?

"주택"이라 함은 공부상 용도구분에 관계없이 사실상 상시 주거용으로 사용하는 건물을 말하는 것으로, 오피스텔이 주거용에 해당하는지 여부는 당해 오피스텔의 내부구조·형태 및 사실상 사용하는 용도 등을 종합하여 사실 판단 한다.

세법상 주택의 의미는 거주용으로 사용하는 경우 주택으로 보기 때문에 상가건물이나 오피스텔을 주거용으로 사용하는 경우 주택으로 보아 1세대 1주택 여부를 판정하게 된다. 따라서 양도 전에 가지고 있는 부동산이 주택으로 전용되어 사용되는지 반드시 확인해야 한다.

① 근린생활시설(상가와 주택으로 구성된 건물)의 주택 부분이 주택에 해당되는지

(1) 주거면적이 크면 전체가 주택

(2) 주거면적이 작거나 같으면 주거면적만 주택으로 봄

● 2022.1.1.일 부터는 주택부분만 주택으로 봄
● 근린생활시설과 일반주택을 양도할 경우 근린생활시설에 주택 부분이 있는지 확인이 필요함. 일반주택을 비과세 받기 위해서는 근린생활시설의 주택을 먼저 세대원이 아닌 자에게 증여 또는 양도후 일반주택을 처분해야 비과세를 받을 수 있다.

② 주택가격이 적다고 주택이 아닌 것 같은데 1세대 1주택 판정시 주택으로 보는 경우

① 무허가 건물이라도 주택으로 사용하면 주택으로 본다.

② 농가주택의 경우도 주택으로 본다. 일정요건을 갖춘 농가주택(농어촌주택·고향주택)은 제외한다.

③ 주택을 공유하는 경우에도 공유자 각자가 주택을 소유한 것으로 본다.

④ 피상속인이 여러 채 주택을 상속하는 경우로서 공동상속주택의 경우는 지분이 가장 큰 자가 주택을 소유한 것으로 본다. 다만, 상

속주택 외의 주택 양도시에는 선순위 상속주택은 없는 것으로 보아 1세대 1주택 해당 여부판정 한다. (상속주택을 가지고 있는 상태에서 여러 번 다른 주택을 사고팔면 비과세 되지 않는 경우가 있으므로 주의해야 한다. 2013.2.15일 개정)

17. 양도당시 2채 이상이거나 2년 보유(조정지역내 2년거주)하지 하지 않아도 비과세 되는 경우

"살아남"씨는 1주택을 보유하는 중 새로운 주택을 구입하거나,동거 봉양하기 위하여 모친과 세대를 합치는 경우 등 일시적으로 2주택이 되는 경우 비과세 되는 규정을 알고 싶다.
봉양하기 위하여 합가 했는데 1세대 2주택이 된다니 억울하다. 합가한 경우는 10년이 지나면 2주택자가 되므로 팔기 전에 모친과 세대를 분리해야 한다.

㉮ 일시적으로 여러 채를 소유한 경우 비과세

다음과 같은 경우 2주택이라도 먼저 양도하는 주택에 대하여 양도소득세가 비과세 된다.

① 이사하기 위해 일시적으로 2주택이 된 경우 새로 취득한 날로부터 3년(조정 대상 지역 1년이내 전입, 1년이내 양도:임차인이 있는 경우 최대 2년) 이내에 종전 주택을 양도하는 경우(조정지역외 새로운 주택에 반드시 이사할 필요는 없다. 새로 취득한 주택은 종전주택 취득일로부터 1년이후에 취

득해야 한다.)

② 각각 1세대 1주택을 가진 남녀가 결혼하여 2주택이 된 경우그 중 하나의 주택을 결혼 일로부터 5년 이내에 양도하는 경우(양도일 현재 양도주택이 비과세 요건을 갖추어야 함.)

③ 부모를 모시기 위해 자녀와 부모가 세대를 합쳐 2주택이 된 경우 그 중 하나의 주택을 합친 날로부터 10년 이내에 양도하는 경우(양도일 현재 양도주택이 비과세 요건을 갖추어야함) 여기서 노부모란 60세 이상이 해당된다.

④ 취학 · 근무상의 형편, 질병의 요양, 그 밖에 부득이한 사유로 취득한 수도권 밖에 소재하는 주택과 그 밖의 주택(일반주택)을 국내에 각각 1개씩 소유하고 있는 1세대가 부득이한 사유가 해소된 날부터 3년 이내에 일반주택을 양도하는 경우

❹ 2년이상 보유(조정지역 주택은 2년이상 거주)하지 않았어도 비과세 되는 경우

① 임대주택법에 의한 건설임대주택을 취득하여 양도하는 경우로서 당해 건설임대 주택의 임차일부터 당해 주택의 양도일까지 거주기간이 5년 이상인 경우

② 다음의 경우에 해당되는 경우

- 사업인정고시일 전에 취득한 주택으로 토지수용법 기타 법률에 의하여 수용되는 경우(그 잔존주택 및 부수토지는 수용일부터 5년 이내

양도시 비과세)

- 국외이주, 국외근무를 위하여 전세대원이 출국하는 경우 (출국후 2년 이내 양도)

- 재건축 · 재개발기간 취득한 주택으로 재건축 · 재개발 완료로 세대 전원이 입주하기 위하여 1년 이상 거주한 주택을 양도하는경우(완성된 주택에 1년 이상 거주해야하고, 완성되기 전 또는 완성된 후 2년 이내 양도시 비과세)

- 1년 이상 거주한 주택을 취학, 근무상의 형편, 질병의 요양 기타 부득이한 사유로 세대 전원이 다른 시 · 군에 주거를 이전하는 경우

🐷 장기저당 담보주택

장기저당 담보주택 요건에 해당하는 경우 거주기간의 제한을 받지 않는다.

① 계약체결일 현재 주택을 담보로 제공한 가입자가 60세 이상일 것

② 장기저당담보 계약기간이 10년 이상으로서 만기시까지 매월 • 매분기별 또는 그 밖에 기획재정부령이 정하는 방법으로 대출금을 수령하는 조건일 것

③ 만기에 당해 주택을 처분하여 일시 상환하는 계약조건일 것

18. 1세대 1주택 판정시 보유주택으로 보지 않는 주택

"살아남"씨는 주택을 여러 채 소유하고 있는데 현재의 거주주택을 양도하려고 한다. 이런 경우 1세대 1주택 판정시 주택에서 제외되는 주택들은 어떠한 것들이 있는지?
임대주택이 있는 경우에는 임대사업자등록(구청과 세무서 모두 등록)을 해야 주택 수에서 제외된다.

① 임대주택법에 의한 임대주택(구청에 임대주택사업자등록과 세무서 임대사업자등록을 한 경우)

② 재개발, 재건축의 경우 아파트를 신축하고 있는 동안 멸실 되었으므로 주택으로 보지 않고 주택을 분양받을 권리로 본다. 따라서 분양권을 양도하는 경우[사업계획승인일, 승인일 이전에 철거하는 경우에는 철거일 현재 다른 주택이 없는 경우 2년이상 보유한 주택은 주택으로 보아 비과세됨]에는 양도소득세과세대상이다. 그러나, 주택을 완공한 경우에는 주택의 보유기간은 종전 주택의 보유기간, 건축공사기간, 새로운 주택의 보유기간을 합하여 계산한다. 그러나 2006년 이후에 사업승인을 받거나, 2005.12.31 이전에 사업 승인된 입주권을 구입한 경우는 주택을 취득한 것으로 본다.

③ 공장부설 기숙사, 콘도미니엄, 별장, 오피스텔(주거용 오피스텔은 주택으로 본다)

④ 상속받는 시점에서 상속인이 보유한 1세대 1주택에 대해서만 비

과세특례 적용. 다만, 수도권 밖의 읍·면 지역에 소재하는 '상속주택'(피상속인이 5년 이상 거주한 주택에 한함)의 경우에는 현행과 같이 1세대 1주택 비과세 판정시 주택수 계산에서 제외하여 일반주택을 수차례 취득·양도해도 비과세 적용 가능(단, 기타상속 주택 취득 후 다른 주택을 여러 번 사고 팔면 상속주택도 보유주택으로 판단할 수 있음).

⑤ 2003.8.1 - 2020.12.31 기간 중에 농어촌주택을 취득한 경우 : 수도권, 도시 지정 허가구역을 제외한 지역 소재 주택, 대지 660㎡, 취득 당시 기준시가 2억원(한옥 4억) 이내.(추징규정 있음)

⑥ 귀농주택과 이농주택(요건이 엄격하다)

⑦ 장기저당담보주택

(1) 계약체결일 현재 주택을 담보로 제공한 가입자가 60세 이상일 것

(2) 장기저당담보 계약기간이 10년 이상으로서 만기시까지 매월·매분기별 또는 그 밖에 기획재정부령이 정하는 방법으로 대출금을 수령하는 조건일 것

(3) 만기에 당해 주택을 처분하여 일시 상환하는 계약조건일 것

⑧ 2주택이라도 양도하는 주택비과세(일시적 1세대 2주택은 3년(조정지역 1년이내 전입, 1년이내 양도)

⑨ 문화재 주택

⑨ 취학·근무상 형편·요양 등 부득이한 사유로 취득한 수도권 밖의 주택

⑩ 보유주택으로 보지 않는 미분양주택 : 요건확인

⑪ 감면대상 신축주택

위와 같이 여러 종류의 주택을 소유하고 있는 경우에는 양도하기 전에 비과세요건을 갖추었는지 다른 주택을 양도하고 거주하는 주택을 파는 것이 유리한지 판단해야 한다. (증여세, 양도세, 취득이전비용 등)

19. 기존임대주택도 임대주택과 사업자등록을 하면 혜택을 받을 수 있다

"살아남"씨는 주택을 여러 채 소유하고 있는데 현재 거주주택을 양도하여 비과세 받고자 한다. 기존 다른 주택을 임대사업 등록하는 경우 비과세될 수 있는지?
기존주택의 경우에도 임대사업등록이 가능하다. 일반주택 비과세 받은 후에 임대주택을 8년이상 임대하지 않고 양도하는 경우 양도소득세 추징한다.

민간임대주택에 관한 특별법 제5조 장기임대주택을 임대할 경우 주택수에서 제외하도록 규정되어 있다. 임대주택은 기존에 건설업자가 아닌 타인에게 취득한 주택도 해당되며 2011.10.14 이전에 취득한 주택도 임대사업자등록이 가능하다. 다만, 면적 및 가액기준이 있으므로 다음의 요건을 갖춘 주택이어야 한다. 다만, 차후에 장기임대주택의 요건을 충족시키지 아니하면 양도소득세가 추징된다.

장기임대주택의 요건은 다음과 같다.

구분	규모	가액	호수	임대기간
매입임대 주택	소득세법 : 면적제한 없음 국민주택규모이하(조세특례제한법 제97조의3:감면)	– 임대개시일 당시 기준시가 6억원 이하(수도권 밖은 3억원 이하) – 임대료의 연 증가율이 5% 초과하지 않는 주택	1호 이상	8년 이상

● 임대기간의 계산시 사업자등록을 하고 임대주택으로 등록하여 임대하는 날부터 임대를 개시한 것으로 봄
● 반드시 구청에 임대사업자등록과 세무서에 사업자등록을 해야 한다.

거주주택과 장기임대주택을 가지고 있는 상태에서 거주주택을 비과세 받기 위해서는 다음의 요건이 필요하다.

① 거주기간이 2년 이상 일 것(장기임대주택사업자 등록일 이전에 충족한 경우도 적용)

② 양도일 현재 장기임대주택을 임대주택법에 따라 임대주택으로 등록하고 임대하고 있을 것. 세무서에 임대사업자등록도 반드시 해야 한다.

③ 임대료(임대보증금) 연 증가율이 5% 이하일 것

20. 30세 미만 자녀이름으로 부동산을 구입하면 1세대 2주택을 피할 수 있을까?

"살아남"씨가 주택을 한채 가지고 있다. 본인명의 주택을 팔려고 내놓았으나 팔리지 않고 "살아남"씨가 구입하면 2주택자가 된다고 하여 자녀 명의로 부동산을 구입하였다. "살아남"씨는 25살인 자녀이름으로 새로 구입하는 주택의 등기를 한것이므로 "살아남"씨와 자녀 각각 1세대 1주택으로 보아야 하는 것이 아니냐는 것이었다.

그래서 자녀가 소득원이 있는 자녀인지를 물어보았다. 자녀는 소득원이 없는 대학생이라고 하였다. 그렇다면 별도세대로 인정받지 못하므로 1세대 2주택자에 해당한다.

㉮ 1세대 1주택 인지

세대란 거주자 및 그 배우자가 그들과 동일한 주소 또는 거소에서 생계를 같이하는 가족을 의미한다.

그런데 배우자와 소득원이 없는 30세 미만의 자녀는 별도 세대를 구성하더라도 동일 세대원으로 보아 1세대 1주택 비과세요건을 판정한다. 따라서 위의 사례처럼 자녀가 25세이고 소득원이 없는 대학생인 경우에는 동일 세대원으로 보아 부친이 주택을 1채 가지고 있고, 자녀가 주택을 1채 가지고 있어 동일 세대원이 2주택을 소유한 것으로 보아 먼저 양도하는 주택에 대하여 양도소득세가 과세된다. 다만, 새로 주택을 취득한 날로부터 3년(조정 대상 지역 내 신규주택 취득 시 1년이내 전입, 1년이내 양도) 이 내에 종전 주택을 양도하는 경우에는 양도소득세가 비과세된다. 종전주택은 반드시 양도 당시 비과세요건인 2년 이상 보유하여야 한다.

❹ 자금출처를 소명할 수 있는지

문제는 소득원이 없는 자녀가 부동산을 구입하는 경우 자금출처조사를 받는다는 것이다. 따라서 자녀가 구입한 구입가액에 대한 자금출처를 입증하지 못하면 "증여추정"으로 보아 증여세를 과세한다. 자금출처금액은 취득자금의 80% 이상을 소명하여야 한다. 80% 이상을 소명하는 경우에는 증여추정에 해당하지 아니하므로 증여세가 과세되지 않는다. 소득은 입증되지만 실제로 증여한 사실이 있는 경우는 증여로 과세한다. 구입가액이란 부동산 취득가액에 취득세 등 취득 관련 비용을 합한 금액을 말한다.

자금출처와 관련하여서 국세청은 인터넷상의 시세를 적용 취득가액을 추정하고 그 가액과 차이가 나는 경우는 이중계약서를 작성한 것으로 보아 세무조사를 하는 경우가 있다. 상담 사례 중 아파트를 2억 5천만원에 25세인 자녀 명의로 구입한 후 증여세를 납부하였는데 국세청으로부터 조사받은 경우가 있어 예를 들어보겠다. 국세청에서는 시세를 적용 최고 3억 2천만원으로 통상 거래되는 아파트를 2억 5천에 거래 신고 한 것은 이중계약서를 작성한 것이 아니냐는 추측으로 세무조사를 시작했다고 한다. 결국엔 아파트 매도자에게 확인을 해서 2억 5천만원에 거래한 사실로 확인되었으나 세무조사 중 드러난 자녀명의의 예금 및 보험 때문에 증여세를 추가로 부담하게 되었다. 이렇듯 국세청의 조사는 일단 시작이 되면 여러 가지 이유로 세금을 추징 당할 가능성이 많아, 사전에 두루 살펴 여러 상황에 대비하는 것이 현명하겠다.

㉣ 부동산 구입자금 출처소명 중 대출금과 전세를 끼고 사는 경우 주의할 점

대출을 받아 부동산을 구입했다 하더라도 대출을 상환할 능력이 없다고 판단되는 경우 증여로 간주될 수 있다. 따라서 대출을 받는 경우에는 월세에 의하여 원금과 이자를 납부할 수 있거나, 증여시 부동산과 일부 현금을 포함하여 증여한 후 그 증여한 금액에서 대출이자를 내는 방법을 강구해야 한다.

또, 부동산 취득에 대한 세무조사는 보통 2년 안에 조사가 종결되는 사례가 드물다. 이렇듯 증여조사를 늦게 하다 보니 대출이자가 아까워 미리 상환하는 경우를 종종 보게 된다. 이때 뒤늦게 세무서에서 자금출처조사를 하게 되면 이미 대출금을 상환한 상태여서 어쩔 수 없이 증여세를 추징당하는 경우를 보게 된다. 따라서 자금출처의 소명시 대출금과 전세금 상환에 대한 대비도 고려해야한다. 또, 대출금이나 전세금은 잔금청산 전에 받아 취득자금에 사용해야 한다. 그렇지 않고 부친이 잔금을 먼저 청산해주고 부동산 취득 후에 대출을 받거나 전세금을 받아 부친에게 상환하였다고 주장하면 자금출처로 인정받지 못하는 경우가 있기 때문이다.

라 자금출처를 소명할 수 없는 경우에는 증여를 취소하라.

세법을 알지 못하여 위와 같은 일이 발생한 경우에는 증여를 취소할 수 있다. 증여취소에 따른 취득세 금액을 확인한 후 그 금액이 증여추정으로 과세되는 증여세보다 적다면 증여를 취소하여 증여세 부과를 피해야 한다. 증여 취소는 증여일로부터 3월 이내에 하면 증여세가 과세되지 않는다.

전문가와의 상담 없이 자력으로 일을 처리하다 낭패를 본 후에 세무사의 자문을 구하는 경우를 종종 본다. 가급적 사전에 세무상문제가 있는지를 검토하는 것이 억울하게 세금을 납부하는 것을 피할 수 있는 정도라 하겠다.

21. 실지거래가액과 9억원이상의 주택(고가주택) 양도시 양도소득세

"살아남"씨는 고가주택을 양도하려고 한다. 양도하는 경우 양도소득세가 얼마인지 알고 싶다. 12억원 양도하는 경우 9억원을 차감한 3억원에 대하여 양도소득세가 과세되는지 여부? 취득가액을 확인 할 서류도 없다. 이런 경우 취득가액 계산은 어떻게 하는지?
취득가액을 환산할 수 있고, 1세대 1주택의 경우에는 9억원을 초과하는 비율에 대하여 양도소득세를 납부한다.

주택 가격이 9억원 이상이면 고가주택에 해당되어 매매계획이 있다면 실제로 양도소득세가 얼마인지, 어떻게 계산되는지를 알고 있어야 한다. 가까운 지인이나 인터넷을 통해 필자를 알게 된 상담자로부터 양도소득세가 대략 얼마나 나오게 될까를 간단하게 물어오는 난감한 전화를 받은 경우가 있다. 양도소득세의 산출은 아파트 값만 입력하면 한번에 척 튀어나오는 게 아니다. 취득가액은 어떤 금액으로 할지, 적절한 절세의 방법은 없는지를 서류를 보고 검토한 후 찬찬히 살펴야 하는 작업이다. 사고 팔기는 쉬울지 모르나 알뜰한 세금을 두드려 맞는 방법은 복잡하다. 쉽게 팔기 전에 세무사와 충분히 상담하여야 할 것이다.

㉮ 취득가액을 모르는 경우 어떻게 취득가액을 결정 하는가?

양도시 실지거래가액이 확인되는 반면에 취득가액은 취득일이 오래되어 취득 당시 계약서 등을 보관하고 있는 경우가 드물어 그확인이 어렵다. 과거에는 계약서가 없더라도 양도소득세 계산시 고가주택이 아닌 경우 기준시가(국세청 고시가액)에 의하여 계산했고, 부동산 가격도 오르기 때문에 굳이 계약서를 잘 보관 할 필요가 없어서 원 계약서의 보관이 중요치 않았다.

그러나, 모든 부동산거래에 대하여 실제거래가액으로 양도소득세를 신고하도록 변경 되면서 계약서가 중요하게 되었다. 실제취득계약서가 없는 경우가 많다.

그렇다고 취득계약서가 없다고 하여 취득가액을 "0"원으로 할 수는 없다. 그래서 실지거래가액에 의하여 양도소득세를 신고할 때 취득가격이 없는 경우 기준시가에 의하여 취득가액을 환산하도록 되어있다.

그 환산 산식은 다음과 같다.

[산식] 양도가액 × (취득당시 기준시가 / 양도당시 기준시가)

하지만 위 산식으로 취득가액을 환산하는 것에 문제점이 발견되고 있다. 현재의 국세청 고시가액(기준시가)은 시세와 별반 차이가 없다. 하지만 과거에는 시세의 50%~60% 정도에서 고시가액이 고시된 경우가 많았으나 현재는 시세의 70% ~ 80%로 결정하고 있다. 분자와 분모의 시세비율의 차이가 발생되어 분모의 가액이 증가함으로써 취득가액이 점점 줄어드는 문제점이 있어 납세자가 불리해 진다.

❹ 1세대 1주택으로 9억원이 초과되는 주택(고가주택)에 대한 양도소득금액은 어떻게 계산하는가?

1세대 1주택인 고가주택에 대한 양도소득세는 양도가액에서 9억원을 공제하는 것이 아니라 다음과 같이 계산한다.

(산식): 15억원에 양도하였다면

양도소득 × {(15억-9억=6억)/15억} = 고가주택 양도소득

▶ 공동주택 양도소득세의 고가주택의 변천

2002년 9월 30일 이전: 전용면적 165제곱미터 이상이고 주택가격이 6억원을 초과하는 경우

2002년 10월 01일 이후: 전용면적 149제곱미터 이상이고 주택가격이

6억원을 초과하는 경우

2003년 01월01일 이후: 면적에 상관없이 주택가격이 6억원을 초과하는 경우

2008년 10월 07일 이후: 면적에 상관없이 주택가격이 9억원을 초과하는 경우

22. 오피스텔과 세금

"살아남"씨는 주거용 오피스텔에 3년(현재는 2년) 이상 거주하다가 오피스텔을 양도하였다. 그랬더니 세무서에서 오피스텔은 주택으로 볼 수 없으므로 양도소득세를 납부하여야 한다고 했다. "살아남"씨는 이에 불복하여 국세청에 오피스텔을 주거용으로 인정해달라는 심사청구를 했는데, 결과는 "살아남"씨의 주장을 국세청이 받아들여 1세대 1주택으로 인정받아 비과세 되었다.

세상이 진화하면 법도 진화한다. 그리고 세법은 항상 개정되고 보완된다. 하지만 진화와 함께 변종까지 등장하는 세상의 속도에는 아직까지 세법이 따라가는 속도가 느린 편이다. 그래서 간혹 법은 너무 균일하고 평등하게 적용되어 선량한 변종의 등장에 세심히 적용되지 못한다. 이럴 때일수록 법을 알아야 법 앞에 평등하게 대접을 받을 수 있다. 세금은 한 조문을 가지고 5,000만 명에게 똑같이 적용한다. 오피스텔은 양도시 주택이냐 상업용이냐에 따라 세법을 적용하게 되므

로 세법을 알지 못하면 불이익을 당할 수 있다.

오피스텔은 원래 상업용 목적으로 건설되었으나, 주거용 오피스텔이 등장하면서 세무상 많은 혼란을 야기하고 있다. 이런 점에서 오피스텔의 취득에서 보유, 양도의 각 단계에서 발생하는 세무상의 내용을 정리해 보고자 한다.

㉮ 취득단계

취득단계에서는 부가가치세, 취득세와 채권구입 및 취득관련비용이 지급된다. 따라서 오피스텔을 분양 받는 경우에는 사업자 등록을 한 후 부가가치세를 환급 받을 수 있으므로 분양 받은 후 반드시 가까운 세무사와 상담하여 처리하는 것이 좋다.

▶ 부가가치세 환급절차

오피스텔의 경우에는 취득 당시 건설업자의 분양가액에 부가가치세가 포함되어 있는데 부가가치세를 환급 받으려면 다음과 같이 처리하여야 한다.

① 계약을 하게 되면 계약서를 가지고 물건 소재지를 관할하는 세무서에 일반사업자등록을 하여야 한다.

② 사업자등록을 한 후 중도금을 납부할 때 사업자등록증을 제시하고 세금계산서 발행을 요구하여야 한다.

③ 세금계산서를 발급 받으면 부가가치세 신고 기한 내에 반드시 신고를 하여야 환급 받을 수 있다. 가끔 이러한 신고를 이행하지 않아

불이익을 당하는 경우가 있다.

④ 오피스텔을 임대할 경우에는 반드시 부가가치세에 대한 언급을 하는 것이 좋다. 일반사업자의 경우에는 부가가치세를 10% 납부해야 하므로 계약서에 월세(부가가치세 별도)의 문구를 기재해야 부가가치세를 임차인에게 전가할 수 있기 때문이다.

⑤ 오피스텔의 경우에는 취득 당시 부가가치세 부분에 대하여 환급 받을 수 있으나, 환급 받은 후 폐업하거나, 주택으로 사용하는 경우에는 환급 받은 부가가치세를 다시 국가에 납부해야한다.

⑥ 가끔 임대차기간이 만료되는 경우 임차인과의 분쟁이 발생하는데 대부분 임대료를 적게 신고한 것이 문제가 된다. 고발이 될경우에는 과거 5년간의 부가가치세와 소득세 및 가산세를 추징당하므로 주의하여야 한다. (무신고 시는 7년)

⑦ 사업자등록을 하게 되면 소득세를 신고해야 하고, 소득세를 신고하게 되면 소득이 있는 것이기 때문에 건강보험 및 국민연금납부 문제가 발생한다.

❹ 보유단계

보유단계에서는 종합부동산세와 재산세, 종합소득세, 부가가치세를 납부한다. 이외에도 사업자등록이 있는 경우에는 소득이 있는 것으로 보아 국민연금 및 건강보험료를 납부 하게 되는 경우도 있다. 종합소득세의 경우 다른 근로소득, 사업소득이 있는 경우에는 합산하여 소득세를 계산하므로 세액이 증가될 수 있다. 통상 소득에 따라

1개월에서 4개월 정도의 월세는 앞으로 납부해야 할 소득세 및 지방소득세로 예상하면 된다.

㉰ 양도단계

오피스텔 등 모든 부동산 거래는 실제 거래한 가액으로 양도소득세를 납부하여야 한다. 다만 오피스텔 또는 주거용 오피스텔을 1세대 1주택으로 인정받아 비과세되는 경우도 있다. 주택으로 판정 받아 1세대 2주택이 되는 경우에는 양도소득세가 과세된다. 2주택을 피하려면 소득이 있는 자녀 등에게 단순증여나 전세금을 부담하면서 자녀에게 증여하는 부담부증여(부담부분은 양도소득세 과세)제도를 이용 한 후 1주택 이하로 주택을 줄인 다음 양도하면 될 것이다. 이때에는 취득이전비용 및 증여세를 미리 검토해야 한다.

또한, 주거용으로 사용하였는지 여부는 주민등록전출입, 미성년 자녀거주, 공과금 납부, 신문·잡지·구독, 주택으로 용도변경 허가, 주택으로 용도 변경한 사실, 거래은행 및 병원이용 등을 종합적으로 판단하여 거주 여부를 정한다. 이때 임차인의 경우에도 거주 여부를 판단하므로 사업자에게 임대하는 것이 좋다.만약 오피스텔을 상업용으로 사용하다 양도하는 경우 부가가치세를 납부해야 한다. 사업자등록이 있는 경우에는 반드시 부가가치세 신고납부 여부를 미리 확인해야 한다. 거주여부는 세무서에서 "전입세대열람"조회를 통하여 확인한다.

23. 상속(증여)주택을 양도할 때는 양도소득세를 조심해야

"살아남"씨는 10억원의 주택을 상속받았다. 어떠한 조치를 취해야 하는가?
상속받은 재산은 상속개시 당시 시가 또는 기준시가(신고한 가액)가 취득가
액이다. 취득가액과 양도가액 차액에 대하여 양도소득세를 납부해야 한다.
따라서 취득가액을 어떤 금액으로 하느냐에 따라 상속세와 양도소득세가 달
라진다.

상속주택에 대하여 양도소득세가 과세된다. 상속주택이 완전히 비
과세요건을 갖추려면 상속일로부터 2년(조정지역은 거주2년)을 보유해
야 하고, 양도당시 다른 주택이 없어야 한다. 그렇지 않으면 양도소
득세가 과세된다. 만약 다른 주택이 있다면 먼저 다른 주택을 처분을
고려해야 한다. 다만, 동일 세대원이 상속받는 경우에는 피상속인의
취득일부터 보유기간 및 거주기간을 판단한다.

상속주택에 대하여 양도소득세가 과세될 경우 상속주택의 평가여
부에 따라 상속세 및 양도소득세액이 변동된다. 왜냐하면 상속주택에
대하여 양도시 적용되는 취득가액은 상속개시일 현재의 시가(6개월 전
후 매매가액, 감정평가액, 유사매매사례가액), 시가가 없는 경우에는 보충
적인 평가 방법인 기준시가를 적용하기 때문이다.

[산식] 양도차익

양도가액(실가) - 취득가액(상속재산 평가액) - 필요경비

㉮ 상속 받을 경우 상속주택의 양도는 가급적 다른 주택을 양도한 후 양도하는 것이 좋다.(상속받는 시점에서 상속인이 보유한 1세대 1주택에 대해서만 비과세 특례 적용)

상속주택에 대하여는 다른 주택 양도시 상속주택을 보유하지 않는 것으로 보아 1세대 1주택을 판정하기 때문이다. 예를 들면 다음과 같다.

현재 가지고 있는 주택이 마포구에 1채가 있는데 1세대 1주택 비과세 요건을 갖추었다. 그런데 뜻하지 않게 부친이 사망하여 상속받은 주택이 강남구의 아파트인 경우 마포주택을 양도하게 되면 마포주택은 비과세된다.

㉯ 상속주택을 먼저 양도하는 경우 양도소득세 납부해야 한다.

그런데 거꾸로 강남에 상속받은 아파트를 먼저 양도하였다면 양도소득세를 내야 한다. 문제는 상속받은 아파트를 양도할 경우 상속일 현재의 평가액을 상속주택의 취득가액으로 한다는 것이며, 취득가액을 어떠한 금액으로 할 것이냐에 따라 상속주택에 대한 양도소득세의 부담이 다르다는 것이다. 다만, 6개월이내에 상속주택을 양도하면 상속주택에 대하여는 양도소득세가 과세되지 않는다. 왜냐하면 양도가액과 취득가액이 동일하기 때문이다. 즉, 상속 후 6개월이내 매매계약을 체결하는 경우에는 매매가액이 상속가액이 된다. 이런 경우 상속세가 추가될 수 있다. 상속세와 양도소득세를 비교해서 양도 여부를 판단해야 한다.

⑬ 상속주택이 있는 상태에서 다른 주택을 사고팔면 상속주택을 보유주택으로 본다. (2013년 2월 15일 현재 보유주택)

세법은 생물과 같이 변하게 된다. 선순위 상속주택은 종전까지는 일반주택을 양도하는 경우 주택으로 보지 않았기 때문에 문제가 없었으나, 상속주택이 있는 상태에서 주택을 사고팔면 과세되게 되었다.

▶ 상속주택의 유형

수도권 밖의 읍·면지역 상속주택, 선순위 상속주택, 일반상속주택에 따라 세부담이 다르므로 충분한 검토가 필요하다.

24. 다주택자의 경우 양도소득세가 많으면 증여를 고려해 볼 만하다

"살아남"씨는 여러 부동산을 소유하고 있다. 취득가액 2억원의 자산이 현재 6억원에 평가된다. 6억원에 양도하려고 하는 경우 양도차익 4억원에 대하여 양도소득세를 피하고 싶다.

이런 경우에는 배우자에게 6억원을 증여하게 되면 취득가액이 2억원에서 6억원으로 변경된다. 양도소득세를 피할 수 있다. 다만 양도하려면 5년을 기다려야 한다. 증여시에는 이전비용이 발생한다.

양도소득세의 경우는 취득가액을 공제하는 대신 과세표준이 5억원을 초과하게 되면 최고 46.2%의 양도소득세(지방소득세포함)을 납부해야 한다. 증여의 경우에는 과세표준이 5억원을 초과하는 경우 29.1%(신고세액 3% 공제 후)의 세를 부담한다. 따라서 양도소득세와 증여세 및 취득이전비용을 고려해서 결정해야 한다. 증여후 양도 이를 우회양도라 한다. 증여 후 5년 이상 기다려야 하는 단점도 있다.

조정대상지역내 주택이 다주택인 경우 양도소득세가 중과된다.(10%~20% 추가 부담, 장기보유 공제 배제):2020.6.30.까지 한시적 유예

다주택자가 배우자에게 증여시는 다음과 같은 점에 유의해서 결정해야 한다.

① 다주택 중에 먼저 양도할 자산을 선택한다.

② 시가가 있는지(시가가 없는 경우에는 감정평가법인 2개 이상(10억원 이하이면 1개)의 감정평균액을 받으면 시가에 해당한다. 그렇지 않으면 증여 당시 기준시가가 증여가액이 되어 증여세는 낮아지는 대신, 증여후 5년 이후 양도시 양도소득세가 많아진다.)

③ 증여하는 자산에 채무가 있으면 채무를 증여자가 정리 후에 증여해야 한다. 양도차익이 많은 다주택자의 경우 채무부담을 안고 그대로 증여하면 양도소득세를 납부해야 한다.(10%~20% 추가 부담, 장기보유 공제 배제)

④ 증여시 취득세 및 채권구입 또는 할인, 법무사비용이 지출된다.

⑤ 종합부동산세를 위해 배우자에게 증여시는 향후 종부세 절세액과 증여에 따른 이전비용(증여세와 취득세 등)을 비교한 후 결정해야 한다.

⑥ 만약 연로한 분의 경우 추후 상속이 발생한다면 배우자의 법정

지분에 해당하는 금액 중 최고 30억원까지 배우자 공제를 받을수 있으나 사전에 증여하여 증여세 과세표준이 있는 경우에는 상속공제를 최고 한도까지 받을 수 없다. 즉, 증여하는 자산가액이 6억원을 초과하거나, 과거에 배우자에게 증여한 재산의 과세표준이 있는 경우는 주의해야 한다.

⑦ 상속 시 채무는 양도소득세가 과세하지 않는다.

[산식] 배우자의 상속공제 한도

배우자의 법정지분 – 배우자에게 10년 이내 증여한 재산의 과세표준

– 배우자 상속공제분은 실제상속받은 재산 범위내에서 공제한다. 사전 증여받은 재산은 상속받은 재산으로 보지 않는다.

25. 시골주택과 도시주택 중 도시주택을 양도하려면 시골주택을 먼저 처분하거나 다른 세대원에게 증여해라

"살아남"씨는 도시주택과 시골주택을 소유하고 있다. 도시주택을 양도하려고 하는데 시골주택 때문에 양도소득세가 과세된다고 한다. 시골주택 가격은 3천만원 정도이다.

시골주택을 먼저처분하거나 시골주택을 세대원이 아닌 자에게 증여한 후 도시주택 양도시는 양도소득세가 비과세된다. (2021년 이후는 시골 주택 증여나 양도 후 2년 보유해야)

먼저 시골주택이 1세대 1주택 판정시 제외되는 주택인지 확인한다. 1세대 1주택 판정시 제외되는 상속주택인지, 농어촌 요건을 갖춘 주택인지 등을 확인하고 제외되는 주택이 아닌 경우에는 다음을 고려해야 한다.

1세대 1주택의 경우에는 9억원까지 양도소득세가 없다. 2년 이상 보유하고 양도 당시 다른 주택이 없으면 비과세된다. 시골주택이나 가액이 적은 주택을 소유하고 있는 경우도 2주택자가 되기때문에 비과세 받을 수 없는 경우가 발생한다. 위의 사례처럼 시골주택 3천만원 때문에 2억원의 세금을 납부해야 한다면 정말 억울한 일이다.

그래서 세금도 납세자가 선택했으면 한다, 내가 2주택을 소유하고 있는데 세금이 적게 나오는 주택을 과세하고 나머지 주택을 비과세하면 어떨까? 그러나 현실은 그렇지 않다. 양도 당시 기준으로 과세 여부를 판단한다.

결국 납세자의 입장에서도 시골주택을 먼저 처분해야 하는 상황이다. 처분을 하려면 매수자가 있어야 한다. 그러나, 시골에 살고 있는데 주택을 처분하기는 어렵다. 그렇다면 세금을 절세하기 위하여 시골주택을 세대원이 아닌 가족에게 증여하는 방법 밖에 없을 것이다.

일단 같은 세대원이 아니어야 한다. 배우자나 30세 미만의 소득이 없는 자녀는 별도 거주해도 같은 세대원에 해당한다. 시골주택을 평가해야 한다. 시가가 없는 경우에는 기준시가로 증여하면 된다. 증여시에는 취득세 관련 세금이 지출된다. 또, 증여액이 5천만원을 넘게 되면 증여세도 과세된다. 증여는 부모에게 증여하는 경우도 가능하다. 즉, 증여는 아래로만 증여할 수 있는 것은 아니다. 위와 같은 경우 부친에게 증여시 5천만원이 공제되므로 증여세는 발생되지 않는다. 증여한 후 도시주택을 양도하면 양도소득세가 비과세되는 것이다. (2021년 이후는 다른 주택 양도(증여) 후 2년 이상 보유)

26. 증여받은 토지를 양도하면 양도소득세가 많아진다

"살아남"씨는 증여가액을 증여 당시 기준시가로 신고하였다. 증여 받은 자산을 양도하려고 하는데 취득가액은 어떠한 금액으로 해야 하는가?
증여 당시 신고한 가액으로 취득가액을 계산하여야 한다.

통상 증여 받는 경우 규격화된 아파트나 오피스텔 등이 아닌 경우에는 기준시가(공시지가)로 신고하는 경우가 많다. 아파트나 오피스텔 등은 주변거래가액으로 신고하여야 하기 때문이다. 증여받을 당시 공시지가로 신고하는 경우에는 양도시 증여 받을 당시 공시지가가 취득가액이 된다. 즉, 증여의 경우는 증여세 신고시 기준시가로 신고하였기 때문에 취득가액을 모른다고 하여 환산하여 취득가액을 신고할 수 없다.

[산식] 양도소득

$$실제양도가액 - 취득가액(증여 당시 기준시가)$$

$$- 필요경비 - (양도차익 \times 장기보유공제)$$

예) 현재 5억원인 자산의 증여 당시 시가가 3억원인 자산의 기준시가는 1억원 이었다면 양도차익계산은 다음과 같다.

① 증여세 신고시 공시지가로 신고하였다면

$$양도차익 4억 = 5억원 - 1억원$$

② 증여세 신고시 시가로 신고하였다면

$$양도차익 2억 = 5억원 - 3억원$$

양도차익이 2억원이 되는 경우 세금부담을 살펴보면 양도의 경우는 취득가액을 차감해주나 과세표준이 5억원을 넘으면 46.2%(지방소득세 포함)의 세율이 적용된다. 증여의 경우는 취득가액을 공제하지 않으나 10억까지 세율이 10%~30%가 적용되므로 항상 양도소득세가 적은 것은 아니다.

27. 양도를 하려면 적어도 5년 전부터 고려해야 한다

몇년전 신문에 서울 00구 00동에 사는 김00(36) 씨는 1세대 2주택자로 2년 전 자신의 명의로 구입한 00동 소재 H아파트 33평형을 부부명의로 변경했다는 신문 기사가 났다. 자신의 단독명의보다는 부부공동 명의로 할 경우 양도소득세나 증여세가 크게 절감된다는 사실을 알았기 때문이라 한다. 입주 후 그 동안 1억원 가량의 시세 차익을 누리고 있는 김씨는 조만간 이 아파트를 매도할 생각이다. 이 경우 약 600만원 이상의 양도세 절감효과가 있다고 판단하였고, 거기에 더하여 증여 후 바로 양도할 것이라고 한다. 위와 같이 부부 공동명의로 하는 경우 5년 이내 양도시 양도소득세 절세가 될까? 아니다. 이유는 다음과 같다.

위와 같이 양도소득세를 피하기 위하여 부인 명의로 하는 경우 증여공제가 6억원까지인 점을 알고 이용해야 한다. 그러나, 현행세법은 이 같은 방법으로 양도소득세를 회피하려는 의도가 많다고 보고 직접적으로 증여하는 것은 막지 않으나 양도소득세는 제대로 내도록 법률에 이월과세 규정을 만들어 놓았다.

따라서 위와 같이 증여 후 5년 이내에 양도하는 경우에는 증여자가 모두 양도한 것으로 보아 양도소득세를 계산하기 때문에 효과가 없다. 서당개 삼 년에 풍월을 읊는다는 속담을 너무 맹신하다간 많은 노력 끝에 억울한 세금만 더 내는 꼴을 당하기 십상이다.

위와 같이 하는 경우는 취득세 및 채권 할인액, 법무사비용(기준시가에 약 5%)를 지출해야 한다. 배보다 배꼽이 더 큰 결과를 가져온다.

비과세되는 자산은 배우자에게 증여하는 것은 이전비용만 지출된다. 비과세되는 자산이 아닌 경우 취득가액을 증여 당시 취득가액으로 변경하려면 5년이상 기다려야 한다.

부부 공동명의의 절세 혜택은 소득을 2로 나누면 낮은 누진세율을 적용하기 때문에 최대 3,894만원(소득세 및 지방소득세)과 양도소득 기본공제를 받을 수 있는 이점이 있다.

28. 양도소득세를 피하려면 적어도 취득 당시부터 생각해야 한다

"살아남"씨는 현재 부동산을 보유하고 있다 "살아남"씨가 부동산 보유 중에 배우자에게 증여하는 것이 유리한가.

아니다. 배우자에게 부동산을 증여하려면 취득 당시에 등기하는 것이 유리하다. 증여시에는 취득세 등 이전비용 발생이 된다.

반면 기준시가가 낮은 재산을 증여하거나, 20억원이상의 재산을 가진분 이라면 미래의 상속세를 대비해서 생전에 증여하는 것이 유리할 수 있다.

양도소득세의 절세는 취득 당시부터 부부 공동명의로 부동산을 취득하는 경우에 절세효과가 있다. 그러나, 취득 당시에도 공동명의 주택가격과 취득관련비용의 1/2이 6억원을 초과하는 경우에는 취득 당시 증여세 문제가 발생한다.

취득부터 증여로 하는 경우에는 증여의 효과가 없다. 이유는 증여

효과를 기대하려면 시세와 기준시가 차이를 이용하여야 하는데 시세와 증여가액이 동일하기 때문에 증여효과가 없는 것이다. 물론 미래의 자산가치가 증가된다면 상속으로 과세되는 높은 상속세율을 회피하기 위해서는 효과적이다.

예를 들어 남편이 재산을 취득한 후 증여하는 경우에는 명의이전에 따른 취득세 등의 부담이 된다. 증여 당시 기준시가에 약 5%를 계산해야 한다. 문제는 증여를 하는 경우에는 이전비용 관련 세금을 미리 내야 한다는 점이다. 현금 보유가 없는 경우라면 나중에 상속으로 받는 것이 유리하다.

통상 재산이 20억원 이상인 경우부터 증여에 의한 절세효과가 있다고 본다. 20억원이면 현행 상속공제가 배우자공제 5억, 일괄공제 5억 하면 10억원을 공제할 수 있으므로 20억원에서 10억원을 공제하면 과세표준 10억원이 되고 상속세 2.4억원이 된다. 굳이 미리 세금을 낼 필요는 없지 않겠는가? 상속세의 과세표준이 위에서 말하는 10억원을 초과하는 경우에는 상속세율이 40%로 계산된다. 만약 21억원에서 10억원을 공제하면 11억원이 발생하고 10억을 초과하는

1억원은 세율이 40%가 적용되어 1억원 증가되면 4천만원씩 상속세가 증가된다. 물론 배우자의 법정지분이 변동되는 만큼에 대하여는 세금이 줄어든다.

29. 상가 양도하는 경우 포괄양수도 계약을 체결하라

"살아남"씨는 상가를 양도하려고 한다. 양도가액만 기재하여 작성하였다. 양도소득세 신고 후 얼마 후에 부가가치세를 납부해야 한다고 통지가 왔다. 왜 부가가치세를 내야 하는가?
부가가치세를 안 내려면 포괄양수도 계약을 체결해야 한다.

상가를 양도할 경우 양도소득세만 신경을 쓰고, 부가가치세를 신경 쓰지 않는 경우가 있다. 이 때 양도인 입장에서는 생각지도 않은 부가가치세를 납부하여야 하는 경우가 발생한다.

양도소득세는 실지거래가액으로 양도소득세를 신고 납부하면 된다. 부가가치세는 실지거래가액에서 건물가격이 차지하는 비율에 해당되는 부분의 10%에 대하여 부가가치세를 납부하여야 한다.

매매계약서에 부가가치세 별도의 문구가 있을 때 토지와 건물을 구분하지 않고 양도하는 경우(양도가액에 부가가치세가 포함되지않은 경우)에는 다음과 같이 부가가치세를 산출한다.

$$\text{양도가액} \times \left(\frac{\text{건물기준시가}}{\text{토지} + \text{건물기준시가}} \right) = \text{건물가격} \times 10\%$$

매매계약서에 부가가치세 별도의 문구가 없을 때(양도가액에부가가치세가 포함된 경우) 토지와 건물을 구분하지 않고 양도하는 경우에는 다음과 같이 부가가치세를 산출한다.

$$양도가액 \times \left(\frac{건물기준시가}{토지 + 건물기준시가 \times 1.1} \right) = 건물가격 \times 10\%$$

상가 등 부가가치세가 과세되는 부동산을 양도하는 경우에는 위 규정을 아는 사람과 모르는 사람 간에 "문턱효과"가 있다. 양도당시 계약서에 사업의 포괄양도라는 문구를 삽입하면 모든 것이 해결되는데 그 규정을 알지 못하여 나중에 세무서에서 부가가치세를 납부하라는 통지를 받고서야 알게 되어 예기치 못한 손해를 보는 경우를 보고 있다. 포괄양도라는 문구가 삽입되어 있더라도 실제 포괄양수도 요건에 해당하지 않으면 부가가치세를 납부해야 한다. 포괄양수도 여부가 문제될 것 같으면 "부가가치세 대리납부 제도"를 이용할 수가 있다.

30. 특수 관계자간에 부동산을 교환 · 매매하는 경우 양도소득세

"살아남"씨는 주택을 소유하고 있고, "살아남"씨의 동생은 주택과 상가를 소유하고 있다. "살아남"씨와 "살아남"씨의 동생 간의 매매를 인정하는가?
특수관계자 간의 매매는 증여로 추정될수 있다. 그러나 실제소득이 있고 금융거래를 증명하는 경우에는 매매로 인정된다.

㉮ "살아남"씨는 주택의 가격을 정해야 한다. 주택의 시가는 다음과 같이 정한다. 규격화된 아파트의 경우에는 주변시세를 적용한다. 주변시가가 없는 경우에는 기준시가에 의하여 평가한다. 시세가액을 적용하려면 주택을 감정 평가해야 한다.

㉯ "살아남"씨의 동생의 자산을 평가한다. 동생의 주택에 대하여도 "살아남"씨와 같이 평가한다. 즉, 주택의 시가는 다음과 같이 정한다. 규격화되는 자산인 아파트의 경우에는 주변시세를 적용한다. 주변시가가 없는 경우에는 기준시가에 의하여 평가한다. 그러나 시세가 없는 경우에는 주택을 감정 평가할 수 있다. 상가의 경우에는 국세청이 고시하는 기준시가를 국세청 홈페이지에서 확인한다. 확인 할 수 없는 경우에는 상가가 얼마에 거래되고 있는지를 주변공인중개사에게 문의한다. 현재 부동산 거래시는 거래가액이 등기부 등본에 기재된다. 확인 할 수 없는 경우에는 감정 평가 할 수 있다.

㉰ 형제간의 평가액을 정한 후 차액에 대하여는 정산해야 한다. 예를 들어 형의 주택은 7억원, 동생의 주택은 4억원, 상가는 1억인 경우 동생의 자산이 2억원이 적게 평가되므로 2억원을 동생이형에게 매매대금을 지불해야 한다. "살아남"씨와 "살아남"씨의 동생은 부동산 교환에 따른 취득세 등을 납부해야 한다. 주택이나 상가를 양도하는 경우에는 양도소득세가 과세된다. "살아남"씨와 "살아남"씨의 동생의 주택이 1세대 1주택으로 비과세되는지 확인한다. "살아남"씨의 동생

은 상가를 양도하는 경우가 되므로 부가가치세와 양도소득세를 확인한 후 신고 납부해야 한다.

31. 자경농지의 요건은

"살아남"씨는 수십 년간 농사를 지어왔다. 그런데 양도하기 직전에 농지로 사용하지 않는 경우 자경농민 감면을 받을 수 있는가?
받을 수 없다. 양도일 현재 농지가 아니면 자경농지로 인정받을 수 없다.

8년 이상 자경하고 양도일 현재 농지이어야 한다. 따라서 양도일 현재 타인에게 하치장 등으로 임대를 하는 경우 아무리 오랫동안 농지로 사용하였더라도 농지로 인정되지 않는다. 따라서 농지를 양도하기 전에 다른 용도로 사용한 경우라면 1년 이상 농지로 사용하여 양도하여야 한다. 농지 여부는 항공사진으로 판단하는 경우가 있다. 다음 등 포탈사이트의 지도보기에서 스카이뷰를 통하여 확인 할 수도 있다.

㉮ 자경의 의미
직접경작이라 함은 농작물의 경작 또는 다년생식물의 재배에 상시 종사하는 전업농민과 농작업의 2분의 1이상을 자기의 노동력에 의하여 경작 또는 재배하는 자를 의미한다고 본다. 즉, 다른 직업에 상시 종사하면서 자기의 책임하에 노임을 주면서 타인의 노동력을 이용한 경우 또는 자기 소유의 농기계가 없어 타인에게 농기계 작업을 의뢰하여 농사를 짓는 경우 및 동거가족의 노동력을 이용한 경우는 자기의 노동력에 포함되지 않는 것으로 과세관청은 판단하고 있다.

영수증과 사진 제출과 인우증명서에 대한 판단에 있어서도 과세청은 사인 간의 임의작성 등이 가능한 자료로 볼 가능성이 있다. 따라서 농약 종자 등 구입비용 입증을 세금계산서나 계산서, 카드영수증 등을 받아 잘 보관하여야 한다.

㉯ 농지소재지에 거주하는 자의 의미

① 농지가 소재하는 시 · 군 · 구 안의 지역

② 제1호의 지역과 연접한 시 · 군 · 구 안의 지역

③ 해당 농지로부터 직선거리 30킬로미터 이내의 지역

㉰ 자경기간 제외

사업소득(농업 · 임업 · 부동산임대업 · 농가부업소득 제외)과 총급여의 합계액이 3,700만원이상인 과세기간은 자경기간에서 제외한다.

32. 토지가 공공용지로 수용되는 경우 양도소득세

"살아남"씨는 경우에는 국가의 공익사업을 위하여 "살아남"씨의 토지가 국가
에 수용된 경우 양도소득세를 납부해야 하는지?
국가나 공공기관의 사업시행으로 인하여 국가에 토지가 수용된 경우 양도소
득세를 내야하며 농지의 경우 1년에 1억, 농지 외의 경우는 1억을 감면한다.
다만, 1년에 감면한도는 1억원이다. 수용된 자가 다른 토지를 취득하는 경우
취득세가 비과세된다.

㉮ 양도소득세

공공용지 수용에 따라 토지를 양도하는 경우 토지에 대한 보상을 받
게 된다. 보상받은 금액은 양도소득에 해당한다. 수년 전에는 국가
에 토지를 수용 당하는 경우 양도소득세가 없었으나 현재는 국가가
토지를 수용한 경우에 일정금액만 감면된다. 또 경작상 필요에 의하
여 대토하는 농지의 경우에도 일정금액만 감면된다. 그러나 국가 또
는 지방자치단체가 시행하는 또는 소유하는 토지와 교환 또는 분합
하는 농지, 경작상 필요에 의하여 교환하는 농지는 양도소득세가 비
과세된다.

양도소득세 계산은 일반적인 계산방법과 같다. 양도가액에서 취득
가액, 취득세등을 공제한 금액에 장기보유공제를 적용하여 양도소득
금액이 산출된다.

양도소득금액에 세율을 적용하면 양도소득세가 산출된다. 양도소

득세 산출세액에서 국가에 수용되는 경우에는 다음과 같이 감면을 해 준다. 감면대상 토지는 사업인정 고시일로부터 2년 이전에 취득한 토지가 해당된다.

㉯ 자경농민의 감면율

자경농지의 감면율은 산출세액의 100%이다.(연간 1억원 한도,5년간 2억원) 자경농민의 대토시 감면율은 산출세액의 100%이다.(연간 1억원한도, 5년간 2억원)

즉, 자경농민 양도소득세 산출세액이 5억원이면 5억원의 100%인 5억원이 산출되지만 1억원한도로 감면하므로 4억원을 양도소득세 지방소득세 0.4억원, 농어촌특별세는 농지의 경우 비과세되므로 0원을 납부한다.

㉰ 공익사업 수용토지에 대한 감면

자경농지 외의 자산이 수용되는 경우 산출세액에 10%를 감면한다. 채권으로 받는 경우에는 15%, 3년 이상 만기까지 보유하기로 특약한 경우 30%(5년 이상은 40%). 10%, 15%는 연간한도액 1억원(5년간 2억)이다.

즉, 양도소득세 산출세액이 4억원이면 1억원을 공제하고 3억원을 납부하는 것이 아니라 공공수용의 경우는 4억원에 10%인 4천만원을 감면하고 3.6억원을 양도소득세, 0.36억원 지방소득세, 농어촌특별세 8백만원(4천만원의 20%)를 납부하는 것이다.

㉑ 취득세

① 감면요건

토지보상법 등 관계 법령의 규정에 의하여 토지 등을 수용할 수 있는 사업인정을 받은 자에게 부동산이 매수 또는 수용되거나 철거된 자가 계약일 또는 당해 사업인정고시일 이후에 대체 취득할부동산 등의 계약을 체결하거나 건축허가를 받고 그 보상금을 마지막으로 받은 날부터 1년 이내에 부동산 등을 대체 취득한 때(건축 중인 주거용 부동산을 분양 받는 경우에는 분양계약을 체결한때를 말한다)에는 그 취득에 대한 취득세를 면제한다. 농지의 경우는 2년 이내 취득해야 한다.

다만, 사치성재산, 새로 취득한 부동산 등의 가액의 합계액이 종전의 부동산 등의 가액의 합계액을 초과하는 경우에 그 초과액에 대하여는 취득세가 부과 되며, 부재부동산소유자(외지인)의 대체 취득하는 경우에도 취득세를 부과한다.

② 대체부동산에 대한 비과세 대상지역 범위

▶ **농지 외의 부동산 등 경우**

⑴ 매수 · 수용 · 철거된 부동산 등이 소재하는 특별시 · 광역시 · 도 내의 지역

⑵ 가목 외의 지역으로서 매수 · 수용 · 철거된 부동산 등이 소재하는 시 · 군 · 구와 연접한 시 · 군 · 구 내의 지역

⑶ 매수 · 수용 · 철거된 부동산 등이 소재하는 특별시 · 광역시 ·

도와 연접한 특별시 · 광역시 · 도 내의 지역. 단, 지정지역 제
외한다.

▶ 농지의 경우

(1) 농지의 경우에는 지정지역을 제외한 전국의 모든 지역을 비과세

33. 주말농장에 대한 양도소득세와 비사업용 토지

"살아남"씨는 주말을 이용하여 농지를 경작하는 경우 자경농지로 인정받아
양도소득세가 감면되는가?
농지를 경작하여 감면받기 위해서는 재촌 자경 해야 한다. 서울에 거주하면
서 평택에 농지를 경작하는 경우에는 감면 받지 못한다.

주말농장은 주말에 이용하는 농지 전부가 주말농장으로 인정받는
것으로 착각하고 있다. 따라서 주말농지의 요건을 꼼꼼히 따져보아
야 한다.

주말농지의 요건은 2003년 1월 1일 이후 발급받은 농지취득자격증
명으로 취득한 농지로서 세대별 소유면적이 1천평방미터 미만의 농지
를 말한다. 같은 시 · 도에 거주하여 경작한 경우는 자경농민에 대한
감면을 받을 수 있다.

그러나, 타 시 · 도에 거주하면서 8년이상 주말농장을 자경한 후 양

도시 농지소재지 또는 연접한 시(특별시 광역시 제외) · 군 · (자치구)에 연접한 지역에 거주하면서 직접 경작한 경우에 한하여 감면 적용되므로 서울에 거주하면서 평택에 주말농지를 취득하였다면 감면대상 농지에 해당되지 않는다. 그렇지만 비사업용토지라도 장기보유공제는 가능하다.

  원래 서울에 거주하면서 평택에 농지를 소유한 경우에는 비사업용토지에 해당되지만 위 주말농지 요건에 해당하는 경우에는 장기보유공제도 가능하고 양도소득세가 중과되지 않는다.

  비사업용토지에 대한 양도소득세 중과세율에 있어서 농지면적 1,000제곱미터(300평) 이내인 경우 농지소재지 또는 연접한 지역이 아니더라도 비사업용으로 보지 아니하는 것이다. 즉 만약 600평의 토지가 부재지주 2인의 공유일 경우 당해 공유하는 자가 별도의 다른 세대원인 경우에는 각각 1,000제곱미터이내이므로 비사업용토지로 보지 않는다.

  그러나 요건을 충족한 당해 주말, 체험 영농 농지라도 시 이상지역의 주거, 상업, 공업지역(도시지역 내 개발제한구역 및 녹지지역은 제외)에 소재하는 농지인 경우 비사업용토지에 해당한다.

34. 비사업용 토지와 세금

"살아남"씨는 비사업용토지를 소유하고 있다. 비사업용 토지를 소유함으로 써 불이익을 당하는 경우는 어떤 것이 있는지, 비사업용에서 제외되려면 어떻게 해야하는지?
현재까지 비사업용토지에 해당된 경우는 양도직전 2년 이상을 사업용으로 사용하고, 1년이내에 양도하면 비사업용 토지에서 제외된다.(양도직전 3년중 2년)

㉮ 비사업용 토지의 범위

- 나대지 : 토지 위에 건물이 없는 경우로 사용하지 않는 경우
- 전·답·임야 : 전·답의 경우에는 농지소재지에 거주하고 농사를 지어야 한다.(자경요건), 거주만 하고 직접 경작 하지 아니하면 비사업용 토지에 해당한다. 다만, 농지은행에 위탁 등의 경우에는 비사업용 토지에서 제외되는 규정이 있으므로 꼼꼼히 확인해 보아야 한다. 임야의 경우는 농지소재지에 거주하지 않는 경우 비사업용 토지에 해당한다. 임야의 경우 현재까지 거주하지 않았다면 양도하기 전에 주소를 옮겨 2년이상 거주 후 양도하면 된다.
- 법인이 소유한 나대지, 주택, 전·답·임야의 경우에는 사업용 토지 요건을 충족하지 않으면 비사업용 토지에 해당된다. 법인의 주택을 10년 이상 종업원의 숙소로 사용하는 경우에는 비사업용 주택에 해당하지 않는다.

위의 사례의 경우 외에도 예외 규정이 많이 있으므로 평소에 토지 재산세 부과내역을 확인해야 한다. 즉, 비사업용 토지의 경우 대부분 종합합산과세로 재산세가 고지된다. (토지는 별도합산과세, 종합합산과세, 분리과세로 구분 과세된다)

㉯ 사업용 토지 판정

토지의 소유기간에 따라 통상 토지 보유기간의 60% 이상을 업무용으로 사용하여야 한다. 가장 유리한 방법은 양도 직전 3년중 2년 이상을, 5년 중 3년 이상을 업무용으로 사용하여야 한다. 결국, 60% 이상을 업무용으로 사용하지 않는 경우에는 양도 직전 2년간 업무용으로 사용하고 양도하면 비업무용에서 제외된다.

㉰ 비사업용토지 불이익

① 2017.1.1. 이후부터 장기보유공제가 가능하다.

② 기본세율 6% ~ 42%의 10%를 가산한 양도소득세율을 적용한다.

③ 수용시 현금 보상이 아닌 채권으로 보상받는 경우가 있다.

④ 종합부동산세 과세

사업용 토지의 경우 해당 토지의 공시지가가 80억원을 초과하는 경우 종합부동산세가 과세되지만, 비사업용 토지의 경우에는 공시지가 5억원인 경우 종합부동산세가 과세된다.

⑤ 법인은 법인세율 10% 추가과세.

35. 상속받은 농지를 감면 받으려면 어떻게 해야 하는지?

"살아남"씨는 부친으로부터 농지를 상속받았다. 부친은 수십 년간 농업에 종사한 전업농부이다. 상속받은 농지를 양도하는 경우 양도소득세 감면을 받을 수 있는가?
상속일로부터 3년 이내에 양도해야 양도소득세를 감면 받는다. 3년이 지나면 실제로 상속인이 1년 이상 자경하는 경우 부친의 자경 기간을 합산하여 8년 이상이 되면 감면 받을 수 있다.

상속받은 농지를 감면 받기 위해서는 상속일로부터 3년이내에 양도해야 한다. 3년이 경과되는 경우에는 양도소득세 감면을 받지 못한다.

상속의 경우에는 피상속인이 자경한 기간을 합산하여 자경 여부를 판단한다. 즉, 부친이 8년이상 자경한 경우 3년이내 양도하는 경우 자녀가 자경하지 않더라도 부친의 자경 기간을 인정하여 양도소득세를 감면해준다. 또, 피상속인이 8년이상 자경하지 못한경우 상속인이 1년이상 자경한 경우에는 피상속인과 상속인의 자경 기간을 합산하여 8년이상이 되는 경우 양도소득세를 감면한다. 만약 피상속인의 경작기간을 자경농지 기간에 합산함에 있어 재상속된 경우에는 직전 피상속인의 경작기간만을 합산 한다. 즉, 조부도 자경을 하였고, 아버지가 상속받아 자경한 경우 아버지가 상속받아 자경한 기간만 합산한다. 다만, 직업이 있는 경우에는 자경요건을 인정하지 않는 추세이므로 주의해야 한다. 2011.10.월에 상속받은 농지가 기준시가 1억원, 양도가액(양도일 2012년 12월)이 3억원인 경우: 장기보유공제 3년 미만이므로 공제불가

$$양도가액 3억원 - 취득가액 1억원 - 취득세 등 =$$
$$양도차익 - 장기보유공제차익 - 양도소득 기본공제 250만원 =$$
$$과세표준 \times 세율$$

대략 5,565만원{(2억-250만원)×0.38 - 1,940만원}의 양도소득세 산출세액이 산출된다. 감면은 농지의 경우 1년에 1억원 한도로 100% 감면받으므로 5,422만원을 감면하면 양도소득세는 "0"원이 된다.

- 직계존속(그 배우자가 재촌·자경한 기간 합산)이 8년 이상 토지소재지에 거주하면서 직접 경작한 농지·임야 및 목장용지로서 이를 해당 직계존속으로부터 상속증여받은 토지는 사업용토지로 장기보유공제 가능.
- 상속농지가 비사업용토지에 해당되는 경우 양도일 직전 3년 중 2년이상, 5년중 3년이상 자경을 하고 양도하는 경우에는 비사업용토지에 해당되지 않는다.
- 자경·재촌하였더라도 양도일 현재 비거주자*는 배제한다. 다만, 비거주자가 된 날부터 2년 이내 양도하는 경우는 감면 허용

● 거주자 : 국내에 주소를 두거나 1년중 183일 이상거소(居所)를 둔 개인(소득세법 §1의2)
● 비거주자 : 거주자가 아닌 자

36. 중소기업주식의 양도와 세금

"살아남"씨는 비상장주식을 양도하고자 한다. 비상장주식을 양도하는 경우 어떤 세금을 신고해야 하나?
비상장주식을 양도하는 경우 양도소득세와 증권거래세를 신고·납부해야 한다. 상장주식의 경우에도 장외에서 주식을 거래하면 별도로 양도소득세를 신고·납부해야 한다.

비상장주식의 양도시에는 양도소득세와 증권거래세 신고를 해야 한다.

실제거래가액이 있으면 된다. 그러나 특수관계자간의 매매시에는 평가를 거쳐야 한다. 비상장 중소기업의 평가는 잘 거래되지 않기 때문에 거래가액을 정하는데 주의할 필요가 있다. 양도가액을 알 수 있는 경우에는 해당 주권 등의 양도가액(낮은 가액은 시가 또는 정상가액)을 과세표준으로 하는 것이나 그 주권 등의 양도가액을 알 수 없는 경우 소득세법 시행령 따라 계산한 가액을 양도가액으로 하고 있다.

양도한 주식에 대한 양도소득세를 신고하여야 하는데 주소지 관할세무서에 양도일이 속하는 반기 말일부터 2월내에 주소지 관할세무서에 양도소득세를 신고하여야 하고 신고시에는 양도소득세신고서에 주식의 취득, 양도시 계약서와 증권거래세 영수증 사본을 첨부하여 계산한 후 세액이 산출되면 세액은 은행에 납부하고 신고서는 관할세무서에 우편 또는 방문하여 접수하면 된다. 다만, 대가를 받지 않고 양도하는 경우에는 무상양도로 보아 증여세를 신고해야 하는 문제가 발생한다.

증권거래세 납부시 과세표준은 양도가액이며 세액은 과세표준에 0.5%(0.45%, 2020.4.1.이후)를 곱한 금액을 은행에 납부하고 반기의 말일부터 2개월이내에 주소지를 관할하는 세무서에 신고서를 제출하여야 한다. 신고시는 주권 매매계약서사본을 첨부한 증권거래세 과세표준신고서를 관할세무서장에게 신고하여야 한다.

37. 부동산 양도시 절세방법

㉮ 세대를 분리하라

양도소득세는 양도 당시의 세대원을 기준으로 비과세 여부를 결정하므로 세대원 중 각자가 주택을 보유한 경우에는 세대를 분리하여 거주이전 한 후 양도하여야 비과세를 받을 수 있다. 그러나 소득이 없는 30세 미만의 자녀의 경우에는 세대를 분리한다고 하여도 별도세대로 인정되지 않으며, 배우자의 경우도 마찬가지로 세대를 분리하는 경우 별도세대로 인정되지 않는다.

㉯ 건물이 오래되었으면 건물을 멸실하라.

양도하는 주택에 대한 양도소득세가 4,000만원이 산출되었다. 그런데 시골 농가주택이 기준시가로 400만원에 평가된 경우 시골농가주택 때문에 양도하는 주택이 과세되는 문제가 발생하다. 이때에는 멸실이 가능하면 멸실 후 양도하여야 비과세 혜택을 받을수 있다. 세대원이 아닌 자에게 증여해도 된다.(2021년부터 멸실 후 2년 보유해야 비과세)

㉰ 양도소득이 적은 것부터 양도하라.

먼저 양도소득세를 정확히 계산하여 양도소득세가 얼마인지 여부를 결정한 후 양도소득이 적은 것부터 양도해야 절세할 수 있다. 통상 보유기간이 긴 경우에는 양도차익이 많은 경우가 대부분이다. 양도차익이 적은 것부터 양도해야 절세 할 수 있다.

㉱ 2년이상 보유 후 양도하라.

2년이상 보유하는 경우에는 양도소득세율이 누진세율(6%, 15%,24%, 35%, 38%, 40%, 42%)로 적용되므로 최고 소득세와 지방소득세 합계 3,894만원까지 유리하다. 이유는 2년 이상이면 누진세율에 따른 누진공제를 하기 때문이다. 1년 이내 양도시는 50%, 2년 이내 양도시는 40%가 적용된다.

단, 주택 및 조합원입주권은 1년미만의 경우 40%, 1년이상인 경우 누진세율이 적용된다.

● 2021.1.1. 이후 주택과 다른부동산 세율 동일적용(50%, 40%)

㉲ 1년에 한 건씩 양도하는 것이 유리하다.

1년에 여러 채를 한꺼번에 양도하는 경우에는 최고세율 42%에 해당되므로 가급적 연도를 달리하여 양도하는 것이 유리하다. 그러나 1년 미만이나, 비례세율(1년 미만 보유 50%, 2년 미만 보유의 40%,)이 적용되는 경우는 연도를 달리하여도 50%, 40%세율이 적용되므로 군이 연도를 달리할 필요가 없다.

㉠ 별도 세대에게 증여하라.

세대를 분리하는 것과 마찬가지로 별도 세대에게 증여하는 경우에도 주택 수가 감소하므로 비과세 혜택을 받을 수 있다. 예를 들어 자녀가 2주택을 가지고 있는 경우 부모에게 증여 후에 다른주택을 양도하면 양도소득세가 비과세된다. 물론 양도하는 주택이 비과세요건을 갖추어야 한다. 증여시에는 수증자(증여를 받는 사람)가 여러 명인 경우가 유리하다. 자녀가 부친한테 증여할 수있는데도 증여는 부모가 자녀에게 하는 것으로만 아는 사람이 많다. 만약 시가 8,000만원인 경우 부친에게 증여시는 5,000만원만 공제되고 증여세 285만원을 납부하지만, 부모 공동명의로 하는경우에는 각각 5,000만원씩 증여재산 공제가 가능하므로 증여세가 없다. 증여시에는 증여에 따른 취득세 등을 감안하여 의사 결정을 해야 한다.(2021년부터 증여 후 2년 보유해야 비과세)

㉡ 상속주택이 있는 경우에는 일반주택을 먼저 양도하라.

선순위 상속주택의 경우에는 1세대 1주택 판정시 보유주택으로 보지 않도록 되어 있다. 따라서 상속주택과 일반주택(상속당시 상속인이 보유한 주택)을 가지고 있는 경우에 순서를 바꾸어 양도하는 경우에는 양도소득세 납부문제가 발생한다. 따라서 비과세되는 일반주택을 양도하고 상속주택을 양도하는 것이 바람직하다. 물론 상속주택의 경우에도 비과세를 받을 수 있다. 즉 2년 이상 보유해야 한다. 2년의 기간은 일반주택을 양도한 날부터가 아니고 상속받은 날로부터 계산한다. 즉, 상속받은 날이 2년이 되었다면 일반주택을 양도하고 다음날 상속주택을 양도해도 비과세된다.(다만, 2013년부터 상속주택을 보유주택으로 보는 경우가 있으므로 주의)

㉑ 주택수 계산을 잘 해야 한다.

1세대 1주택 판정시 보유주택으로 보지 않는 주택이 있으므로 세대원이 보유한 주택이 제외되는 주택인지 확인해야 한다.(임대주택, 시골주택, 공유지분주택 등)

㉒ 상업용 건물을 양도할 경우에는 부가가치세를 고려해야 한다.

상업용 건물에 대하여는 항상 양도소득세가 과세된다. 양도소득세는 신경 쓰는데 부가가치세를 신경 쓰지 않아 나중에 부가가치세를 추징 당하는 사례가 많으므로 양도시에는 부가가치세 납부여부를 판단하여야 한다. 부가가치세를 납부하지 않는 방법으로 포괄적 사업양도를 든다. 건물의 포괄양도 여부에 대하여 확실히 알아야 나중에 후회하지 않는다.

부동산 계약서 특약란에 다음과 같이 기재하여야 한다.

"본 계약은 부가가치세법 제10조 제9항에 의한 포괄양수도계약으로 사업에 관한 권리와 의무를 포괄적으로 승계한다."

- 포괄양수도가 불분명한 경우 "부가가치세 대리 납부제도"를 이용한다.

38. 양도소득세에서 짚어 봐야 할 중요한 요건들

① 오래 보유하면 양도소득세가 적다고 생각해서는 안 된다. 이유는 가격이 오르기 때문에 양도소득세가 많아진다.

② 보유기간요건을 확인하지 않고 양도를 하는 경우

③ 주택조합의 경우 양도소득세 계산이 복잡하여 잘못 납부하는 사례

④ 선순위 상속주택이 아닌 경우 일반주택 양도시 양도소득세 납부

⑤ 비과세요건을 충족하지 못하고 양도하는 경우

⑥ 공시지가가 고시되지 않아 불리하게 처분되는 경우

⑦ 양도세 신고시 취득가액은 검인계약서로는 인정되지 않으므로 실제 취득계약서나 취득가액을 환산하여 적용

⑧ 농가주택을 주택이 아니라고 보고 다른 주택을 양도하는 경우

⑨ 무허가 주택을 주택이 아니라고 보고 다른 주택을 양도하는 경우

⑩ 근린생활시설에 주택의 일부 지분이 있는 경우 그 지분을 감안하

지 않고 다른 주택을 양도하는 경우

⑪ 부모와 자녀가 세대를 합친 후 주택을 양도하는 경우

⑫ 일시적 1세대 1주택의 요건을 충족하지 못하고 양도하는 경우

⑬ 공시지가가 잘못 고시된 것을 모르고 양도하는 경우

⑭ 자경농지를 양도시 세금이 없다고 생각하여 신고하지 않는 경우

⑮ 배우자 및 직계 존·비속에게 증여한 후 수증자가 5년 이내양도하는 경우

⑯ 재개발지역의 분양권을 양도하는 경우 세금이 없다고 생각하는 경우

⑰ 취득 후 1년이내에 양도하여 높은 세율 적용받는 경우. (2년이내 50%, 40%:2021.1.1.이후)

⑱ 세대원 중 다른 주택이 있는 것을 모르고 양도하는 경우

⑲ 실제거래가액 확인을 잘못하여 양도소득세를 많이 내는 경우

⑳ 1세대 2주택 판정시 농가주택, 겸용주택, 공동명의주택 등은 제외되는 것으로 판단하고 양도하는 경우

㉑ 상가의 부가가치세 납부를 고려하지 않는 경우

㉒ 임대주택사업자의 경우 세무서와 구청에 사업자등록요건을 갖추지 못하고 양도하는 경우

㉓ 부담부 증여시 부담부분(전세금, 대출금)은 양도소득세 과세대상이란 사실을 모르는 경우

㉔ 상속이나 증여 받은 자산의 양도시 취득가액과 양도가액 차이가 많은 사실을 모르는 경우

㉕ 비사업용 부동산 범위를 잘못 판단하는 경우

㉖ 국가에 수용되는 경우 양도소득세를 신고하지 않는 경우

㉗ 주택관련 세금 경과조치

조정지역 거주요건추가	조정대상지역 주택 취득시 2년거주요건 추가	2017.8.3. 이후 취득분
다주택자(조정지역 내)	양도소득세율 중과(+10%,20%) 및 장기보유공제율공제 배제	2018.4.1. 이후 양도분
다주택자(조정지역 내 및 외)	양도소득세율 중과(+10%,20%) 배제 및 장기보유공제율(최대 30%) 공제(10년보유한 주택)	2019.12.17 – 2020.6.30. 이전 양도분
일시적 1세대 2주택(조정지역내)	계약체결 2년이내 양도	2019.12.16. 이전 매매계약
	계약체결 1년이내 전입, 1년이내 양도	2019.12.17. 이후 매매계약
일시적 1세대 2주택(조정지역 외)	3년이내 양도	현행과 같음
1세대1주택 장기보유공제율	2년이상 거주요건충족 매년8% (최대 80%)	2020.1.1. 시행
	거주하지 않은 경우는 매년2% (최대 30%)	2020.1.1. 시행
1세대 1주택 장기보유공제율 거주기간, 보유기간 구분	보유 매년 4%(최대 40%), 거주 매년 4%(최대40%)	2021.1.1. 이후 양도분
다주택자 장기보유공제율 (조정지역 외)	기존과 동일하게 15년이상 보유시 최대 30% 공제	2021.1.1. 이후 양도분
2년미만 보유주택 양도소득세율 인상	(1년 미만: 40% → 50%, 1년 ~ 2년 기본세율 → 40%)	2021.1.1. 이후 양도분부터
현재는 2주택중 1주택을 증여나 양도 후 바로 양도해도 1주택은 비과세	최종적으로 1주택을 보유하게 된 날부터 2년이상 보유후 양도로 강화	2021.1.1. 이후 양도분부터
조정대상지역	조정지역 다주택자 양도시 분양권도 주택수에 포함	2021.1.1. 이후 양도분부터
현재는 겸용주택 중 주택부분이 크면 전체를 주택으로 봄	2022년부터는 주택부분만 주택으로 봄 (상가부분은 과세)	2022.1.1. 이후 양도분부터

제5장

상속세 및 증여세

절세

재산평가

상속세

증여세

처분재산　배우자
공제　비상장
주식평가　공제한도

1. 상속절차를 알고 싶다

"살아남"씨는 배우자가 사망하였다. "살아남"씨는 세법을 전혀 모르는 전업주부이다. 재산을 어떻게 해야 하고 세금은 언제까지 내야 하는지 알고 싶다.
상속세 신고는 6개월이 되는 말일까지 신고하고 납부해야 한다.
만약 사업을 하다 사망한 경우라면 종합소득세도 6개월 이내에 신고해야 하고, 부동산 등 상속이전에 따른 취득세 신고도 6개월이 되는 말일까지 해야 한다.

㉮ 사망신고

구청에 사망신고(사망진단서 발급) : 1개월 이내(경과시 과태료 있음)

㉯ 자동차이전등록

관할구청 또는 시청 6개월 이내 신고납부(경과시 과태료 있음)

㉰ 재산상황 및 채권·채무 확인

① 피상속인 금융조회 : 은행 또는 금융감독원에 신청

② 피상속인 부동산조회 : 피상속인 주소지 관할 구청 또는 시청의 토지과에 문의(개인별 토지 소유 현황)

③ 채무·임대차계약서 사본

④ 장례비 영수증 챙기기

㉣ 상속포기 · 한정승인

가정법원(변호사 또는 법무사와 상의)

상속개시일로부터 3월 이내(채무과다여부 확인)

㉤ 상속세 신고 및 납부

세무사와 상담(경과시 가산세 있음)

① 장소 : 피상속인의 주소지 관할세무서

② 기한 : 사망일로부터 6개월이 되는 말일

㉥ 부가가치세 신고

신고 및 납부기한이 변경되지 않는다.

㉦ 종합소득세 신고 납부

사망일로부터 6개월 되는 말일

㉧ 취득세 납부

상속인간 재산분할 확정 및 등기(법무사)

물건소재지 관할 구청 또는 시청 6개월 되는 말일(경과시 가산세 있음)

㉨ 상속세 조사

상속세 조사는 신고 후 2개월에서 1년 이내 조사한다.

2. 상속이 개시되면 해야 할 중요한 일들은

"살아남"씨는 배우자가 사망하였다. 상속과 관련하여 해야 할 일은 어떠한 것이 있는가? 사망신고와 부채가 많은 경우는 어떻게 해야 하나?

㉮ 사망신고

사망진단서 (또는 사체검안서) 1통을 가지고, 주민센터에 가서 사망신고를 하여야 한다. 사망사실을 알게 된 날부터 1개월 이내 신고해야 하며 기한 경과 시에는 과태료가 발생한다

㉯ 자동차가 있는 경우

자동차가 있는 경우에는 구청에 6개월이내에 신고하여야 한다. 신고를 하지 않은 경우에는 과태료를 납부하므로 주의하여야 한다.

㉰ 부채가 많은 경우에는 상속포기를 하여야 한다

상속 받은 재산보다 부채가 많은 경우에는 3개월 이내에 상속포기를 하여야 한다. 상속포기는 가정법원에 한다. 따라서 생전에 피상속인이 부채가 있는지를 알아두는 것이 좋다. 상속포기보다는 한정승인 신청을 하는 것이 좋다. 이유는 상속포기는 다음 순위의 상속인에게 채무가 상속된다.

㉺ 부동산이 있는 경우

부동산이 있는 경우에는 취득세를 6개월이 되는 말일 이내에 납부하여야 한다. 상속개시전에 고액의 재산을 처분한 사실이 확인되는 경우에는 처분일 이후 상속인의 재산변동내용을 확인하여 증여세가 과세되는 경우도 있다.

㉻ 금융재산이 있는 경우

금융재산 있는 경우에는 상속일 현재 금융재산을 평가해야 한다. 금융재산이 어느 은행에 있는지 모르는 경우에는 금융감독원에 상속인이 조회를 요청할 수 있다. 신청방법은 은행 또는 금융감독원 홈페이지를 통하여 확인할 수 있다.

또, 은행은 피상속인의 예금을 지급하는 경우 상속인 전원의 인감증명서를 요청하는 경우가 많으므로 상속이 개시되는 경우에는 상속인 모두 인감증명서를 발급받아야 한다. 거래은행이 많은 경우에는 은행별로 제출하여야 하므로 인감증명서가 많이 필요하다. 상속분쟁이 있는 경우 상속개시일 이후는 은행이 상속인 전원의 인감증명서가 없는 경우 예금을 인출해주지 않는 불상사가 발생할 수 있다. 상속개시전에 인출한 금융재산이 있는 경우 사용처를 소명해야 하는 경우가 발생한다.

㉼ 상속세 신고기한은

상속세의 신고기한은 사망일부터 6개월 되는 말일 이내에 피상속인의 주소지 관할세무서에 신고하고 납부하여야 한다. 상속이 개시되어 안정을 찾게 되면 가까운 세무사와 상의하여 상속세 신고를 하는 것이 좋다. 상속세 신고 전에 재산의 분할을 결정해야한다. 재산분할 후에 지분이 변경되면 증여문제가 발생한다. 다만, 상속세 신고기한 이내 재분할은 증여문제가 발생하지 않는다.

㉂ 종합소득세 신고

상속개시일로부터 6개월 되는 말일까지 신고 납부해야 한다. 종합소득세 납부세액이 발생하면 상속세에서 공제된다.

㉃ 취득세 신고

상속이 개시되면 상속인 간에 협의하여 부동산 취득세를 6개월이 되는 말일까지 신고하고 납부해야 한다. 취득세의 경우 협의가 되지 않는 경우에도 일단 취득세를 납부해야 한다. 협의가 되면 협의내용 대로 변경하여 등기하면 된다. 종전에는 취득세만 내고 등기를 하지 않는 경우가 있었으나 세법이 개정되어 종전의 취득세와 등록세를 한꺼번에 납부해야 한다.

㉄ 상속세 조사

상속세 신고에 대하여 국세청이 신고의 적정여부를 조사하게 된다. 이를 상속세 조사라 한다. 신고기한 종료일로부터 2개월에서 1년 이내 조사하게 된다.

3. 상속 관련 서류

㉮ 부동산 상속 등기 준비서류 ⇨ 상속등기는 법무사와 상의

− 피상속인 및 상속인의 호적등본과 주민 등록등본 − 인감증명서(상속인 각자) − 인감도장(상속인 각자) − 제적등본, 가족관계증명서, 기본증명서 − 제적 주민등록초본 − 호적등본(상속인 각자)	물건지 별로 통수 산정, 물건지가 5개인 경우 5통 *취득세는 6월이 되는 말일 이내 신고납부

㉯ 피상속인의 보유 차량 명의 변경시 서류 ⇨ 본인이 직접 방문하여 처리

자동차 명의변경(6개월 이내) − 자동차등록증, 자동차 관리법 − 제적등본, 가족관계증명서, 기본증명서 등 − 상속포기각서(서식) : 인감증명서, 인감 − 상속받는 사람 : 신분증, 책임보험가입 증명서, 자동차세 영수증	세목 : 취득세 납부 신고장소 : 구청이나 시청 문의

㉰ 상속세 신고 서류 ⇨ 피상속인이 사용한 서류는 없애버리면 후회, 가급적 빠른 시간 내 세무사와 상속세 상담, 6개월이 되는 말일까지 신고 · 납부

제적등본(가족관계증명서)	− 피상속인과 상속인 관계확인

주민등록제적초본, 상속인 주민등록등본	– 신고지 결정(피상속인의 주소지)
상속재산 – 부동산(토지대장, 건축물관리대장) – 금융재산(상속일 현재 잔액증명서) – 기타재산(회원권 및 자동차 등)	– 부동산의 경우 재산세 영수증으로 확인 (시·군·구청의 조상 땅찾기 담당 부서 또는 지적 부서) – 은행 또는 금융감독원 소비자보호센터에 조회
상속재산 비상장 주식(주식평가 및 영업권 평가) 피상속인 사업자인 경우(영업권 평가)	– 과거 3년간 비상장 법인의 세무조정계산서 – 과거 3년간 사업체 세무조정계산서
간주상속재산 – 보험금 – 퇴직금 – 신탁재산	– 보험계약서 – 퇴직소득 원천징수 영수증 – 신탁재산임을 확인할 수 있는 서류
추정상속재산 확인 – 금융자료 예금, 적금, 수익증권, 주식, 채권 등 – 부동산 자료 – 기타 자산 처분	– 상속개시 2년 이내 입출금내역 – 상속개시 2년 이내 해지내역(계좌번호, 계약일, 해지일, 원금) – 상속일 현재 금융재산평가액(원금 +이 자 – 원천세) – 상속개시 2년 이내 부동산 매매계약서 (매각용) – 회원권 등 처분시 매매계약서 * 10년 이내 거래내역을 조사하는 경우도 있음
채무 명세서 – 금융기관의 부채증명서 – 피상속인이 임대인인 경우 임대차 계약서 – 기타 피상속인이 개인적으로 빌린 차용 증서	
기타 채권(가등기), 법인 가수금 채권	

기타공과금 장례비 영수증	– 상속일 현재 피상속인이 납부할 세금 · 공과금 – 세금계산서, 신용카드영수증, 개인영수증 등

4. 살아있을 때 증여하면 50% 세율을 피할 수 있는가?

"살아남"씨는 상속세율과 증여세율이 같기 때문에 사전에 증여하는 것이 상속세를 절세하는 것으로 생각하고 있다. 옳은 생각인가?

"틀릴 수도 있다. 일반적으로 상속세의 누진세율 최고 50%를 피하기 위해서 생전에 증여하는 경우 5억원까지는 20%가 적용되고 증여세를 내면 끝이라고 생각하는 경우가 있다. 상속세의 누진세율을 피하기 위해 사전에 증여하는 경우도 상속인은 10년, 상속인 이외의 자는 5년간 합산하여 세액을 재계산하기 때문에 50%가 과세될 수 있다."

상속재산과 증여재산은 연관되어 있다. 상속세를 피할 목적으로 아니면 다른 목적으로 재산을 사망 전에 타인에게 이전시키는 행위를 증여로 보게 된다.

상속이나 증여나 무상으로 재산을 이동하는 데에는 동일하지만 상속세는 사망 당시 재산에 부과하는 세금인데 반하여, 증여의 경우는 사망일 이전에 무상으로 이전하는 부분에 대하여 과세하는데 차이가 있다. 세율은 동일하지만 공제, 평가 등 여러 가지 상황에 의하여 일정 부분은 절세할 수 있다. 따라서 증여로 상속세 문제가 완전히 해결되는 경우가 아니다. 결국, 증여를 하는 경우에는 미래의 상속재산과의 연관성을 먼저 생각해보아야 한다. 예를 들어 배우자에게 6억원을 증여한 경우 증여세는 발생하지 않지만, 증여자가 10년 이내 사망하는 경우에는 6억원에 대하여는 상속재산에 합산하여 세액을 계산한다. 세금이 없는 것으로 생각했는데 상속세 신고시 세금이 발생하게되어 당황하는 분들이 많다.

▶ 사전에 증여하는 경우

첫째, 수증자가 상속인인 경우 10년이 경과된 경우, 수증자가 상속인이 아닌 경우 5년이 경과되면 추가로 상속세를 납부하지 않는다.

둘째, 증여 후 재산가치가 상승한 경우에도 증여 당시의 가액으로 합산되므로 시가가 상승한 금액에 대하여 상속세를 내는 것을 피할 수 있다.

다만, 부동산 등을 저가로 신고하면 증여 받은 재산은 양도시 양도소득세가 증가될 수 있다.

5. 상속세의 신고기한은?

"살아남"씨는 배우자의 사망으로 상속세 신고를 해야 한다. 그러나, 자녀들과의 상속지분이 정리가 되지 않아 상속세 신고를 못하고 있다. 기한은 다가오는데 신고를 하지 않는 경우 어떠한 불이익을 받는가?
상속세 신고를 하면 신고세액공제 3%를 공제하고, 미신고시에는 신고불성실 가산세 20%와 납부불성실 가산세 연 9.125%(1년 후 조사 가정)를 합하면 신고시와 신고하지 않는경우 세액차이가 32.125%가 발생하므로 등기여부를 불문하고 신고해야 한다. 단, 산출세액이 발생하지 않으면 신고에 따른 불이익이 없다.

거주자인 상속세 납세의무자는 피상속인(사망자)의 사망으로 인하여 상속 받는 국내 및 국외 재산에 대하여 6개월이 되는 말일까지 신고 납부를 하여야 한다. 비거주자인 상속세 납세의무자는 국내의 재산에 대하여 9개월이 되는 말일까지 상속세를 신고 납부하여야 한다.

상속세를 상담하다 보면 상속재산 분배문제로 형제간·부모와 자식간에 분쟁이 생기는 것을 자주 보게 된다. 분할문제로 감정이 쌓여 넘어서는 안 될 상황까지 가게 되는 경우라도 상속세는 먼저 신고 해야 한다. 신고하지 않으면 신고하지 않는 경우와 하는 경우 많은 세금 차이가 발생한다. 예를 들어 30억 자산가가 채무 및 상속공제를 한 후 산출된 세액이 4억원이라면 신고를 하는 경우 3.88억원을 납부하는데 반하여 신고를 하지 않는 경우 1년경과시를 기준으로 신고불성실 가산세 8천만원, 납부불성실 가산세 3.65천만원 이를 합하면 1.285억원의 세액의 차이가 발생한다.

신고한 후 재산평가나 공제적용의 착오가 발생하는 경우 신고불성실 가산세가 과세되지 않는다. 따라서 대충이라도 재산명세와 평가액을 계산하여 신고 한 후 조사가 있기 전까지 분할하고, 분할하지 못하는 경우에는 법정분할 후 강제경매 등을 통하여 재산을 분할 해야 한다.

취득세의 경우에는 일단 법정분할로 신고하고 등기시까지 협의가 되면 협의분할에 의하여 등기하면 된다.

6. 상속일 현재 재산이 없으면 상속세가 없을까?

"살아남"씨는 죽기 전에 모든 재산을 상속인 모르게 처분하였다. 상속인들은 피상속인의 재산에 대하여 상속세를 납부하지 않을까?

이런 경우 상속개시전 처분재산을 국세청이 조사하여 상속전에 재산을 얻은 자에게는 증여세가 상속인에게는 상속세가 부과될 수 있다. 만약 간병인에게 고마운 표시로 재산을 증여한 경우에는 간병인은 증여세 상속인은 상속세가 부과될 수 있다.

필자가 상담을 하다 보면 상속일 전에 재산을 없애면 상속세를 안 내도 된다고 생각하는 분들이 가끔 있는 것 같다. 자산가라면 본인의 재산을 타인이 아는 것을 부담스럽게 생각할 수 있을 것이다. 이러다 보니 정확한 상담을 하지 못하고 상속이 개시되는 경우를 볼 수 있다.

예를 들어 상속일 현재 상속재산이 없어 상속세를 신고하지 않았다. 그런데 상속일 전에 30억원의 고액의 재산을 처분하였다면 십중팔구 상속세를 추징하게 된다. 상속이전에 자산을 특수관계자에게 이전하였으므로 증여세가 과세되고. 10년 이내 상속인에게 증여한 재산은 상속재산에 포함되어 계산되어 상속세를 납부해야 하는 경우가 발생한다. 피상속인의 직계 존·비속이 없는 경우(배우자만 상속인인 경우) 최하 7억원(기초공제 2억원과 배우자공제)에서 최고 32억원(기초공제 2억원과 배우자공제 최고 30억)까지는 세금이 없다.

피상속인의 직계 존·비속이 있는 경우는 최하 10억원(일괄공제 5억원, 배우자공제 5억원)에서 35억원(일괄공제 5억원, 배우자공제 30억원)까지는 세금이 없다. 자녀가 있는 경우 배우자공제액은 법정지분 중 30억원까지 공제한다.

상속인이 아닌 간병인에게 재산이 이전되는 경우를 볼 수 있다. 이 경우 간병에 대한 근로소득인지 아니면 증여인지에 따라 증여세 납부 여부가 결정될 것이다. 일반적인 간병인의 급여를 훨씬 넘는다면 이는 증여에 해당 할 수 있다. 이 경우 간병인은 제3자에 해당한다. 제3자에 해당하는 경우에는 상속인 이외의 자에 해당하기 때문에 5년간 상속재산에 합산하게 된다. 간병인에게 2억원을 증여하면 간병인은 3천만원의 증여세를 낸다. 문제는 간병인에게 증여한 재산 2억원이 상속재산에 합산되어 상속인이 상속세를 추가 부담하게 된다. 부담세액은 2억원 × (상속세율적용세액 − 증여세액)이다.

7. 제3자에게 증여한 재산에 대하여 상속인이 상속세를 내야 한다

간병인이나 손자, 손녀 며느리, 사위 등에게 사망 전에 증여하는 경우 증여를 받은 제3자도 상속세를 납부해야 하는가?

아니다. 제3자는 증여세를 납부하고 증여재산을 상속재산에 합산하여 추가되는 상속세는 상속인들이 납부해야 한다.

상속세를 신고하다 보면 이런 일들을 자주 본다. 사전에 상속인이외의 자에게 증여를 하는 경우이다. 제3자에게 증여하는 경우 증여세를 정상적으로 내게 되는데 문제는 증여한 분이 5년 이내 사망하는 경우 상속인들이 제3자가 증여 받은 재산에 대하여 추가되는 상속세를 내야 하는 기막힌 결과를 볼 수 있다.

예를 들이 10억원의 재산은 제3자에게 증여한 경우 10억원에 대한 증여세가 2.4억원에 해당한다. 그러나 5년 이내에 상속이 개시되어 상속세를 계산하는 경우 다음과 같은 문제가 발생한다.

증여재산 외의 상속재산이 50억원이 있는 경우 상속공제에 따라 과세표준은 달라질 수 있지만 최소 40%의 상속세가 과세될 것이다. 이와 같은 경우 10억원의 40%인 4억원에서 증여자가 납부한 2.4억원을 차감한 1.6억원은 상속인이 납부해야 한다. 상속인이 아닌 자가 재산을 생전에 증여 받은 사실 때문에 상속인이 추가로 상속세를 납부하는 것이 잘못된 법이라고 생각하여 위헌 소송을 하였지만 합헌결정을 내렸다.

이러한 문제는 우리나라의 상속세와 증여세가 과세방식이 다르기 때문이다. 즉. 상속세의 경우에는 상속일 현재의 재산에 사전증여재산과 상속추정 재산을 합산하여 상속세를 과세한다. 반면에 증여세는 증여 받는 자를 기준으로 세액을 산출하게 때문에 상속받지도 않은 상속인들이 제3자가 받은 재산에 대한 상속세를 내야 하는 억울한 문제가 발생한다.

8. 증여세 납세의무자는

"살아남"씨는 대주주로부터 회사 경영을 잘한 덕분에 현금을 증여 받았다. 이런 경우 어떤 세금을 납부해야 하는가?
재산을 무상으로 받았기 때문에 증여세를 신고납부 해야 한다.

증여세 납세의무자는 타인으로부터 무상으로 재산을 증여 받으면 증여세 납세의무가 있다. 증여란 민법 제554조에 당사자 일방이 무상으로 재산을 상대방에서 수여하는 의사를 표시하고 상대방이 이를 승낙함으로써 효력이 생긴다라고 표현하고 있을 뿐 증여에 대하여 세법에 명문화한 규정이 없었다. 그러나 증여세 포괄과세가 도입되면서 다음과 같이 증여세법에 재산의 무상이전에 대하여 증여세 과세를 명문화 했다.

증여세 과세대상은 첫째, 계약, 단독행위, 기타 사법상의 형식이 무엇이든. 둘째, 타인으로부터 직 · 간접적으로 재산을 무상 또는 저렴한 대가로 취득 하거나. 셋째, 타인의 기여에 의하여 재산의 가치가 증가하는 경우 증여세를 과세한다.

증여세의 경우에는 증여 받은 날로부터 3개월 되는 말일 이내에 신고 · 납부를 해야 한다. 증여 받은 재산에서 공제되는 금액은 직계 존속으로부터 증여를 받는 경우 미성년자는 증여받는 금액의 합계액이 2천만원, 성년자는 5천만원까지, 배우자 증여는 6억원까지 증여 받는 금액에서 공제해 준다. 증여를 여러 번하는 경우에는 과거 10년간 합산하게 된다. 따라서 증여를 하는경우에는 재증여시기 및 사망시점이 합산기간 안에 있느냐에 따라 세금부담이 달라진다.

증여하는 경우 전세금이나 채무를 부담하면서 증여하는 경우에는 부담부증여에 해당하여 증여가액이 줄어든다. 예를 들어 5억원의 재산을 증여할 때 대출금이 2억원이 있다면 5억원에서 2억원을 차감한 3억원이 증여가액이 된다. 3억원은 증여세가 과세되고 2억원은 재산을 유상으로 이전한 것으로 보아 양도소득세를 과세하도록 하고 있다. 물론 부담부증여중 부담부분에 대한 양도소득세는 비과세 대상인 1세대 1주택인 경우는 내지 않아도 된다.

부담부증여에 의하여 양도소득세가 많이 발생하는 경우는 상속으로 처리해야 한다. 상속시는 부담부분에 대한 양도소득세를 납부하지 않는다.

9. 증여가액에서 공제되는 증여재산공제는 얼마인가?

할아버지·할머니·아버지·어머니로부터 증여 받는 경우 각각 5천만원씩 공제받을 수 있나?

아니다. 할아버지·할머니·아버지·어머니는 직계존속에 해당되어 10년 이내에 합산하여 성년자는 5천만원만 공제된다.

증여재산공제의 경우에는 다음과 같이 공제한다.

- 직계 존속으로부터 증여 받은 경우: 5,000만원.

  단, 증여받는 사람이 미성년자의 경우는 2,000만원

- 직계비속으로부터 증여받은 경우 : 5천만원

- 배우자로부터 증여 받는 경우: 6억원

- 기타 친족으로부터 증여 받는 경우: 1,000만원

증여재산공제란 증여가액에서 공제되는 금액을 말하며 동일인으로부터 받는 경우에는 10년간 증여재산을 합산하도록 하고 있다. 여기서 동일인의 의미를 잘 판단하여야 한다. 동일인이란 증여자가 같은 사람이라고 생각하는 경우가 많은데 세법은 동일인을 다음과 같이 보고 있다.

- 아버지·어머니를 동일인으로 본다.

- 할아버지·할머니를 동일인으로 본다.

직계 존·비속으로부터 증여 받는 경우 공제하도록 한 규정에 대한 해석도 주의해야 한다. 직계 존·비속은 나를 기준으로 하면 아버지·어머니·(외)할아버지·(외)할머니 모두 직계 존속에 해당한다. 즉, 할아버지가 나에게 5,000만원 증여한 경우 아버지로부터 증여를 받게 되는 경우에는 증여공제 5,000만원(미성년자 2,000만원)을 받지 못한다. 친족으로부터 받는 경우 1,000만원을 공제한다. 이 경우에도 삼촌이 나에게 증여를 한 경우 1,000만원을 공제받고 고모로부터 증여받는 경우에 10년 이내라면 1,000만원 공제받지 못한다.

10. 증여세 신고와 증여재산 합산신고

"살아남"씨는 사업상 바쁜 관계로 부인 명의로 모든 금융거래를하였다. "살아남"씨 명의로 부동산을 구입하기 위하여 배우자 계좌에서 인출된 금전으로 잔금을 지급하였다. 이 경우 증여세가 과세되나?
구체적인 사실관계를 파악해야 한다. 단순히 부인이 자금을 관리하였다면 부인 돈은 "살아남"씨의 재산이므로 증여세 문제는 발생하지 않을 수 있다.

통상 배우자 간 증여의 경우에는 2008.1.1. 이후 증여하는 분부터는 6억원까지 배우자 공제가 적용된다. 상담하는 고객 중 과거 10년 이내 부동산을 구입하였는데 10억원 미만의 부동산을 구입하였다. 그런데 최근에 다시 부동산을 구입하려고 하는데 증여세가 과세되는지 문의하는 경우가 많다.

상담하는 고객의 주장은 과거의 부동산은 본인의 자금출처가 확인되는 금전으로 부동산을 구입하였다고 주장하며 지금 부동산을 구입하는 금액은 증여 받은 것이라고 주장한다. 그러나 실제 증여조사를 보면 금융거래내역을 요구하는 경우가 있다. 이렇게 되면 남편의 계좌에서 과거의 부동산을 구입한 이력이 나타나서 증여세를 내야 하는 경우가 종종 발생하는 것을 볼 수 있다.

납세자의 입장에서는 이러한 문제에 대하여 필자에게 항의하는 경우가 있다. 아니 돈이 꼬리표가 달린 것도 아닌데 과거에 고객이 번 소득을 전혀 인정하지 않은 것은 문제가 있는 것이 아니냐고 하소연한다. 우리나라의 경우 금융거래를 하는 경우 아무 생각 없이 거래하는 경우가 있다. 남편 돈이 내 돈이고 내 돈이 남편돈이고 이렇게 하다 보니 부인명의 부동산을 구입하는 경우 그 금전의 인출이 남편계좌에서 나오는 경우, 아니면 남편이 부동산을 구입하다 보면 부인의 계좌에서 금전이 나오게 되는 경우 이러한 돈들이 과연 누구의 돈인가 판단하기 어려운 경우가 발생한다. 은행예금은 다른 사람의 이름을 빌려서 한 것을 합의차명이라한다. 2014.11.29 이후부터는 증여재산공제액의 범위를 벗어나는 차명자산의 경우 5년이하의 징역 또는 5,000만원 이하의 벌금에 부과하고, 금융회사 임직원이 불법 차명거래를 중계 혹은 알선할 경우 과태료의 제제를 받는다.

11. 부동산을 증여하려면 어떠한 절차로 해야 하나

"살아남"씨는 재산을 자녀에게 증여하려고 한다. 고려해야 할 점은?
재산을 평가하는 문제와 채무가 있는 경우 이전문제, 취득이전에 따른 취득
세 등을 검토해야 한다. 상속인에게 10년이내 증여한 재산은 증여자가 사망
한 경우 상속재산에 합산한다. 10년 이내 증여 받은 재산이 있는지, 증여재
산공제를 했는지 여부를 확인한다.

부친이 소유한 재산을 자녀에게 증여하려고 하는데 어떤 절차를 거
쳐야 하고 어떻게 세금을 내야 하는가? 증여를 하려면 먼저 증여세가
얼마인지 취득세가 얼마인지 먼저 예상하여야 한다.

증여자산의 평가는 시가에 의한다. 즉 증여세를 내는 기준은 시가
가 있으면 시가를 가지고 하지만 아파트나 오피스텔 등 규격화된 자
산이 아닌 경우에는 시가를 확인할 수 없어 국가가 고시한가액 즉, 기
준시가에 의하여 증여세를 계산한다. 그러면 취득세를 내는 기준은
어떠한 금액인가? 취득세의 경우에는 시가과세가 아니므로 과세관청
이 정한 시가표준액으로 과세한다.

세법에서 적용하는 기준시가와 시가표준액은 약간 다를 수 있다.
공동주택이나 개인주택 토지의 경우는 기준시가와 시가표준액이 같
으나 상가의 경우에는 다를 수 있다.

증여를 하려면 증여자의 인감증명서가 필요하다 구체적인 절차는
법무사에게 위임하여야 한다. 법무사에게 위임하여 증여등기 마치면

증여세는 증여한 날로부터 3월이 되는 말일 이내에 주소지 관할세무서에 증여세 신고를 해야 한다.

단순한 증여가 아니고 증여하는 재산에 부채가 있어 이를 증여받는 자가 인수하는 경우에는 부담부 증여가 된다. 이 경우에는 부담 부분에 대하여는 양도소득세가 과세되고 취득세 신고시 부담부분의 경우는 양도로 보아 취득세율을 적용한다. 취득세율은 무상취득과 유상취득의 경우 세율이 다르다.

증여 받은 자가 납부한 증여세를 누가 납부하였는지 확인하는 경우가 있다. 납부할 능력이 없는 경우 증여세에 대한 증여세가 과세된다.

12. 피상속인의 재산은 온전한 피상속인의 재산인가?

"살아남"씨는 여성이다. "살아남"씨는 많은 재산을 형성하였다. 그런데 재산의 대부분을 남편 명의로 관리되었다. 이 경우 "살아남"씨는 상속세를 안 낼수 있을까?
"살아남"씨가 형성된 재산이라는 것을 입증하는 경우 상속세를 내지 않아도된다. 다만, 차명자산에 대한 벌칙이 적용될 수 있다.

상속세를 신고하다 보면 상속개시전에 가족 간 예금이동을 확인할수 있다. 그러면 상속개시전에 이동한 자산을 증여로 볼 것인지 아니면 애초 소유자 앞으로 환원한 것인지에 대하여 상속인 특히 배우자의 경우는 억울함을 호소하는 경우가 많다. 우리나라의 경우 예로부터 경제는 남성이 가정은 여성이 역할을 해왔다. 그러나 서구 제도의 도입으로 여성의 사회진출이 많아지면서 자산배분 문제가 이슈가 되고 있다. 지금은 여성이 가정의 경제를 좌지우지 하고 있지만 옛날에는 통상 남성이 경제권을 책임져 왔다.

과거 어머니 세대의 경우를 보자. 어머니 세대의 경우 아버지와 같이 일을 하면서도 경제권은 아버지가 소유해왔다. 그런데 상담을 하다 보면 아버지 보다는 어머니가 재산형성에 더 기여해 왔지만 옛날 분들은 주변 사람을 의식한 것인지, 아니면 당연히 아버지 재산이라고 생각해서 인지 모든 자산의 명의를 아버지 명의로 해 놓은 것이다. 이제 아버지가 사망함으로써 상속문제가 발생하였다. 아버지 재산은 어머니 재산이라고 주장하면 순순히 증여가 아닌 재산분할로 보아 증여세가 과세되지 않을까? 그렇지 않은 경우가 많다. 어머니가 심증적으로 재산형성에 기여한 것으로 인정되지만 세법이 어디 심증적으로 보아 재산의 소유권을 인정할 수 있겠는가?

그렇다고 상속재산이 많은 경우 상속세 최고세율 50%를 내는 것은 정말 억울한 일이 아닐 수 없다. 재산문제에 있어서 문제가 되는 경우는 생전에 가까운 세무사와 상담해서 세법상 불이익을 당하지 않도록 해야 한다.

최근에 배우자의 법정상속분 개정움직임이 있다.

배우자의 상속재산

상속재산 × 50% + (상속재산 × 50%) × 현행 법정상속지분

13. 상속세 과세가액이란

"살아남"씨는 배우자가 사망하였다. 사망 당시 재산과 생전에 증여 받은 재산이 있다. 상속재산에 증여재산만 합산하여 신고하면 되는가?
아니다. 상속가액은 상속일 현재 재산 + 의제상속재산 + 상속개시전 처분가액 중 소명하지 못한 금액 + 증여재산 − 비과세증여재산 − 과세가액불산입 − 공과금 − 장례비용 − 채무를 말한다. 상속가액이 30억원 이상인 경우는 지방국세청의 강도 높은 세무조사를 받고 재산증가에 대하여 상속 후 5년간 사후관리를 받는 경우도 있다.

상속이란 피상속인의 사망에 의하여 상속인이 피상속인에게 속하였던 모든 재산상의 지위 또는 권리의무를 포괄적으로 승계하는 것을 말한다. 상속재산에는 피상속인에게 귀속되는 재산으로서 금전으로 환가 할 수 있는 경제적 가치가 있는 모든 물건과 재산적 가치가 있는 법률상 또는 사실상의 모든 권리를 포함한다. 다만, 상속재산 중 피상속인의 일신에 전속하는 것으로서 피상속인의 사망으로 인하여 소멸되는 것은 이를 제외한다.

의제 상속재산으로 보는 보험금 · 신탁재산 · 퇴직금 등은 상속 재산으로 의제하여 상속재산에 포함된다. 다만, 연금법 등에 의한 유족연금 등은 제외한다.

상속재산으로 추정하는 것으로 상속일 현재 상속재산은 아니나 피상속인 및 상속인 등이 상속세를 회피하기 위하여 재산을 처분하는 경우가 많으므로 상속 개시전 1년 이내 2억원이거나 2년 이내 5억원

이상의 재산을 처분하거나 채무를 부담하는 경우에 상속인이 처분재산 및 채무부담사실에 대한 소명을 하지 못하면 상속재산으로 추정하도록 하고 있다.

의제란 반드시 상속재산으로 보는 것을 말하고, 추정이란 상속재산으로 보지만 다른 사실이 확인되면 상속재산에서 제외되는 것을 뜻한다.

상속가액이란 상속재산과 의제상속재산·증여재산·추정상속재산을 합하고 합산하지 않는 금액을 차감한 금액을 의미한다.

㉮ 상속재산에 합산 하는 재산

상속재산에 가산하는 것으로 증여재산가액이 있다. 증여재산에 대하여는 상속일 전 10년 이내에 피상속인이 상속인에게 증여한재산과 상속일전 5년 이내에 상속인 이외의 자에게 증여한 재산을 포함한다. 이는 피상속인 및 상속인이 상속재산의 누진세율을 회피하기 위하여 생전에 재산을 상속인 등에게 증여함으로써 상속세를 적게 내기 위한 방법으로 이용되기 때문이다. 물론, 증여한 재산의 경우 증여재산을 상속재산에 합산하는 경우에는 증여일 현재의 평가액을 상속재산에 합산한다.

㉯ 상속재산에 합산하지 않는 금액

상속재산에서 차감하는 것으로는 비과세 재산가액(금양임야 등), 과세가액불산입액(공익법인출연재산, 공익신탁재산가액, 기타 상속재산 불산입액)과 공과금, 채무, 장례비 등을 차감한다.

상속재산에서 공제되는 채무 등은 실질적으로 피상속인이 진 채무를 말하므로 개인적으로 계약서 없이 작성하였거나 이자를 지급하지 않는 채무 등은 인정되지 않을 수 있다. 장례비의 경우 영수증이 있는 경우에는 최고 1,000만원까지 공제되며 500만원까지는 영수증이 없는 경우에도 인정된다. 여기에 납골묘(봉안시설 또는 자연장지)를 설치하는 경우 추가로 500만원을 인정해준다.

❹ 유류분 소송자료

유류분 소송을 하는 경우 국세청이 소송자료를 수집하여 상속재산 신고누락 여부를 확인하게 된다.

14. 상속공제 금액은 얼마나 되나

"살아남"씨는 배우자의 사망으로 재산을 상속받았다. 재산이 10억원 미만인 경우 상속세가 없다는데 정말인가?
상속의 경우 배우자와 자녀가 있으면 일괄공제 5억원과 배우자공제 5억원을 공제받는다. 따라서 상속재산이 10억원 미만인 경우에는 상속세가 없다. 문제는 상속재산의 평가문제이다. 시가는 20억원이고 기준시가는 10억원인 경우가 있다. 재산평가에 따라 세부담이 달라진다.

상속공제에는 기초공제 및 기타 인적공제(기초공제, 자녀공제, 미성년자공제, 연로자공제, 장애인공제)액이 일괄공제액 5억원 보다 적은 경우에는 일괄공제 5억원을 공제한다.

일반적으로 상속공제의 경우 일괄공제 5억원과 배우자가 있는 경우 5억원을 공제한다. 따라서 배우자와 자녀가 있는 경우 10억원, 배우자만 있는 경우 최고 32억원(기초공제 2억원, 배우자공제한 도 30억원), 자녀만 있는 경우 5억원까지는 상속세가 없다. 일괄공제(기초공제와 인적공제)와 배우자공제 외에 가업 및 영농 추가상속공제, 금융재산공제, 동거주택 상속공제, 재해손실 공제액을 추가로 공제받을 수 있다.

그러나 위와 같은 공제 제도에도 불구하고 상속공제의 종합한도규정이 있으므로 주의하여야 한다. 상속인이 아닌 자가 유증받은 금액, 상속 포기로 다음 순위가 상속받은 금액, 사전에 증여 받은 재산의 경우 상속공제가 안 될 수 있다.

사전에 증여한 경우를 보자. 배우자 없는 모친이 5억원의 재산을 사전에 5명의 자녀에게 증여한 경우 각각 5,000만원을 공제한 5,000만원에 대하여 각각 500만원(5,000만원×10%)를 내지만, 모친이 10년 이내 사망시에는 상속일 현재 상속재산이 "0"원이나 사전에 증여한 5억원을 합산하여 계산한다. 5억원에 증여재산공제 2.5억원(증여공제 5,000만원 × 5명)을 차감한 2억5천만원에대한 상속세 4,000만원이 발생하고, 기납부한 2,500만원(증여세500만원 × 5명)을 차감한 1,500만원의 상속세를 추가로 신고·납부 해야 한다. 증여재산의 경우는 상속공제를 하지 않는다. 상속세는 5억원까지 세금이 없는데 위와 같이 사전 증여시는 세금을 내게 된다. 현행 세법은 다행히 개정되어 상속세

과세가액이 5억원을 초과하는 경우에만 재계산 한다. 상속일 현재 잔액 1원+ 사전증여재산가액 5억이 있다면 위와 같은 세금을 추가로 납부해야 한다.

15. 가업상속공제는 언제 공제받나?

> "살아남"씨는 배우자가 갑자기 사망하였다. "살아남"씨 배우자는제조업을 하고 있는 경우 가업상속공제를 받을 수 있나?
> 상속인이 가업에 상속 직전 2년 전부터 근무해야 한다.

일반적으로 중소기업은 대표자가 모든 일을 한다. 반면 대기업은 업무가 분리되어 있다. 결국, 중소기업의 대표자가 사망한 경우에는 사업하지 못할 상황까지 오게 된다. 거래처, 직원관리, 자금계획 등을 알 수 없는 상속인으로써는 사업을 포기해야하는 문제까지 가게 된다.

그러나 실제로 배우자 등이 그 사업에 종사하고 있으나 4대 보험문제 등 세부담 때문에 근로자로 등재하지 않고 사업을 경영하는 경우도 보게 된다. 실제로 사업에 종사하고 있다면 가업상속공제를 염두에 두고 근로소득세를 신고할 필요가 있다. 세상일이 어디 계획대로만 되겠는가?

가업상속요건은 다음과 같다.

㉮ 중소기업에 해당될 것

㉯ ① 피상속인이 가업의 영위 기간에 50% 기간을 대표이사로 재직하거나, ② 10년 이상의 기간(상속인이 피상속인의 대표이사 등의 직을 승계하여 승계한 날로부터 상속개시일까지 계속 재직한 경우로 한정)

③ 상속개시일부터 소급하여 10년 중 5년 이상의 기간

㉰ 상속인이 다음 요건을 모두 충족한 경우

① 상속개시일 현재 18세 이상인 경우

② 상속개시일 2년 전부터 계속하여 직접 가업에 종사한 경우.

③ ①과 ② 요건을 모두 갖춘 상속인이 해당 가업을 상속받아 상속세과세표준 신고기한까지 임원으로 취임하고, 상속세 신고기한부터 2년 이내에 대표이사 등으로 취임한 경우(지분상속 가능)

㉱ 공제금액 : 가업상속 재산가액의 100% 공제

공제금액이 200억원을 초과하는 경우에는 200억원을 한도로 하되, 피상속인이 20년 이상 계속하여 경영한 경우에는 300억원, 피상속인이 30년 이상 계속하여 경영한 경우에는 500억원을 한도로 한다

㉲ 사후관리요건 : 공제받은 금액 추징

고용유지 의무, 가업종사 의무, 가업용 자산 처분 제한, 주식지분 유지 의무

16. 상속을 포기하면 상속공제를 받지 못한다

"살아남"씨는 형의 사망으로 상속문제를 고민 중이다. "살아남"씨는 모친이 살아계셔서 모친에게 상속되었다가 다시 자녀에게 상속되면 상속세를 이중으로 납부하는 것으로 생각해서 "살아남"씨의 형제들이 바로 상속받는 경우 상속공제를 받을 수 있는가?

"살아남"씨가 상속받는 경우는 모친이 상속을 포기해야 하므로 이 경우에는 상속공제 5억원(일괄공제)을 받지 못한다.

부모 중 한 분이 살아 있는 경우 자녀(미혼)가 사망하는 경우에는 상속권은 당연히 1순위 상속자는 부모가 된다.

부모의 입장에서 자녀의 자산을 상속받아 부모 자신이 사망한 경우 다시 상속세를 내야 하거나 아니면 부모가 상속받고 자녀에게 자산을 이전하는 경우 증여세의 우려가 있어 부모가 상속을 포기하는 경우가 있다. 이런 경우 상속공제를 받을 수 있는 것으로 오해하는 분들이 많다.

세금을 상담하다 보면 이런 분들의 대부분은 세법에 대하여 모른다. 상속공제 한도규정을 설명하면 이런 법이 어디 있느냐고 항의를 받는 경우가 많다. 세법은 세무사가 만드는 것이 아니다. 정부나 국회가 세법을 만들기 때문에 세무사로서는 법의 해석을 도와 '납세자가 유리한 방법을 선택하도록 할 뿐이다'고 설명한다.

위와 같이 상속이 개시되면 먼저 일을 처리하고 상속세 신고를 하기 위해 세무사를 찾아오는 경우가 많다. 이런 일이 발생하는 것은 상속

등기를 위해서는 법무사가 그 업무를 대행하고 국세청에 세금신고는 세무사에게 의뢰하는 구조 때문이다. 따라서 상속이 개시되는 경우에는 먼저 상속을 전문으로 하는 세무사와 상담을 한 후 그 상담내용에 따라 이전 등을 취하면 억울한 세금 문제가 발생하지 않으며 법이 허용한 범위 내에서 절세할 수 있다.

1순위 상속권자가 포기하는 경우에는 상속공제한도 규정에 의하여 상속공제를 받지 못한다. 받지 못하는 금액은 기초공제, 배우자공제, 그 밖의 인적공제, 일괄공제 5억원, 금융재산공제(상속금융 순재산의 20%, 2억한도), 재해손실공제, 동거주택상속공제 등이다.

상속공제를 받지 못하는 경우는 상속인 이외의 자에게 유증한 가액, 상속인의 상속 포기로 그 다음 순위의 상속인이 상속받은 재산의 가액, 증여재산가액(증여재산공제만큼은 상속공제를 받는다)등이다. 사전에 배우자에게 증여하는 경우에도 증여재산 과세표준금액만큼 상속공제를 받지 못할 경우가 발생한다.

17. 상속개시 당시 주택 수에 따라 동거주택공제(배우자는 공제제 외)와 취득세 부담이 달라진다

"살아남"씨는 부친이 사망하였다. 부친이 같이 거주한 기간이 15년 이상 상속받은 주택에서 거주한 경우 추가로 공제하는 금액은?
1세대 1주택으로 부친과 같이 거주한 기간이 10년 이상인 경우에는 동거주택공제를 받을 수 있다. 공제금액은 주택가액(상속주택가액 − 해당자산 담보된 채무)의 100%로 6억원을 한도로 공제 한다.

거주자가 사망으로 상속이 개시되는 경우로서 다음 요건을 모두 갖춘 경우에는 주택가액(상속주택가액 − 해당자산 담보된 채무)의 100%에 상당하는 금액을 상속세 과세가액에서 공제한다. 다만, 그 공제할 금액은 6억원을 한도로 한다.

㉮ 피상속인과 상속인(직계비속인 경우로 한정하며)이 상속개시일부터 소급하여 10년 이상(상속인이 미성년자인 기간은 제외한다) 계속하여 하나의 주택에서 동거할 것. 다만 다음은 동거하지 못하면 계속하여동거한 것으로 보되, 그 동거하지 못한 기간은 같은 항에 따른 동거 기간에 산입하지 아니한다.
① 징집
② 취학, 근무상 형편 또는 질병 요양의 사유로서 다음 요건을 갖춘 경우

(1) 「초·중등교육법」에 따른 학교(유치원·초등학교 및 중학교는 제외한다.) 및 「고등교육법」에 따른 학교에의 취학

(2) 직장의 변경이나 전근 등 근무상의 형편

(3) 1년 이상의 치료나 요양이 필요한 질병의 치료 또는 요양

❹ 피상속인과 상속인이 상속개시일부터 소급하여 10년 이상 계속하여 1세대를 구성하면서 1세대 1주택에 해당할 것. 다만, 다음 각 호의 하나에해당하여 2주택을 소유한 경우에도 1세대 1주택으로 본다.

① 일시적으로 2주택을 소유한 경우. 다만, 다른 주택을 취득한 날부터 2년 이내에 종전의 주택을 양도하고 이사하는 경우

② 상속인이 상속개시일 이전에 1주택을 소유한 자와 혼인한 경우. 다만, 혼인한 날부터 5년 이내에 상속인의 배우자가 소유한 주택을 양도한 경우

③ 피상속인이 문화재보호법에 따른 등록문화재에 해당하는 주택을 소유한 경우

④ 피상속인이 이농주택을 소유한 경우

⑤ 피상속인이 귀농주택을 소유한 경우

⑥ 1주택을 보유하고 1세대를 구성하는 자가 상속개시일 이전에 60세 이상의 직계존속을 동거 봉양하기 위하여 세대를 합쳐 일시적으로 1세대가 2주택을 보유한 경우. 다만, 세대를 합친 날부터 5년 이내에 피상속인 외의 자가 보유한 주택을 양도한 경우만 해당한다.

⑦ 피상속인이 상속개시일 이전에 1주택을 소유한 자와 혼인함으로

써 일시적으로 1세대가 2주택을 보유한 경우. 다만, 혼인한 날부터 5년 이내에 피상속인의 배우자가 소유한 주택을 양도한 경우만 해당한다.

⑧ 제3자로부터 상속받은 주택(지분이 가장큰 자는 제외)

❹ 상속개시일 현재 무주택자이거나 피상속인과 공동으로 1세대 1주택을 보유한자로서 피상속인과 동거한 상속인이 상속받은 주택일 것

18. 상속주택 취득세 비과세요건

"살아남"씨는 배우자가 사망하였고, 상속개시일 현재 "살아남"씨는 부부와 자녀가 같은 세대를 이루고 있었다. 또 상속개시일 현재 자녀가 주택을 소 유하고 있었다. 취득세 비과세 될 수 있나?
세대별 주민등록등본에 의하여 1세대 1주택을 판정하므로 상속받는 주택에 대하여 취득세가 비과세되지 않는다.

상속주택을 취득하는 경우 취득세를 납부해야 한다. 취득세율은 2%와 국민주택을 초과하는 경우 0.2%의 농어촌 특별세를 부담해야 한다. 그 기준액은 국가가 정한 시가표준액이다. 단, 상속으로 인한 1세대 1주택 및 그 부속토지의 취득은 비과세한다. (상속시 취득세율은 2.8%이지만 0.8%는 종전 등록세율에 해당하는 세액이다)

주의할 것은 취득 당시 주택이 없어야 취득세를 비과세 받을 수 있

다. "1세대 1주택"이란 「주민등록법」에 따른 세대별 주민등록등본에 기재되어 있는 가구주와 그 가족(동거인은 제외한다.)으로 구성된 1세대(세대주의 배우자와 미혼인 30세 미만의 직계비속은 같은 세대별 주민등록등본에 기재되어 있지 아니하더라도 같은 가구에 속한 것으로 본다.)가 국내에 1개의 주택(고급주택은 제외한다.)을 소유하는 경우를 말한다. 또 1주택을 여러 사람이 공동으로 상속받는 경우에는 지분이 가장 큰 상속인을 그 주택의 소유자로 본다. 이 경우 지분이 가장 큰 상속인이 두 명 이상일 때에는 지분이 가장 큰 상속인 중 그 주택에 거주하는 사람, 나이가 가장 많은 사람 순서에 따라 그 주택의 소유자를 판정한다. 취득자가 다른 주택 공동지분을 소유한 경우, 피상속인이 주택을 소유하고 피상속인의 배우자가 주택을 가지고 있는 경우, 상속개시일 현재 동일 세대원이 주택을 가지고 있는 경우 등은 취득세가 비과세 되지 않는다.

19. 상속 공제시 임대보증금 채무공제에 주의해야 한다

"살아남"씨는 배우자와 공동으로 상가건물을 소유하고 있다. 그러나 사업자등록은 "살아남"씨의 배우자 혼자 명의로 되어 있는 경우 "살아남"씨의 배우자가 사망한 경우 공동상가건물에 대한 임대보증금을 공제받을 수 있나? 공제 여부에 대하여 논란이 되고 있다.

임대사업중 공동사업을 하는 경우가 있고, 건물과 토지의 소유자가 다르면서 임대사업을 하는 경우가 있다. 이처럼 건물소유자와 토지소유자가 다른 경우 또는 지분이 다른 경우 임대사업에서 발생한 임대보증금을 상속이 개시되는 경우 상속재산에서 어떻게 공제하는가 의문이 생길 수 있다.

상식적으로는 공동으로 사업하는 경우이므로 등기부상 지분비율에 해당하는 만큼 임대보증금을 상속재산에서 공제할 것으로 생각하는 경우가 많다. 그러나 그렇게 간단한 문제는 아니다.

문제는 종전 소득세법은 자산합산대상 가족이라고 하여 합산대상 가족이 있는 경우 소득이 높은 쪽으로 자산소득을 합산하여 신고하도록 하고 있어 그 당시 사업자등록이 등기부상 공동으로 되어 있지만 실제로 단독으로 사업자등록을 해주었다. 문제는 이렇게 사업자등록은 단독명의로 가지고 있으면서 등기부상은 공동명의로 가지고 있는 경우 문제가 발생한다. 현재 부가가치세법 개정으로 토지소유자와 건물소유자가 다른 경우 토지소유자는 임대사업자등록을 하도록 하고 있어 무상임대에 따른 종합소득세 누락 및 토지의 무상사용에 대한 증여세 문제가 해결되었지만 과거임대보증금을 누구의 채무로 볼 것인지 판단해야 한다.

예를 들어 공동명의 부동산의 임대보증금이 8억원이라고 가정하면 피상속인의 단독명의로 사업자등록을 하였을 때 임대보증금 8억을 공제할 수 있는지, 아니면 공동명의이므로 8억원의 1/2인 4억원을 공제할 지 판단해야 한다.

여기에 더하여 사업자등록은 한 사람과 사업자등록에서 제외되어 있는 공동사업자간의 부동산 무상임대 문제가 발생한다. 또 공동으로 사업자등록을 하였음에도 불구하고 임대차계약을 공동사업자 1인과 계약한 경우에도 임대보증금을 공제하는 데 여러가지 선택의 문제가 발생한다.

20. 세대생략 가산세의 의미는

"살아남"씨는 재산을 아들이 아닌 손자에게 증여하려고 하는데 증여세가 많아진다고 한다. 유리한 점은 없는가?
세대를 생략하면 산출세액의 30%(피상속인의 자녀를 제외한 직계비속이면서 미성년자 20억초과 증여재산가액 40%)를 추가로 할증한다. 그러나 상속인이 아니므로 "살아남"씨가 5년 이후에 사망한다면 증여세를 납부한 것으로 끝난다.

세대생략이란 상속인이나 수유자가 피상속인의 자녀를 제외한 직계비속인 경우를 말한다. 즉, 자녀가 상속받아 자녀가 사망하면 그 다음 손자가 상속받게 되어 자녀와 손자가 각각 상속세를 내게되어 두 번의 상속세를 부과할 수 있으나 자녀가 상속받지 않고 손자가 상속이나 증여 받게 되면 자녀가 상속받을 부분에 대한 상속세가 없어지게 된다. 이런 문제를 해결하기 위해 세대를 건너뛰는 경우에는 증여세 또는 상속세의 30%(40%)를 할증하여 과세하게 된다. 고액재산가는 세율이 50%의 상속세를 적용 받게 되므로 사전에 상속인이 아닌 손자에게 증여함으로써 누진세부담을 피할 수 있다. 장단점은 다음과 같다.

첫째, 증여하는 경우 세대를 건너 뛰는 경우 상속인이 아니므로 증여 후 5년이 지나면 상속재산에 합산하지 않는다.

둘째, 10억원 이하의 경우에는 세율이 24%정도 되므로 할증을 하더라도 31.2%에 해당되므로 세액을 적게 부담한다.

셋째, 전체적인 상속세가 줄어든다.

넷째, 세대생략은 상속공제를 하지 않으므로 상속공제액이 줄어들 수 있다. 세대생략은 대습상속과 다르다. 대습상속은 선순위 상속인으로 될 직계비속 또는 형제자매가 상속개시전에 사망하거나 상속결격이 되면 상속인으로 될 자의 직계비속이나 배우자가 대신해서 상속받는 것을 말한다. 대습상속은 상속공제가 가능하다.

다섯째, 적계평가될 때 증여하면 절세할 수 있다.비교가능재산이 없을 때(토지, 개인주택, 임야)

● 예) 시세(시가가 아니다)는 10억. 기준시가는 6억

21. 상속세에서 공제되는 세액공제는

세액공제로는 증여세액공제, 외국납부세액공제, 단기재상속공제, 신고세액공제가 있다.
특히 단기재상속공제의 경우에는 할아버지가 사망하여 아버지가 상속받고 다시 아버지가 사망하여 아들이 상속받는 재산임을 입증해야 하는 경우가 발생한다.(a 계좌 ⇨ b 계좌 ⇨ c 계좌: 연결돼야)

증여세액공제란 상속인은 피상속인이 10년 이내 증여한 재산, 상속인이 아닌 자의 경우에는 5년 이내에 증여한 재산을 합산하게 된다. 필연적으로 상속인 또는 수증자가 증여세를 납부할 것이다. 상속재산에 합산한 증여재산에 대하여 미리 납부한 증여세를 차감하는 것을 말한다.

외국납부세액공제란 피상속인은 국내와 국외 모든 재산에 대하여 거주지국인 한국에 상속세를 납부해야 한다. 이런 과정에서 다른 나라에 상속세가 부과된 경우 그 세액을 공제하는 것을 말한다.

단기재상속공제란 예를 들어 할아버지 아버지 아들이 있다(3세대)고 가정하자. 이 경우 할아버지가 사망하여 아버지가 상속세를 부담한 경우 아버지가 사망하면 아들이 다시 상속세를 내야 한다. 단기에 세금을 내게 되는 결과가 되어 할아버지 사망 후 아버지가 10년 이내 사망한 경우에는 재상속분에 대한 상속세를 아들이 상속받을 때 공제해 주는 것을 말한다. 주의할 것은 재상속분을 계산할 때 할아버지 재산을 아버지에게 상속되고 아들에게 상속되는 과정을 입증해야 한다. 부동산이라면 관리가 쉽지만 금융자산인 경우에는 그 이력 관리를 잘해야 한다. (a 계좌 ⇨ b 계좌 ⇨ c 계좌)

신고세액공제란 상속세 산출세액에서 3%를 공제해주는 것을 말한다. 신고세액공제는 상속세 산출세액에서 징수 유예 받은 금액과 증여세액 공제와 단기재상속공제액을 차감한 금액을 말한다.

22. 상속세는 무슨 돈으로 납부했는가?

"살아남"씨는 상속세를 내야 하는데 상속받은 재산 중 금융재산이 없어 고민이다. 어떠한 방법으로 납부해야 하는지?
납부할때는 분할 납부(분납), 상속재산으로 납부(물납), 할부로 납부(연부연납), 징수유예 등이 있다.

상속세를 신고하다 보면 납부할 현금이 없어 고민하는 경우가 있다. 상속재산 대부분을 부동산으로 소유하고 있는 경우가 많다. 부동산 가격 등락으로 어려움을 겪는 경우를 자주 보게 된다. 상속세는 원칙적으로 현금으로 납부해야한다. 외상으로 납부하는 연부연납제도와 상속받은 재산으로 납부하는 물납제도가 있다.

상속세 납부는 6개월이 되는 말일까지 신고와 동시에 납부해야한다. 다만, 1천만원을 초과하면 분납할 수 있다. 분납기한은 상속세 신고기한 말일부터 2개월 되는 날까지이다. 신고를 하다 보면 상속세를 6개월이 되는 말일까지 신고만 하는 것으로 착각하는 경우가 있다. 신고와 납부를 동시에 해야 한다고 하지만 잊어버리는 경우가 많다.

상속세를 현금으로 납부할 수 없을 때는 연부연납제도를 활용하면 된다. 연부연납이란 세금을 나누어 내는 것을 말하는데 이때에는 분납하는 금액에 대하여는 이자를 납부해야 한다. 연부연납가산금율(연 2.1%: 국기법 시행규칙 19조의 3)이다. 연부연납기간은 가업상속과 가업상속 외로 구분 되는데 가업상속은 최대 10(20)년 가업상속 이외는 최대 15년 가업상속 이외는 최대 5년간 신청할 수 있다. 연부연납 할 수 있는 금액은 상속세나 증여세액이 2천만원을 초과하는 때이다.

현금납부와 연부연납 외에도 물납제도가 있다. 물납이란 상속받은 재산으로 상속세를 대신 납부하는 제도이다. 물납제도는 시가가 세법이 정한 가격보다 적을 때에 이용하는 것이 유리하다. 비상장주식은 비상장주식만 상속받을 때 물납이 가능하므로 다른 재산을 미리미리 증여해야 한다.

연부연납과 물납제도는 신고하는 것으로 확정되는 것이 아니다. 세무서의 승인이 있어야 한다. 연부연납과 물납은 신청을 하여야 하며 납부기한 내에 신청하여야 한다. 연부연납중 분납세액(첫 회분 분납세액, 중소기업자는 5회분 분납세액)을 물납 신청하는 경우는 30일 전까지 하여야 한다.

23. 부동산 물납하려는데 이렇게 복잡할 수 있는가?

"살아남"씨는 금융재산이 없어 상속받은 재산을 물납하려고 한다. 막상 물납하려고 보니 물납 재산 위에 다른 사람이 하치장으로 사용하고 있다. 어떻게 해야 하나?
물납하려면 하치장을 사용하고 있는 재산에 대하여 깨끗이 정리해야 한다. 정리 후 물납이 가능하다. 타인이 물납재산 위에 물건을 쌓아 놓았다. 그렇다고 "살아남"씨 마음대로 물건을 처분해도 곤란하므로 물납할 재산이 있을 때에는 재산권 행사에 방해되는 경우가 있는지 미리미리 준비해야 한다.

상속세를 신고하다 보면 부동산은 많은데 현금자산이 부족하여 물납을 신청하는 경우가 있다. 물납이란 세금을 상속세 신고시 평가한 금액으로 국가에 납부하는 제도이다. 이런 제도는 납세자의 자금부담을 완화할 수 있고 국가도 물건을 받음으로써 세수 확보에도 기여할 수 있기 때문이다.

물납은 상속세 신고시 하여야 한다. 물납신청을 하면 담당세무서에서 물납 승인을 9월(증여는 6월) 이내에 하게 된다. 물납신청을 하는 것으로 끝나지 않는다.

물납허가를 받기 위해서는 다음의 요건이 필요하다. 임대계약이 체결된 부동산은 당해 임대계약을 말소하여 물납을 신청할 수 있다. 즉. 임차인이 있는 상태에서는 물납할 수 없다는 것이다. 또 물납에 필요한 측량 등을 해야 하고 깨끗한 상태로만 가능하다.

물납 금액을 초과하는 부동산을 물납하면 그 차이를 반환 받을 수 있을까? 애석하게도 상속세를 초과하는 재산가액을 포기하는 내용의 문서를 작성하여 상속인 전원이 기명날인하고 인감증명을 첨부하여야 물납 허가된 사례가 있다. 즉, 환급 받기 힘들 것 같다.

물납할 수 있는 세금은 종합부동산세 및 상속세 증여세이다. 이외의 세목인 양도소득세(공공용지보상채권만 가능) 및 소득세 등은 물납할 수 없다.

24. 비상장 주식 세금과 물납

"살아남"씨는 부동산과 비상장주식을 상속받았다. 금융재산이 없어 비상장
주식을 물납하려고 한다. 가능한가?
물납은 부동산이 있는 경우 부동산을 먼저 물납해야 한다. 따라서 상속이
예상되는 경우에는 부동산 등을 미리 증여받고 상속일 현재 비상장주식만
상속받도록 해야 한다.

비상장주식을 소유하고 있는 분이 사망한 경우에는 비상장주식을
평가해야 한다. 평가방법에는 순자산가치와 순손익가치가 있는데 2:3
의 비율로 가중평균한다.(부동산이 많은 경우에는 3:2) 순손익가치를평가
하는 경우 평가기준일(상속일 또는 증여일)의 직전 연도의 순손익은 3,
직전전 연도는 2, 직전전전 연도는 1을 곱하여 합산한 후 6으로 나누
게 된다. 이때 평가기준일 직전 연도의 순익이 많이 발생하면 평가액
이 늘어나게 된다. 또 납입자본금의 규모에 따라 손익 가치가 변동한
다. (손손익액/자본금)

위와 같이 평가하는 이유는 비상장주식의 경우 시장가치를 산정할
수 없기 때문에 세법은 보충적인 평가방법을 정하고 있다. 따라서 손
익을 조절하거나 자본금을 조절함으로써 평가액을 조절 할 수 있다.
즉. 사전에 이런 평가방법을 알게 되면 억울한 세금문제에서 벗어날
수 있다.

위와 같이 평가한 가액으로 상속세를 납부할 수 있다. 상속세로 납

부한 비상장주식은 자산관리공사를 통하여 매각하는데 2회에 걸쳐 최초매각예정가격으로 매각되지 않을 경우 3회부터 최초매각예정가격의 10%씩 체감해 입찰을 진행한다. 다만 최초 매각예정가액의 50%를 한도로 감액하며, 2회 이상 유찰된 종목들은 수의계약이 가능하다. (국유재산법 시행령)

문제는 수의계약을 할 사람이 없기 때문에 다시 상속인이나 증여자가 다시 비상장주식을 헐값에 사오게 된다. 주식회사는 주식의 지분이 51%를 가진 사람이 전권을 행사하기 때문에 특수관계자가 아닌 사람이 주식을 구입하는 경우에는 경영권행사에 제약이 생긴다. 결국, 상속인이 아닌 경우에는 중소기업의 비상장주식을 매입한 경우에는 손해를 보게 된다.

● 본인 및 대통령령으로 정한 자에게는 수납가액보다 적은 금액으로 처분할 수 없다.(국유재산법 국유재산법 제44조의 2)

비상장주식을 물납할 수 있는 조건은 제한적이다. 비상장주식외에 상속재산이 없는 경우에 물납을 허가한다. 즉 '국채 및 공채 ⇨ 상장주식(처분 제한된 경우) ⇨ 부동산 ⇨ 비상장주식 ⇨ 거주주택' 순으로 신청 및 허가를 할 수 있다. 2008.1.1. 이후부터는 증여세는 아예 물납을 금지하고 있다. 물납은 신청한다고 하여 무조건 허가를 해주지 않는다.

25. 상속세를 다른 상속인이 납부해주면 증여세가 과세되나?

"살아남"씨는 부친의 사망으로 재산을 상속받게 되었다. 상속 당시 "살아남" 씨는 모친과 4명의 형제가 있다. 만약 상속세가 3억원이 발생하여 모친이 모두 상속세를 납부한 경우 자녀들은 증여세가 과세되는지?
모친이 상속받은 재산으로 3억원을 납부하였다면 연대납세의무자에 해당되어 자녀들은 증여세를 내지 않아도 된다.

세금을 납부해야 하는데 납부할 세금이 부족한 경우 부족한 세금을 다른 상속인이 납부해주면 대신 납부한 세금에 증여세가 과세되는가?

상속세의 납세의무자는 상속받은 지분별로 납부하는 것이 원칙이다. 상속세를 다른 상속인이 납부하였다면 이는 연대납세의무자로서 납부한 세금이 되기 때문에 증여세가 과세되지 않는다. 다만, 상속받은 재산 범위 내에서 납부해야만 한다.

증여세는 증여 받는 사람이 납부해야 한다. 즉, 증여세를 납부할 사람이 소득이 있어야 한다. 소득이 없다면 대출을 받아 납부할 수도 있다. 만약 증여세를 다른 사람이 납부해주게 되면 그 납부한 세금에 대하여 증여세가 과세된다. 다만, 이 경우에도 연대납세의무자로서 납부하는 경우에는 증여세가 과세되지 않는다.

예를 들어 수증자가 납부할 세금이 2억원에 약 8천만원을 납부하고 체납상태가 되어 처분청이 연대납세의무자로 지정 통지 받은 자의 재산에 압류조치를 취한 후 동 체납된 증여세를 연대납세의무자로 지정

통지를 받은 자가 납부하였다면 재차 증여에 해당하지 않는 것으로 해석하고 있다.

비거주자인 자녀에게 건물을 증여한 경우 증여세 납부의무는 증여자가 수증자와 연대하여 납부할 의무가 있는 것이며, 증여자가 연대 납부의무자로서 대납한 증여세는 재차 증여에 해당하지 않는다.(재산-477, 2011.10.13) 증여 받은 건물이 있는데 증여세를 대신 납부하는 것이 재차 증여에 해당하지 않는다는 것은 좀 곤란하지 않을까? 증여세를 납부할 능력도 되고 체납처분을 해도 되는 상황인데도?

26. 상속세를 납부해야 하는데 세금을 납부할 현금이 없을 경우

"살아남"씨는 부동산과 펀드를 상속받았다. 상속세 납부시 물납으로 해야 하는지 펀드를 해지하여 납부해야 하는지 고민이다.

욕심은 화를 부른다. 부동산으로 물납하면 시가와 차이가 크게 나기 때문에 손해고, 펀드는 앞으로 오를 것 같다고 생각하여 매각을 미루게 된다. 처분 시기를 미루다 더 손해를 보는 경우를 본다.

상속세를 내야 한다. 그러나 현금이 부족하다. 이 경우 납부하는 방법이 물납이 있을 수 있다. 상속재산을 받은 그대로 납부하는 방법이다. 그러나 많은 상속인들의 경우 물납으로 상속세 납부를 꺼린다. 상속세를 기준시가로 납부하게 되면 시세와 기준시가 차이 만큼 손해를 본다고 생각하기 때문이다.

그래서 차선책으로 선택하는 것이 연부연납 방법이다. 연부연납이란 일정액의 이자율을 가산하여 납부하는 방법이다. 통상 상속재산을 담보로 5년간 분할 납부방법을 택한다. 아니면 상속부동산을 담보로 은행으로부터 대출을 받아 납부하는 방법이 있다.

연부연납이든 대출로 세금을 납부하든 이자 부담이 만만치 않다. 이자는 증가하고 자산가치도 하락하여 문제가 된다. 이자는 계속 늘고 이자를 납부하기 위하여 상속부동산을 처분해야 하는데 이마저도 어렵게 되는 경우다. 상속을 받은 것이 애물단지가 된다. 결국 이자에 허덕이고 만다. 여기에 상속세 신고를 하면 1년 전후에 상속조사가 시행되는데 추징세액이 발생하면 더 큰 낭패를 볼 수 있다. 현금이 없는 상속은 상속인을 채무 불이행자로 만들 수 있다.

상속 신고 후 부동산 값의 하락은 더욱 상속인들을 고달프게 한다. 상속 부동산뿐만 아니라 요즘 대세인 펀드에 든 경우도 마찬가지이다. 펀드가 수익을 창출할 수 있으리라 생각하고 그대로 둔 경우 펀드 수익률이 하락하여 더 큰 손해를 보는 경우가 있다. 펀드 자산을 상속재산에 신고했을 때 상속세를 내야 하는 경우라면 좀 더 심사숙고 하여야 한다. 미래의 경제 상황을 정확히 예측할수 없다면 과감하게 상속재산을 정리함으로써 미래의 자산가치 하락에 대비해야 한다.

27. 상속세 산출과정은

ⓐ 상속 받은 재산평가액		시세, 기준시가, 시가 중 어느 금액으로 신고할 것인가 ※부동산가액을 기준시가로 신고시는 양도소득 세 부담이 커진다.
ⓑ 상속재산에 합산	+) 의제 상속재산	보험금, 신탁재산, 퇴직수당
	+) 상속개시 전 처분가액	처분 재산을 소명하지 못한 경우(1년 이내 2억 이상 처분, 2년 이내 5억 이상 처분하고 처분재 산을 소명하지 못한 금액)
	+) 증여재산 가액	상속개시일 전 10년(상속인), 5년(상속인외) 이 내 증여한 재산가액, 창업자금 증여 재산, 가업 승계 증여재산
ⓒ 상속재산에서 차감	-) 비과세 재산가액	금양임야(조상의 분묘가 설치된 임야 3000평, 농지 600평: 2억원), 국가 등에 유증 또는 사인 증여재산
	-) 과세가액 불산입	상속 개시후 6개월 이내 공익법인, 공익 신탁에 출연
	-) 공과금	상속 개시일 현재 피상속인이 납부 할 의무 있는 것. (상속재산에 대한 취득세는 공제대상 아님)
	-) 장례비용	(500만원 ～ 1,000만원) + 납골묘(500만원 이하)
	-) 채무	전세금, 금융기관채무, 사채(특별한 경우)
ⓓ 상속세 과세가액 (a+b-c)		상속세 과세가액이 30억원(50억원) 이상이면 지방국세청의 강도 높은 세무조사를 받고 재산증가에 대하여 상속 후 5년간 사후관리를 받는 경 우도 있다.

		기초공제	2억원
ⓔ 추가상속 공제	기초공제 및 기타 인적공제	자녀공제	5,000만원 × 자녀 수
		미성년자공제	1,000만원 x 19세에 달하기까지의 연수
		연로자공제	상속인 및 동거가족 중 65세 이상인 자 : 인원수 x 5,000만원
		장애인공제	1,000만원 x 기대여명연수
	일괄공제 : 5억원		기초공제 및 기타인적 공제 합계금액이 일괄공제 5억원 미달시는 일괄공제 금액 적용
	추가상 속공제	가업상속공제	10년이상 200억원, 20년이상 300억원, 30년이상 500억원
		영농상속공제	피상속인이 2년 이상 사용한 자산 : 15억원
	배우자 상속공제 *5억원 초과 공제시 한도 : (배우자의 법정지분 – 10년이내 증여재산의 과세표준)		5억원, 5억원 초과시는 배우자의 법정지분과 실제상속액 중 적은 금액(30억원 한도)(5억원 초과시 배우자명의로 상속일로부터12개월이내 전환해야. 예외규정 있음) ※ 한도규정이 있으므로 주의
	금융재산 상속공제		순 금융재산 × 20%(2억원 한도)
	동거주택(10년 이상) 상속 공제 (직계비속만 가능)		주택가액(상속주택가액 – 해당자산 담보된 채무) x 100%(6억원 한도)
	재해손실공제, 감정평가 수수료		화재·붕괴·폭발·환경오염사고 및 자연재해 등 손실가액, 감정수수료
ⓕ 과세표준(d – e)			상속세 및 증여세율 참조(212쪽 참조)
ⓖ 세율			
ⓗ 상속세 산출세액(f × g)			
ⓘ 세대생략 가산세			상속인 또는 수유자가 피상속인의 자녀를 제외한 직계비속인 경우 30%(미성년자 20억초과 상속증여재산가액 40%)

	증여세액공제	증여세액공제 증여재산을 상속재산에 합산한 경우
ⓙ 세액공제	외국납부세액공제	외국납부세액공제 외국에서 상속세를 낸 경우
	단기재상속공제 (100% ~ 10%)	상속 받은 후 상속인이 10년 이내 사망시
ⓚ 세액공제	신고세액공제	6개월 이내 신고시 산출세액의 3%
	분납	분납 납부세액이 1,000만원 초과시(2개월)
ⓛ 납부세액 (h + i - j- k)	연부 연납 *가산율(연 2.1%)	세금을 할부로 내고자 할 경우 늦게 내는 만큼 이자부담(연부 연납 가산금)
	물납	상속세를 상속 받은 재산으로 내는 경우
	징수유예	문화재 및 박물관 자료

과세표준이 50만원 미만이면 상속세를 부과하지 아니한다.

28. 상속세의 과세표준과 상속세율(증여세율)

"살아남"씨는 상가건물을 소유하고 있다. 시가는 50억원이고 대출과 보증금이 30억원이 있는 경우 세율 적용을 어떻게 하는가?
상속재산 50억원에서 대출과 보증금을 공제하고 다시 상속공제(인적공제와 물적공제)를 한 후 금액이 과세표준이다. 과세표준에 아래의 세율을 적용한다. 증여의 경우도 마찬가지이다. 증여재산에서 채무를 공제하고 증여재산공제를 한 후 다음의 세율을 적용한다.

상속세율과 증여세율은 다음과 같다.

과세표준	세율
1억원 이하	과세표준 × 10%
1억원 초과 5억원 이하	1천만원 + 1억원 초과액 × 20%
5억원 초과 10억원 이하	9천만원 + 5억원 초과액 × 30%
10억원 초과 30억원 이하	2억4천만원 + 10억원 초과액 × 40%
30억원 초과	10억4천만원 + 30억원 초과액 × 50%

29. 상속세 예상세액을 산출해 보아야 한다

"살아남"씨는 상속재산이 30억원이다. 배우자 사망시 상속공제가 30억원이므로 상속세 신고할 필요가 없는가?
아니다. 배우자공제가 30억원이므로 상속세를 신고하지 않아도 된다고 생각하는 사람이 있다. 틀린 말이다. 자녀수나 재산평가방법에 따라 세액이 다르게 계산된다. 미리 가까운 세무사와 상담하여 예상세액을 확인해야한다.

상속으로 인한 상속세액이 대충 얼마인지에 대하여는 누구나 쉽게 알 수 있을 것이다. 그러나 신고서를 작성하는 과정에서 생각지도 못한 일들이 발생할 수 있다. 상속세 계산이 더하기 빼기만 알면 할 수 있는 아주 기초적인 산수문제로 보일 것이다. 그러나 그 산수문제는 간단하지 않다. 세법조항을 해석하고 재산을 평가하고, 과세에 관한 판단 등 어려운 문제들이 뒤섞여 있다.

필자와 상담한 그 상속인도 상속문제에 대하여 사전에 적절하게 대처하지 못한 것이 아쉬움으로 남게 되었다. 사전에 자녀의 배우자 명의로 하지 않고 사망 후에 배우자가 법정상속 받았다면 상속 관련 세금 중 상당 부분을 절세할 수 있었을 것이다.

상속세 예상세액을 미리 계산해 보라는 이유는 위와 같이 막연하게 상속세가 많다고 생각해서 사전에 자녀명의 등으로 분산함으로써 증여세도 과세되고 상속세도 과세되는 실수를 막기 위해서다.

배우자공제 30억원은 상속가액이 얼마인지에 따라 결정된다.

즉, 30억원이라도 자녀 수에 따라 공제액이 달라진다. 배우자와 1자녀가 있는 경우는 30억원 × 1.5/2.5를 계산하면 18억원이 배우자공제가 되고, 일괄공제 5억원을 더하면 23억원이 공제된다. 30억원이니까 상속세를 납부하지 않는다는 생각은 잘못이다.

30. 출산은 장려하는데 자녀수가 많으면 상속세 세금이 많다?

우리나라 미래는 국민 수에 달려있다고 한다. 국민수가 줄어들면 결국 일하는 국민이 적게 되어 성장될 수 없다는 논리이다. 그렇다면 자녀가 많으면 상속세에서 혜택을 받을 수 있을까?
그렇지 않다. 상속세는 자녀수가 많으면 오히려 상속세가 많아진다. 배우자 공제액 산정 때문이다.

상담하다 보면 세법이 상식과 다르게 적용되는 경우가 종종 발생하고, 상속세가 너무 많을 것이라고 막연하게 생각하는 분이 많다. 흥부가 죽은 후에 남겨진 흥부의 아들, 딸들은 상속재산을 조금씩 나누어 가졌다. 조금씩 가졌으니 세금도 적어야 한다는 것이 일반인들의 상식이다. 하지만 일반인의 상식으로 볼 때 상속세는 상식이 아니다.

자녀가 많으면 상속세를 더 내야 하는 경우가 발생할 수 있다. 이것은 자녀가 많으면 배우자의 법정 상속액이 적어져서 배우자 공제제도의 혜택을 그만큼 적게 받는 때문이다. 배우자공제는 최고 30억원까지 공제할 수 있는데 자녀 수가 많을수록 배우자 공제액이 적어져서 상속세액이 증가하는 경우를 볼 수 있다.

예를 들어 50억원이 있는 피상속인이 배우자 있고, 자녀가 있을 때 상속세액을 산출해 보자. 계산의 편의를 위하여 다른 공제는 없는 것으로 가정하였다.

(단위 : 억원)

구분	자녀1인	자녀2인	자녀5인
상속재산	50	50	50
배우자공제 (배우자지분)	30 (1.5/2.5)	21 (1.5/3.5)	11 (1.5/6.5)
기초공제등 일괄공제	5	5	5
상속세 과세표준	15	24	34
상속세 산출세액	4.4	8.0	12.4

● 배우자 공제액이 5억원을 초과하면 반드시 배우자 명의로 명의변경해야 한다.

  표에서와 같이 배우자가 있는 경우에는 상당한 절세의 효과가 있다. 배우자 공제를 받은 경우
  에는 배우자 공제액은 원칙적으로 사망일로부터 1년 이내 배우자 명의로 분할 하여야 한다.

● 상속받은 배우자가 10년이내 사망하면 단기재상속공제를 받는다.(재차상속되는 자산을
  잘 관리해야 함.)

31. 배우자가 없는 경우 상속공제는?

배우자가 없는 경우에는 상속공제가 5억원이 된다. 자녀수가 6인일 때까지
는 5억원밖에 공제되지 않는다. 5억원을 초과하면 사전에 증여 여부를 검토
해야 한다.
상속세나 증여세의 세율이 동일하기 때문이다. 증여한 재산중 상속인은 10년
간 합산, 상속인 이외의 자는 5년간 합산한다. 합산기간이 지나면 증여 받은
재산에 대하여 추가로 상속세가 발생하지 않는다.

배우자가 없는 경우에는 상속공제액이 기초공제 등 일괄공제액 5억

원만 적용되게 되어 자녀 수에 따라 세액이 크게 달라지지 않는다. 물론 장애인이나 자녀가 7명(5천만원 x 7명 + 2억= 5.5억)을 초과하면 기초공제 등 일괄공제 5억원을 초과할 수 있으나 이러한 사례는 별로 발생되지 않는다.

사전증여재산 중 상속일 현재의 상속인에게 증여한 재산에 대하여 합산하게 되므로 재산을 많이 가진 피상속인은 피상속인의 배우자가 먼저 사망하는 경우를 대비하여 배우자에게 증여하는 방법도 생각해 볼 수 있을 것이다. 이유는 부친이 모친에게 증여한 후 모친이 먼저 사망하면 모친재산에 대하여 상속세를 내고 이후 부친이 사망하였을 경우 생전에 모친에게 증여한 재산의 합산기간이 10년에서 5년으로 줄어들기 때문에 모친의 재산이 10억원 이하(일괄공제 + 배우자공제)라면 상속세가 없기 때문이다. 배우자가 없으면 자녀수에 상관없이 상속세액이 동일하다.

:: 상속세 산출세액 비교표(자녀 6인이하) ::

(단위 : 억원)

구분	자녀1인	자녀2인	자녀5인
상속재산	50	50	50
배우자공제 (배우자지분)	0	0	0
기초공제등 일괄공제	5	5	5
상속세 과세표준	45	45	45
상속세 산출세액	17.9	17.9	17.9

32. 증여세 산출과정은

Ⓐ 증여재산가액		시세, 기준시가, 시가 중 어느 금액으로 신고할 것인가?
Ⓑ 증여한 재산 가액		과거 10년이내 동일인 증여재산 합산
Ⓑ', 창업자금 증여재산(조특법 30조의 5)		[증여가액(30억한도,10명이상고용 50억) − 5억] × 10%로 신고한 가액
Ⓑ", 가업승계 증여재산(조특법 30조의 6)		[증여가액(100억 한도) − 5억] × 10%(과표 30억초과는 20%)신고한 증여가액
Ⓒ 비과세재산가액		이재구호금품, 치료비, 피부양자의 생활비,교육비,학자금 또는 장학금, 혼수용품, 기념품 · 축하금 · 부의금(과세최저한 50만원)
Ⓓ 과세가액불산입	공익법인출연 재산가액	종교 · 자선 · 학술 기타 공익 목적(이사수 제한 : 5분의 1이내)
	공익신탁 재산가액	종교 · 자선 · 학술 · 기타 공익을 목적으로 하는 신탁
	*장애인 증여 재산가액	5억원까지 비과세, 금전 · 유가증권 · 부동산, 장애인 사망시까지 원본유지(신탁회사 운영 중 감소 , 본인의 의료비지출시 제외)
Ⓔ 채무액		증여재산에 대한 전세금, 금융기관채무(양도소득세과세)
Ⓕ 증여세과세가액 (a + b + b' + b"− c − d − e)		
Ⓖ 증여재산공제	배우자	6억원
	직계존비속	성년 : 5,000만원, 미성년자 : 2,000만원
	기타친족	1,000만원

⑥ 증여재산공제	조특법 30조의 5	5억원
⑭ 재해손실공제, 감정평가 수수료		상속세법과 같음
⑨ 과세표준 (f-g-h)		상속세 및 증여세율 참조(224쪽 참조)
⑩ 세율		
⑪ 산출세액(i × j)		
① 세대생략가산액		수증자가 증여자의 자녀가 아닌 직계비속인 경우에는 산출세액의 30%(미성년자 20억 초과 40%) 가산
⑭ 산출세액 계 [k + l]		
⑯ 문화재 등 징수유예세액		
⑰ 세액공제	기납부세액공제	증여재산을 합산 한 경우
	외국납부세액	외국에서 증여세를 납부한 경우
	신고세액공제	3개월 이내 신고시 3%
	기타공제 · 감면세액	
⑱ 납부세액 (m - n - o)	분납	납부세액이 1,000만원 초과시(2개월)
	연부연납	세금을 할부로 내고자 할 경우 늦게 내는 만큼 이자부담(연부 연납가산금)
	물납	증여세를 증여 받은 재산으로 내는 경우

● 과세표준이 50만원 미만이면 증여세를 부과하지 아니한다.

조세특례제한법 제30조의 5(창업자금증여세 과세특례) 및 제30조의6(가
업승계증여세 과세특례)은 동일인으로부터 증여 받은 다른 일반증여재산

과 합산하지 않는다. 신고세액공제 및 연부연납이 적용되지 않는다.

● 증여세 과세특례자산은 상속가액에 10년 경과여부와 상관없이 상속재산에 가산한다.

33. 상속세에서 일반적으로 중요한 부분은

"살아남"씨는 배우자가 사망하였다. "살아남"씨는 전업주부로 상속에 대하여 잘 모른다. 어떠한 절차를 통하여 상속세를 신고해야 하는가?
세법은 복잡하다. 상속세의 경우에는 실무적으로 접한 세무사와 상담해야 한다. 단순히 법인관리만 하는 세무사와 상담을 하는 경우에는 상속세에 대한 경험이 없기 때문에 컨설팅이 만족할 수 없다.

상속세를 회피하는 방법으로 상속개시전에 재산을 처분하면 세금이 줄어든다는 잘못된 상식을 믿고 있는 사람들이 많다. 대기업을 경영하는 경우나 장부기장을 세무사에게 의뢰하는 경우에는 사전에 충분한 검토를 거친 후 상속이나 증여가 발생하기때문에 이런 근거 없는 상식으로 인해 절세의 기회를 놓치는 경우는 없다고 하겠다.

그러나 일반인의 경우에는 일생에 한두 번 겪는 일이고, 자신의 모든 재산을 상담과정에서 밝혀야 하는 것을 꺼리며, 그저 말 몇 마디로 과한 수수료를 요구하는 듯한 세무사를 불신하는 경향이 있다. 또 큰맘 먹고 상담을 받은 결과가 국세청의 견해와 다른 경우도 있다.

결국엔 잘못된 상식과 오해의 환경이 납세자로 하여금 근거 없는 상식의 조합을 무기로 국세청과 대결하려는 무모한 마음을 먹게 하는 것이다. 하지만 모호한 상식의 무기는 무디고 국세청 전문가의 방패는 견고하다.

일반적으로 상속세의 주요 부분 및 쟁점은 재산의 평가문제, 증여재산 합산기간문제, 처분재산의 문제, 비상장주식을 소유한 경우에 대한 평가문제, 배우자공제와 인적공제의 한도가 가장 핵심이고 상속세에도 영향을 크게 미친다.

34. 사망신고를 늦게 하면 좋은지 문의하는 분이 많다

세법개정은 매년 말일에 개정되어 대부분 다음연도 1.1.일부터 시행한다. "살아남"씨는 세법개정으로 1.1.일부터 유리하게 개정되어 사망일이 12.30.일 데 사망신고를 늦게 하는 경우 세법상 혜택을 받는지?
사망진단서를 확인하기 때문에 사망신고를 늦게 한다고 개정된 세법을 적용하는 것은 아니다.

상속세란 상속의 개시(사망)로 인하여 세금을 납부하게 되는 세금이다. 사망일을 늦게 신고한다고 해결될 일은 아니다. 사망진단서를 통하여 사망일을 확인한다. 사망신고는 사망일로부터 1개월 이내에 신고하도록 하고 있다. 신고기간이 지나면 과태료가 부과된다.

상속세란 피상속인이 생전에 모은 재산을 정산한다는 의미를 갖는다. 상속세를 회피하기 위하여 피상속인 및 상속인은 생전에 상속세를 회피하는 전략을 세운다. 여기서, 전략을 제대로 세워야 불이익을 받지 않는다.

절세의 전략을 세울 때 작전참모로 세무사가 아닌 다른 자격사를 급조하는 것을 종종 본다. 물론 다른 자격사 중 세금에 대하여 다양한 지식을 가진 분도 있을 것이다. 그러나 역시 세법 하면 세무사와 상담하는 것이 가장 정확하다. 또, 세무사 사무실의 직원보다는 세무사와 직접, 그것도 서면상으로 상담하여야 한다. 중요한 의사결정을 자격 없는 자와 상담함에 따른 피해는 결국 본인들에게 돌아가기 때문이다.

세법에 대한 지식을 얻는 방법도 여러 가지이다. 책을 통한 방법, 상담을 통한 방법, 인터넷을 통한 방법 등이 있을 수 있다. 그러나 위와 같은 방법으로 얻은 사례가 본인의 상황과 다르기 때문에 상담에 한계가 있는 만큼 가급적 세무사와 일정한 계약에 의하여 상담할 필요가 있다.

세법은 자주 개정되기 때문에 현재 내가 가진 지식이 틀릴 수도 있다. 그러기 때문에 항상 사전에 상담하려는 자세가 필요하다.

35. 10억원 미만이라도 생전에 증여하면 상속세를 납부하는 경우가 있다

"살아남"씨는 4.5억원의 재산을 소유하고 있다. 소문에 10억원이하면 상속세가 없다고 하여 사전에 10억원을 자녀에게 증여하려고 한다. 사전증여하면 상속세가 발생하는가?

발생할 수 있다. 상속의 경우에는 상속공제제도에 의하여 공제액이 자녀만 있으면 무조건 5억원까지 상속세가 없다. 그러나 사전에 증여하면 증여세와 상속세를 납부할 수 있다.

상속세는 시세가 아닌 시가 기준으로 배우자와 자녀가 있는 경우 10억원까지는 상속세가 없다. 시가는 세법에 규정한 금액을 말한다. 엄격히 말하면 시세와 시가는 다르다. 시가로 평가한 금액에 배우자공제 5억원, 기초공제 등 일괄공제 5억원으로 10억원까지 공제가 가능하여서 통상 10억원까지는 상속세가 없다고 한다. 그러나 상속공제 한도액을 계산하는 경우 사전 증여재산이 있는 경우 증여재산의 과세표준에 해당하는 만큼 상속공제에서 공제함으로써 나중에 상속세를 더 납부해야 하는 경우가 발생한다.

증여는 여러 사람이 수증자가 되는 경우에는 증여자와 수증자가 동일 할 때만 합산하므로 낮은 세율을 적용 받게 되어 증여세를 절세할 수 있다. 아버지와 할아버지로부터 각각 1억원씩 증여를 받은 경우에는 합산하지 않는다. 그러나 아버지와 어머니로부터 증여 받으면 동일인으로 보아 합산하여 과세된다.

▶ 증여세액 계산

자녀 : 90,000,000 − 50,000,000 = 40,000,000 × 10%

= 4,000,000 − 120,000 = 3,880,000원

며느리 : 90,000,000 − 10,000,000 = 80,000,000 × 10%

= 8,000,000 − 240,000 = 7,760,000원

손자1 : 90,000,000 − 50,000,000 = 40,000,000 × 10%

= 4,000,000 × 1.3(할증) = 5,200,000 − 156,000

= 5,044,000원

손자2, 손자3 : 각 5,044,000원

총 증여세 납부세액 : 26,772,000원

기준시가 4억5천만원 부동산을 증여하는 경우에 증여세액 계산하면 위와 같다. 이때 1인이 증여를 받으면 증여공제액이 5,000만원만 공제되고, 세율 면에서도 20%로 과세되므로 자녀, 며느리, 손자 3인에게 증여하는 경우를 가정하여 증여세를 계산해 보자. 단, 세대를 건너뛰어 증여하는 경우에는 할증과세가 적용되어 산출세액의 30%(20억 초과 증여재산가액 40%)를 를 추가로 납부하여야 한다.

결국 상속에 의한 경우에는 상속재산 4억5천만원(5억원)까지 세금이 없으나 사전에 증여하는 경우 2,677.2만원을 납부하여 불리해진다(상속가액이 5억원을 초과하는 경우 상속공제한도 때문에 추가로 상속세 부담이 발생할 수 있다.)

▶ 상속공제한도

상속가액에서 다음의 금액을 차감한 금액

• 상속인이 아닌 자에게 유증가액

• 선순위 상속포기로 다음순위가 상속한 가액

• 상속가액에 포함된 증여재산 과세표준(증여가액 − 증여공제)

36. 부동산 평가와 상속 증여세

"살아남"씨는 아파트와 주택, 일부 토지를 상속받았다. 상속세 신고시 어떤 금액으로 신고해야 하는지?
신고가액은 시가가 원칙이다. 다만 시가가 없는 경우에는 기준시가에 의하여 신고할 수 있다.

상속세 및 증여세법의 경우 신고가액은 시가를 기준으로 한다. 그러나 시가를 확인할 수 없는 경우에는 세법이 정한 보충적인 방법에 따른다.

시가로 볼 수 있는 것들은 규격화된 자산, 즉. 위치·용도·구조 등이 동일한 자산들은 시가로 신고하여야 한다. 이런 것들에는 아파트 오피스텔이 있다. 그러나 개별주택이나 상가·토지 등의 경우에는 규격화된 것으로 볼 수 없을 것이다.

또 아무리 규격화된 것이라도 층수나 방향이 다른 경우에는 같은 가격으로 볼 수 없을 것이다. 부동산 가격이 하락하는 경우에는 상속이나 증여가 발생되는 경우 상속 증여 당시의 가액으로 신고한 후 양도할 때에 상속가격보다 낮은 가격으로 양도되는 경우 납세자의 입장에서는 억울한 세금 문제가 된다.

10여년 전에는 상속세 신고시 기준시가를 기준으로 신고하도록 하였으나 시가 개념이 적용되면서 미실현 자산에 대한 세금을 미리 납부하는 문제가 발생하고 있다.

현행 부동산에 대한 상속 증여시 기준액은 다음과 같다.

- 아파트 · 다세대주택 : 주변 매매사례가액(동일공동주택단지, 주거전용면적(5% 내) 공동주택가격 5% 내)
- 단독주택 · 다가구주택 · 오피스텔 : 국가에서 고시한 가액. 단, 다오피스텔의 경우는 주변 거래가액(위치, 용도, 면적 동일)이 있으면 거래가액
- 전 · 답 · 임야 : 공시지가
- 상가 : 토지 · 건물 기준시가. 단 국세청이 별도로 고시한 빌딩 · 상가는 국세청이 고시한 기준시가

37. 과거 취득가액을 시가로 보는 경우가 있다

"살아남"씨는 2010.12.29일 기준시가로 5억원을 적용하여 증여세 신고를 하였다. 그러나 국세청은 증여인이 2009.10.21일 8.7억원의 취득가액이 있어 00 지방 국세청 재산평가심의위원회 자문신청 결과에 따라 평가한 8.7억원을 증여가 액으로 하여 증여세를 추징하였다. 심사증여 2012-0019, 2012.07.17

부동산은 상속이나 증여시 시가가 있는 경우에는 시가에 의하여 증여세를 신고 납부해야 한다. 그러나 시가가 구분이 불분명하면 증여가액을 기준시가로 신고할 수밖에 없다. 그러나 국세청의 경우는 과거 취득가액이나 주변시세가격을 적용하여 상속재산이나 증여재산을 재평가하고 있다. 근거는 상속세 및 증여세법 제60조【평가의 원칙 등】, 상속세 및 증여세법 시행령 제49조【평가의원칙 등】에 따라 시가를 평가한다.

시가로 보는 금액은 평가기준일(증여일, 상속개시일) 전후 6개월(증여 재산의 경우에는 증여 전 6개월, 증여 후 3개월로 한다) 이내의 기간 중 매매·감정·수용·경매(「민사집행법」에 따른 경매를 말한다) 또는 공매가 있는 경우이다. 그러나 평가기간인 6개월과 3개월이 지나도 매매·감정·수용·경매 또는 경매가액이 있는 경우에는 시가로 적용된다. 즉, 위의 예시와 같이 증여일은 2010.12.29이고 증여인이 취득한 날은 2009.10.21로 1년 2개월이 경과된 자산에 대하여도 시가로 평가하여 증여세나 상속세를 추징하는 사례가 발생한다. 법령에는 신고기한 만료전에 신청하라고 되어있다. 신청도 하지 않았는데 과거취득 가액을 적용하는 것은 부당하지 않는가 문제는 "평가기간에 해당하지 아니하는 기간 중에 매매 등이 있는 경우에도 평가기준일부터 다음과 같이 매매계약일, 감정가액평가서를 작성한 날, 보상가액·경매가액 또는 공매가액이 결정된 날까지의 기간 중에 주식발행회사의 경영상태, 시간의 경과 및 주위환경의 변화 등을 감안하여 가격변동의 특별한 사정이 없다고인정되는 때에는 제56조의2 제1항에 따른 평가심의위원회의 자문을 거쳐 해당 매매 등의 가액을 다음 각 호의 어느 하나에 따라 확인되는 가액에 포함시킬 수 있다."라고 되어 있다. 그러나 상속세 및 증여세법 시행령의 평가자문위원회의 금액은 다음과 같이 결정하도록 하고 있다.

상속세법은 납세자가 상속의 경우는 신고기한 만료 4개월전, 증여는 70일전 국세청에 신청하여야 하고 국세청은 상속세과세표준신고기한 만료 1월 전(증여는 증여세과세표준 신고기한 만료 20일전)까지 그 결과를 납세자에게 서면으로 통지하도록 하고 있다.

그러나 실무적으로는 상속세나 증여세 신고기한이 지난 후 조사시 평가자문위원회의가 평가한 가액을 적용하는 경우가 많다. 이는 법적 안정성과 예측 가능성을 위반하고 있는 것이다. 과거 취득가액은 납세자가 유리한 경우 선택할 수 있는 제도로 보아야 한다. 상속이나 증여는 실현된 소득이 아니다. 나중에 가치가 하락하여 손실을 볼 수 있는 문제도 발생하기 때문에 시가가 불분명한 금액으로 보아 기준시가로 과세하는 것이 타당하지 않나 생각된다.

38. 상속가액이 10억원 이하인 경우 부동산을 상속받으면 시가로 신고하라

"살아남"씨는 부동산을 상속받게 되었다. 배우자가 있고 자녀가 있어 10억원까지 상속세가 발생하지 않는 것으로 알고 있다. 상속세를 신고하지 않아도 되나? 아니다. 10억원 미만의 부동산을 상속받는 경우에는 부동산을 감정 평가하여 신고하는 것이 양도소득세를 절세하는 방법이다. 다만, 상속받은 재산이 양도세 비과세되는 1주택이라면 신고하든 안 하든 차이가 없다.

시세는 시가가 아니므로 상속공제(10억원)미만인 경우는 감정해야 한다. 상속세는 자신과 무관한 것이라고 여기는 사람들이 많았다. 하지만 10억원 넘는 아파트가 많이 있고, 이런 세태로 상속세와 무관하던 사람들이 이젠 상속세에 신경을 써야 하는 행복한 불편을 겪게 되었다. 더불어 이런 경우의 상담도 늘고 있다. 그러나 더러는 상속세와 진정 무관한 사람이 세금을 더 내는 경우가 있어, 이는 잘못된 법 때문이거나 아니면 세금에 대한 국민의 무관심에서 연유한 때문일 것이다.

현행 세법에서 시세를 시가로 보는 경우는 극히 드물다. 이렇다 보니 상속세 신고 상황에서는 기준시가를 상속재산의 평가액으로하고, 상속재산을 양도할 때는 실지거래액에 의하여 세금을 납부하여야 하는 문제가 발생한다. 규격화된 아파트나 상가는 시가가 있을 수 있으나 단독주택이나 상가, 전·답·임야의 경우에는 시가가 대부분 존재하지 않아 나중에 양도세부담이 늘 수 있다.

따라서 취득가액에 양도가액을 근접시켜 양도소득세를 납부하지 않기 위해서는 상속재산을 감정하는 것이 좋다. 그래야 양도소득세 납부를 최소화할 수 있다.

39. 상속재산 평가액이 20억원인 경우 상속세는?

"살아남"씨는 배우자가 사망하였다. 사망일 현재 가족 전체의 재산이 20억원 정도 되는데 자산 속에 배우자와 자녀 명의로 5.8억원이 있는 경우 상속세는 어떻게 산출되는가?

"살아남"씨와 자녀명의 자산이 10년 이내에 증여받은 재산이라면 상속재산에 합산해야 하고, "살아남"씨와 자녀가 소득원이 있는 경우 상속가액에 해당되지 않을 수 있다.

상속세에 대한 상담이 부쩍 많아졌다. 부동산 가격이 상승하면서 재산가치가 늘어났기 때문이다. 1997년 도입 당시 상속공제액이 10억원까지 되었을 경우에는 상속세를 내는 사람이 거의 없었으나 부동산 가격의 상승은 시세의 상승에 따라 기준시가액을 높게 고시하는 원인이 되어 자산은 그대로인데 평가액이 높아지는 결과를 낳았다.

상속세의 가장 중요한 것은 상속재산을 어떻게 평가할 것인가 아래와 같은 상담 사례의 상속세는 과연 얼마인가?

㉮ 먼저 재산목록을 작성한 후 세액을 계산해 본다.

구분	본인	배우자	자녀(5인)	전체재산	피상속인재산
부동산 (기준시가)	700,000,000	300,000,000		1,000,000,000	700,000,000
예금	700,000,000	200,000,000	80,000,000	980,000,000	700,000,000
회원권	15,000,000			15,000,000	15,000,000
장례비 등 공제	5,000,000			5,000,000	5,000,000
합계	1,410,000,000	500,000,000	80,000,000	1,990,000,000	1,410,000,000
배우자 공제	자녀 수에 따라 공제액이 달라진다			500,000,000	500,000,000
일괄공제 등				500,000,000	500,000,000
금융재산 공제				196,000,000	140,000,000
상속세 과세표준				794,000,000	270,000,000
세율				30%	20%
누진공제액				60,000,000	10,000,000
상속세 산출세액				178,200,000	44,000,000
신고세액 공제				5,346,000	1,320,000
납부할 상속세				172,854,000	42,680,000

㉯ 위와 같이 예금 등이 분산된 경우에는 분산 시점에 따라 세금액이 달라질 수 있다. (사전 증여재산과 처분재산 소명)

예금의 경우에는 사전에 배우자 등 상속인 명의로 가입한 경우에 가입한 금액을 증여로 볼 것인지, 차명으로 볼 것인지는 세무서장이 판단할 사항이다. 다만, 상속재산에 포함하여 신고하지 않는 경우에는 사전 증여로 보아 과세될 수 있다. 물론, 특별한 경우를 제외하고는 피상속인의 재산에 대하여 상속개시일 이전 2년이내의 재산 처분액만 조사하는 경우가 많다. 결국, 상속인 명의로 예금한 시점이 2년 이내인지 2년이 지났는지에 따라 상속세가 달라질 수 있다. 2년이 지난 부분 과세는 과세관청의 입증책임이있다. 과세관청의 경우 은행의 전표 등을 확인함으로써 증여 여부를 판단한다.

그렇다면 2년 이전 재산에 대하여 사전증여로 보아 과세할 수 있을 것인가? 세법에는 2년이 지난 재산에 대하여 구체적으로 과세할 것인지 아닌지가 정확하게 규정되어 있지 않다. 다만, 증여추정 배제기준에 의하여 주택이 아닌 경우 5,000만원 이상이 되는 경우에는 증여추정으로 과세할 수 있다. 배우자 및 자녀명의 예금은 증여시점이 언제냐에 따라 상속재산에 합산하는 문제가 발생하고 신고하지 않는다면 세무 조사시 합산과세 기간 내라면 증여세로 과세한 후 상속세를 과세할 수 있을 것이다. 증여여부는 은행의 입출금 자료를 받아 확인하게 된다.

위 상속세는 최소 42,680,000원에서 172,854,000원이다. 단, 증여 후 과세되는 경우에는 가산세부담이 있어 납부할 세금이 더 많아질 수 있고, 부동산 금액을 유사 매매사례가액으로 적용하는 경우에는 좀 더 많은 세금이 계산될 수 있다. 평가금액이 시가의 범위에 포함되는지, 시가가 불분명하여 기준시가에 의하여 세액을 계산하는지에 따라 상속세액이 변동된다는 것을 잊지 말아야 한다.

40. 상속재산 평가액이 20억원인 경우 상속세 검토 사항은

위 39번에 대하여 "살아남"씨의 상속받은 재산의 가액을 어떻게 평가할 것인지, 언제 증여받는지, 금융재산에 대한 평가방법은 어떻게 하는지, 생전처분재산이 있는 경우 어떻게 확인하는지, 배우자가 상속받는 금액에 따라 상속세가 변동되는지 검토해야 한다.

㉮ 상속재산의 평가는 시가이다. 시가가 없으면 기준시가에 의하여 평가한다.

상속세법에서 부동산을 평가할 경우에는 그 평가재산에 대한 거래가 없기 때문에 시가가 없다고 보면 된다. 그러나 일반인들은 시세를 시가로 착각하는 경우가 많다. 시세는 시가와 다르다는 것을 꼭 기억하여야 한다. 결국, 시가가 없으므로 부동산은 기준시가에 의하여 평가하여야 한다. 또한 생전에 증여한 경우에는 증여 당시의 기준시가가 상속재산에 포함된다.

2004.1.1. 이후부터는 당해 상속·증여재산이 아니더라도 면적·

위치·용도 등이 동일하거나 유사한 다른 재산에 대하여 매매거래가격·감정가격 등이 있으면 이들 가격을 재산평가의 기준이 되는 시가로 인정하여 증여세를 과세하도록 개정되었다. 2006년 6월이후는 부동산 매매가액이 등기부에 기재되고 정부기관에서 실거래가액을 공개하기 때문에 이를 참고하여 신고해야 한다.

가격은 적용세법에 따라 다르게 적용되므로 용어를 잘 알아야한다. 실지거래가액, 시가, 시세, 검인계약서 금액, 기준시가, 지방세 시가표준액에 대하여 알아야 한다.(제2장 부동산 취득관련세금 "3번"참조)

❹ 과거에 증여한 재산이 있는지 확인해야 한다.

과거 상속인에게 10년이내 증여한 재산이 있는지, 상속인 이외의 자에게 5년 이내에 증여한 재산이 있는지 확인해야 한다.

❺ 예금 등에 대한 평가는 어떻게 하는가?

예금은 상속개시일까지의 이자를 합하고 납부할 세금은 차감하여 평가한다. 결국, 상속일 현재의 예금은 다음과 같이 평가한다.

[평가액] 원금 + 이자 - 납부할 세금

❻ 생전처분재산 확인을 하여야 한다.

예금에 대하여는 거래 금융기관에 다음의 자료를 요구한다.

① 상속일 현재의 평가액

② 입출금이 자유로운 예금의 경우 상속개시전 2년간 입출금 내역서

③ 해지명세서(계좌번호, 신규일, 해지일, 해지원금 및 이자): 과거 금융 거래 내역을 10년까지 확인하는 경우도 있다.

ⓜ 배우자 공제액을 최대한 활용한다.

배우자공제액에 대하여는 최소 5억원에서 최대 30억원까지 공제가 가능하다. 다만, 배우자 공제를 받기 위해서는 특별한 경우를 제외하고는 상속일로부터 12개월 이내에 배우자 명의로 재산을 명의변경 하여야 한다. 부동산의 경우에는 취득 당시 취득세를 납부하게 된다. 배우자가 상속받은 후 자녀에게 상속되는 경우에는 취득세를 납부하여야 하는 문제가 발생하며, 재상속시에는 가격이 상승하여 상속세를 더 납부하는 문제가 발생하므로 자녀에게 증여할 생각이 있을 때에는 부동산은 자녀에게, 금융재산은 배우자가 상속 받는 것이 유리하다.

아래 사례에서 자녀수에 따라 배우자공제액이 달라지는 것을 알수 있다.

자녀수	0	1	2
상속가액	1,990,000,000	1,990,000,000	1,990,000,000
배우자의 지분	100%	1.5/2.5	1.5/3.5
공제액	1,990,000,000	1,194,000,000	852,857,143
기존공제액	500,000,000	500,000,000	500,000,000
추가공제액	1,490,000,000	694,000,000	352,857,143

- 피상속인의 직계존속도 없는 것 가정함
- 추가공제액에 상속세율을 적용한 금액만큼 상속세가 줄어든다. 배우자 공제액이 5억원이 넘는 경우는 반드시 배우자 명의로 변경해야 배우자 공제가 가능하다. (배우자 공제액이 5억원이하일 때는 배우자 명의 변경을 안 해도 공제된다.)

㉑ 상속재산을 양도하는 경우 양도소득세가 상속세보다 세금이 높을 수 있다.

상속재산으로 상속받은 재산이 시가가 없는 경우 상속일 현재의 평가액은 기준시가가 되고 양도일 현재의 양도가액은 실거래가가 되어 양도소득세가 많아질 수 있다. 이때에는 상속재산을 감정 평가하여 상속세로 납부해야 할지, 나중에 양도소득세로 납부해야 할지를 결정하여야 한다. 상속재산으로 인정하는 평가액은 공신력 있는 2개 기관의 감정가액의 평균액이다.(단, 10억원 이하는 1개 감정기관)

41. 상속세 신고는 상속세 신고를 전문으로 하는 세무사에게 의뢰하라

"살아납"씨는 고령인 부친의 재산을 관리하면서 부친 부동산 처분대금을 "살아납"씨가 관리하면서 가족 명의 계좌에 자금이 이체된 경우 신고는 어떻게 해야 하는가?
만약 가족 명의 계좌에 이체한 금액이 상속재산이라면 상속재산으로 신고해야 한다. 신고하지 않는 경우에는 나중에 피상속인의 처분대금을 조사하는 과정에서 발견되어 증여로 보아 상속세와 증여세와 가산세를 추징 받을 수 있다.

예전에 상속인이 사무실에 방문한 적이 있다. 세무서로부터 2년 이내에 처분한 재산에 대하여 상속세 조사를 받고 있다는 것이다. 그 중 가장 큰 문제는 상속재산 중 금융자산의 출금에 대한 소명을 하는 것이었다.

상속세 신고서를 보니 여러 가지 미진한 부분이 있어 누가 이 서류를 작성하였느냐고 물어보았다. 그 상속인은 장남으로 1997년에 아버님이 사망하여 본인이 여기저기 상속세에 대하여 문의하여 상속세 신고를 직접 하였다는 것이었다.

그분의 이야기를 들어보면 아버지의 재산을 자신이 직접 관리하였다는 것이다. 아버님이 80세의 고령으로 거동이 불편하여 부동산을 처분하였는데 그 부동산 처분대금을 그 상속인의 배우자 명의로 예금한 후에 또다시 어머니 명의로 예금하였다는 것이다. 왜 그 재산의 처분대금을 부친 명의로 하지 않고 장남의 배우자 명의로 하였는지 생각이 나지 않는다는 것이었다. 그분으로서는 3년(세무조사는 통상 신고 후 1년 후 조사)이 지난 상황에서 그것을 기억하기는 그리 쉽지 않은 듯했다. 상속인 자신은 세법에 이러한 규정이 있는지 알지 못했다는 것이다.

상속세법에 사전에 처분한 재산에 대하여 소명하도록 하고 있는규정이 있다는 것을 알았다면 왜 어리석게 장남의 배우자의 명의로 예금했을 것이며, 그 예금을 어머니 명의로 다시 했을 것이냐는 것이다. 위와 같이 상속 개시전에 금융거래 하는 경우에는 상당한 주의를 필요로 한다. 금전이 오고 갈 때마다 증여로 보아 과세할 수 있기 때문이다. 이러한 실수 때문에 장남의 배우자는 상당한 금액의 증여세와 가산세를 납부한 후 상속재산에 가산하여 상속세와 가산세를 납부하지 않을 수 없었다.

42. 상속인 협의상속과 한정 상속, 상속 포기

"살아남"씨는 배우자가 사망하였다. 상속재산을 어떻게 분배해야 할지 고민이다.
상속재산의 분할은 유언이 있는 경우 유언으로 등기하면 된다. 유언이 없으면 상속인 간에 협의하여 재산을 분할하여 등기하면 되고, 상속인 간에 재산분할에 대한 의견이 다를 경우에는 법정분할로 등기해야 한다. 유언에 의한 경우라도 상속을 받지 않은 상속인은 최소한 자기 법정상속분의 1/2까지 상속받을 권리가 있다.

㉮ 상속 포기

상속인 중에 특정인이 상속을 포기한 경우에는 동 순위의 상속인이 상속지분 비율에 따라 상속 포기한 재산을 상속받게 되며 동순위 상속인이 없는 경우에는 차순위 상속인이 상속받게 된다. 여기서 중요한 것은 피상속인이 상속재산보다 채무가 과다한 경우에는 차순위 상속인(상속일 현재 태어난 후 순위 상속권자)의 경우에도 반드시 상속 포기를 하여야 한다는 것이다.

상속 포기를 하기 위해서는 상속이 있음을 안 날로부터 3개월 이내에 가정법원에 상속 포기신고를 해야 하며 이러한 절차를 밟지 않고 상속재산을 포기하면 피상속인의 권리와 의무를 승계하므로 채무도 승계되어 불이익을 당할 수 있다.

채무가 많아 상속을 포기하는 경우에는 후 순위 상속권자가 상속받는 문제점이 있으므로 될 수 있는 대로 한정 상속의 형태로 상속포기를 하는 것이 좋다.

㉯ 한정상속

상속으로 얻은 재산을 한도로 상속채무를 변제하는 상속형태로 이것도 상속이 있음을 안 날로부터 3개월 이내에 하여야 한다. 이는 상속으로 인한 채무의 부담이 상속재산을 초과할 경우에 행사할 수 있다. 상속에 대한 세금은 한정상속 승인 여부에도 불구하고 상속받은 재산을 한도로 상속세를 납부할 의무를 부여하고 있다.

*상속인은 상속채무가 상속재산을 초과하는 사실을 중대한 과실 없이 상속개시후 3개월 이내에 알지 못하고 단순승인(민법제1026조 제1호 및 제2호의 규정에 따라 단순 승인한 것으로보는 경우를 포함)을 한 경우에는 그 사실을 안 날부터 3개월이내에 한정승인을 할 수 있다. (민법 제1019조)

㉰ 협의분할

현금 등은 공동상속인 간에 분할이 용이하나 부동산을 공동상속 받게 되면 재산권 행사나 처분시 불편을 초래할 수 있고 또 망인의 재산 증식에 기여한 자녀나 부양자에게 합의에 따라 법정지분보다 많은 재산을 주고 싶은 경우도 있어 협의분할 제도를 이용한다.

민법은 상속개시후 언제든지 상속인 간의 합의에 따라 분할을 허용하고 있고 이렇게 협의 분할하여 취득한 상속재산은 자기 법정지분을 초과하여 취득하여도 증여세 과세대상이 되지 않는다. 또한 협의분할한다 하여 상속세액이 변동되는 경우는 발생하지 않는다. 단, 협의분할시 배우자 지분이 적어지면 상속공제액이 적어질 수 있다.

㉣ 법정분할

상속이 개시되기 전에는 피상속인이 상속분을 임의로 정할 수 있다. 임의로 정하는방법은 유증, 사인증여, 유언(자필증서, 녹음방식, 공정증서, 비밀증서, 구수증서 방식)등이 있다. 임의로 정하지 않고 사망한 경우 협의로 상속인간에 지분을 정할 수 있다. 피상속인이 임의로 정하거나, 상속인 간에 협의가 되지 않는 경우는 법정분할 할 수 밖에 없다. 법정상속분은 민법이 정한 방법에따라 상속분을 정한 것을 말한다. 법정상속분은 상속인 간에 균등하며, 배우자는 5할을 가산한다.

법정상속지분 : 상속 받는 재산에 다음의 지분을 곱한 금액
 - 배우자 : 상속재산의 1.5
 - 자녀의 경우 장남, 차남, 장녀, 차녀, 출가, 미혼 여부에 관계없이 : 1

예) 배우자 있고, 장남, 차남, 장녀, 차녀가 있는 경우 각 상속지분

배우자 1.5 + 장남 1.0 + 차남 1.0 + 장녀 1.0 + 차녀 1.0 = 합계 5.5

- 각 지분 : 배우자 : 1.5/5.5

- 장남, 차남, 장녀, 차녀 : 각 1/5.5

㉑ 유류분 청구제도

피상속인이 상속재산을 과다하게 처분하거나 또는 특정 상속인에게 유언 상속하여 가족재산이 특정상속인에게 과다하게 귀속되게 하는 것을 막고 상속인의 재산적 지위를 보장해 주기 위한 제도로 피상속인의 직계비속·배우자는 법정상속지분의 1/2, 직계존속·형제자매는 1/3까지 청구에 의거 회복할 수 있는 유류분 청구제도가 있다. 피상속인이 재산을 1년 이내에 상속인이 아닌 자에게 증여한 경우는 유류분 산정에 포함되며, 상속인에게 증여한 재산은 기간에 제한 없이 유류분 산정에 포함된다. 이때 포함되는 증여재산은 상속일 현재의 재산으로 평가하여 유류분을 정한다.

예를 들어 증여 당시에는 기준시가 10억원으로 증여세를 신고한 경우라도 상속개시일 현재 시세가 20억원이라면 20억원을 기준으로 유류분을 산정한다.

43. 자필증서 유언장

"살아남"씨는 상속분쟁을 대비하여 유언장을 자필로 작성하고 싶다. 이렇게 자필증서로 작성한 경우 언제나 효력이 있는가?

아니다. 상속이 개시되면 유언장사본을 첨부하여 검인신청을 해야 한다. 검인 기일에 출석하여 유언장 확인을 받는데 상속인 중 일부가 확인을 거부하는 경우 부동산을 등기할 수 없게되는 경우가 있다. 확실히 하기 위해서는 공증을 받는 것이 좋다. 대신 공증을 받게 되면 공증수수료가 발생한다.

▶ 자필증서 유언장의 유의사항

㉮ 손으로 직접 작성해야 한다.

㉯ 작성날짜는 연월일을 정확하게 작성해야 한다.

㉰ 주소와 이름 빼놓지 말아야 한다.

㉱ 도장이나 서명은 반드시 해야 한다.

유 언 장(예시)

나는 다음과 같이 유언한다.
(1) 재산의 유증에 관하여
　　나의 소유 재산에 대하여 다음에 정한 상속인에게 유증한다.
　　이 유증은 나의 사망으로 인하여 효력이 발생한다.

- 다 음 -

(2) 유언집행자 지정에 관하여
　　이 유증의 이행을 위하여 유언집행자로는 다음 사람을 지정한다.
　　(꼭 유언집행자를 지정할 필요는 없다)

- 다 음 -

　　　　유언집행자 : 김 0 0 (　　　　-　　　　)
　　　　서울 서초구 서초동 1

(3) 가족에 전할 말

　　본인은 위 사항을 명확히 하기 위하여 다음에 서명 날인한다.

2013. 01. 01.

　　유 언 자 :　　　　　　　　　　(인)
　　주　 소 :
　　주민등록번호 :

44. 상속재산의 분할을 언제까지 하여야 하는지?

"살아남"씨는 재산을 상속받았다. 상속받은 재산은 언제까지 분할해야 하는지? 상속재산은 협의로 분할 하는 경우 상속일에 소급하여 효력이 발생한다. 그러나 취득세는 6개월이 되는 말일까지 신고하지 않는 경우 가산세가 부담되며 특히 상속공제에서 배우자공제를 받기 위해서는 반드시 상속세 조사 전까지 배우자명의로 이전되어야 한다.

상속이 개시되면 상속재산을 분할하여 상속세 신고기한까지 "상속인별 상속재산평가 명세서"를 국세청에 제출하여야 한다. 그러나 상속인 간의 의견차이로 협의가 되지 않는 경우가 있다. 이 경우는 배우자 부분만 문제가 된다. 배우자 상속공제 최대 30억원을 공제받으려면 상속세 조사 종결시 까지는 분할하여야 한다. 분할하지 않는 경우 상속재산이 배우자에게 이전되지 않았기 때문에 배우자공제 한도까지 공제받을 수 없다.

상속재산은 협의에 의하여 분할 할 수 있으면 협의분할은 상속개시일에 소급하여 효력이 생긴다. 상속세 신고기한까지 상속 분할하여 상속인별 명세를 제출한 경우에는 상속세 신고기한 이후에 상속인 간의 명의 이전시는 증여문제가 발생한다. 반면 상속인별 명세를 제출하면 미래 상속인의 자금출처 로 인정된다.

특히 예금자산인 경우에는 상속개시일로부터 6개월 이내에 만기가 도래하지 않는 경우도 있고 금액을 나누기가 어려운 부분이 있다. 이 경우에는 총 예금자산 중 누구 누구는 얼마라고 기재한 후 제출해야 한다.

물론 상속예금의 이자소득의 귀속은 상속개시일 이후 상속받은자의 이자소득으로 보아 금융소득 2,000만원을 판단한다.

예) 사망일: 2014.2.28, 신규일: 2013.8.1. 만기일: 2014.8.1일 경우?

2013.8.1 ~ 2014.2.28일까지는 피상속인,

2014.3.1일 ~ 2014.8.1.까지는 상속인에게 이자가 귀속된다.

45. 상속재산을 분할 후 후회하는 경우도 있다

"살아남"씨는 배우자의 유언대로 상속받은 모든 재산을 본인 명의로 하였다. 문제는 자녀가 재산을 취득하고자 하는데 도와주고 싶은데, 상속세 신고기한이 지나 자녀에게 재산을 주게 되면 증여세가 과세된다고 한다. 고민 탓에 잠이 오지 않는다.

상속재산은 상속세 신고기한까지 재산을 분할하여 신고하여야 한다. 물론 상속재산을 상속인 별로 분할하지 않더라도 문제는 없으나 배우자공제가 문제가 된다. 배우자공제는 적어도 상속세 조사시 까지는 분할해야 최고 30억원을 공제받을 수 있다.

문제는 피상속인이 상속인 중 배우자에게 모든 자산을 상속받도록 한 후 후회하는 경우가 문제이다. 세상이 믿을 것이 없으니 자녀에게

사전에 주지 말고 배우자인 부인이 사망한 후에 상속하라고 하는 경우가 있다. 이는 현 한국사회의 단면을 보여준다. 즉, 사전에 자녀에게 재산을 분할해주면 자녀가 부모를 모시지 않는 불상사들이 가끔 언론에 보도되는 이유로 말미암은 것 같다.

피상속인의 유언대로 특정상속인인 배우자에게 상속된 후 자녀가 결혼하거나 자녀가 급한 돈이 필요한 경우 자녀에게 자산이 이전되는 경우에는 증여세가 과세된다. 이러한 일을 피하기 위해서는 미래 자녀의 재산형성 등을 고려하여 최소한 자녀 명의로 상속을 해놓는 것이 세법적으로 보면 절세할 수 있다.

예를 들어 부친이 사망한 후 모든 자산은 모친 명의로 이전했다. 그 후 자녀가 결혼하게 되었다. 결혼할 때 전세금을 마련해야 하는데 모든 자산을 모친명의로 한 경우 모친의 자산이 자녀의 전세자금에 사용되었다면 이는 증여문제가 발생하는 것이다.

모친의 재산이 많이 있다면 나중에 상속세를 대비해서 배우자 상속공제를 포기하고 부친재산 모두를 자녀가 상속받은 경우에도 배우자공제는 5억원이 가능하다. 즉 모친의 재산이 별도로 20억원이 있다면 4.4억원{(20억-5억)x40%-1.6억}의 상속세를 납부해야 한다. 위 20억원의 재산에 부친재산이 상속 합산되어(재상속) 과세되므로 높은 상속세율(40%)를 다시 부담하는 문제가 발생하기 때문이다.

46. 이혼과 세금

이혼이 많이 증가되고 있다. 이혼시 재산을 이혼 위자료조로 주는 경우가 많은데 이때 물건에 따라 다음과 같은 세부담의 차이가 발생한다.

▶ **이혼 위자료로 주택을 주는 경우**

이혼 위자료로 주택을 주는 경우 위자료를 주는 사람이 1세대 1주택이면 양도소득세가 비과세되며, 받은 사람은 이혼 후 2년 이상 보유하여야 양도소득세가 비과세된다.

▶ **이혼 위자료로 주택 이외의 부동산을 주는 경우**

주택이 아닌 경우에는 위자료로 부동산을 주게 되는 경우에 당초 소유자의 경우 양도소득세를 납부해야 한다.

▶ **현금으로 위자료를 주는 경우**

이혼 등에 의하여 정신적 또는 재산상 손해배상의 대가로 지급한 위자료는 조세포탈의 목적이 있다고 인정할 경우를 제외하고는 이를 증여로 보지 아니하며 소득세도 과세되지 않는다.

▶ **재산분할로 주택을 주는 경우**

재산분할로 주는 경우에는 양도소득세가 없으며, 위자료를 받는 사람의 경우 주는 사람의 취득일이 취득시기가 된다. 따라서 주택의 경우에는 주는 사람의 취득일부터 계산하여 2년이상이면 비과세가 된다.

그러나 취득시기가 소급되어 양도소득세가 과세되는 경우에는 취득가

액이 적게 되어 양도소득세가 많아질 수 있다. (양도시 거주요건 확인)

47. 상속 개시전, 개시후 재산의 처분과 세금

"살아남"씨의 경우에는 100억이상의 재산가이다. "살아남"씨가 사망하는 경
우 상속세 최고세율인 50%를 부담한다고 한다. 재산을 처분하여 숨기는 경
우 상속세를 회피할 수 있을까?
상속세법은 조세회피를 방지하기 위하여 재산종류별로 일정금액 이상인 경
우에는 상속인이 그 처분재산에 대한 사용처를 밝혀야한다. 사용처를 밝히
지 못하면 일정금액에 대하여 상속추정으로 상속세를 과세한다.

사전 상속재산의 처분은 상속재산을 회피하려는 방법으로 이용되고

있다. 그래서 상속세법에서는 처분재산에 대하여 상속인에게 소명의

무를 두고 있고, 소명을 못할 경우에는 소명 못한 금액을 상속추정재

산으로 보아 상속세를 납부하여야 한다.

배우자와 자녀에게 재산을 사전에 증여하는 경우에는 증여세를 내

야 하지만, 만약 증여재산의 규모가 증여공제 미만인 경우에는 증여

세를 내지 않는다. 그러나 상속재산에 합산하는 경우 증여공제가 상

속공제에 흡수되기 때문에 상속세를 납부할 수 있다. 상속세를 피하

겠다는 일념으로 상속 전에 재산을 처분하는 실수를 저지르면 내지

않아도 되는 상속세만 납부하는 황당한 일이 발생할 수도 있다. 예를 들어, 배우자와 자녀가 있는 경우 10억원까지 상속세가 없는데 사망 전에 재산을 배우자나 자녀 명의로 이전하면 증여세가 과세되고 또 상속세도 과세된다. 또 처분한 경우에는 기준시가보다 실제 거래가액이 높을 수 있어 세금을 추가부담 할 수 있다.

상속재산공제액 범위 내에서는 상속재산을 사전에 증여하는 경우는 세금을 절세하는 것이 아니므로 적법한 상속절차를 이행하는 것이 세금을 억울하게 더 내지 않는 방법이다.

▶ 처분재산의 재산종류별로 일정금액 이상이면 소명 대상이다.

① 금액제한

피상속인 재산의 처분이 재산종류별로 다음 금액 이상인 경우에는 상속인이 소명하여야 한다.

– 사망일로부터 1년 이내인 경우 : 2억원 이상

– 사망일로부터 1년 이상 2년 미만인 경우 : 5억원 이상

– 사망일로부터 2년 이상인 경우 : 상속재산 처분에 대하여 상속인
  의 소명 의무는 없다. 다만, 명백한 증여행위인 경우는 증여세
  과세 후 상속재산에 포함한다.

② 재산종류별

– 현금 · 예금 및 유가증권

– 부동산 및 부동산에 관한 권리

- 기타재산
- 채무증가액

48. 상속 개시전 처분재산에 대한 증빙을 잘 준비해야 한다

"살아남"씨는 배우자가 사망한 후 유품을 모두 소각하였다. 소각 후 상속세 상담을 하게 되었는데 금융자산 인출액에 대한 소명을 해야 한다고 한다. 사망하게 되면 일기장 등 유품을 상속조사가 완결될 때까지 보관함으로써 상속개시전 처분재산에 대한 소명을 쉽게 할 수 있다.

사망한 사람 즉 피상속인의 유품을 정리하면서 통장이나 기타 등등을 모두 소각하는 경우를 자주 보게 된다. 상속이 개시되면 상속 개시전에 처분한 재산에 대한 소명문제가 발생하게 된다. 세법은 상속 개시전 2년이내 자산은 상속인이 재산 인출이나 처분한 금액에 대하여 해명 의무를 두고 있는데 이는 상속이 개시되기 전에 재산을 상속인 등에게 이전한 것인지를 확인하는 조치이다.

사망이 개시되기 전에 없애버려서는 안될 것들은 계약서, 통장, 채무증서, 기타 영수증 등이다.

특히 상속 개시전에 부채에 대한 관계 증빙이나 사용용도 및 이에 따른 금융거래내역 등을 철저히 챙겨야 한다. 공공기관의 채무에 대하여는 문제가 없지만, 사채 즉 사인 간의 채권채무에 대하여는 세무서에서 부채로 인정되지 않는 경우가 있으므로 사채를 사용한 경우에는 입금한 통장 내역 그 채무를 사용하는데 지출한 영수증을 꼭 챙겨 놓아야 한다.

우리나라의 미풍양속이랄까 부자간에 채권채무는 인정되지 않는 경우가 대부분이다. 그러나 부친의 부동산은 많이 있지만, 유동성이 부족하여 자녀에게 차용하는 경우도 있을 수 있다. 즉, 부자간 이더라도 실제로 채권 채무관계가 있지만, 계약서를 쓰지 않거나 그냥 현금으로 거래함으로써 상속재산에 자녀의 재산이 포함되는 문제를 미연에 방지하려면 미리미리 준비해야 한다.

예를 들어 부친 또는 재산관리인이 임대료를 관리하였다고 가정하자. 임대 관련 금융자료도 있을 수 있다. 그러나 부친 또는 관리인이 사망한 경우 자료를 없애 과거의 내역을 확인하지 못하여 재산취득자금에 대한 소명을 요구하는 경우 낭패를 보게 된다. 각 금융기관의 경우 과거 금융자산의 입출금 내역을 가지고 있지만 입증하기가 만만치 않다. 세금 납부의 경우에도 국세청은 10년간 자료를 보관하고 있다. 따라서 10년이 지나면 세금 납부실적이나 소득을 증명하는데 애를 먹을 수 있다. 즉 과거에 신고한 신고서 사본이나 납부증명서 등을 보관하여야 한다. 따라서 부모가 사망한 경우 증빙자료 등을 상속세 조사 종결 시까지 보관함으로써 불이익을 피할 수 있다.

49. 처분재산 소명시 예금자산의 현금 흐름표를 작성한다

"살아남"씨는 배우자가 사망하였다. 사망 당시 상속재산으로 금융재산을 10
억원을 신고하였으나 국세청으로부터 사망 전 인출액이 50억원이므로 소명
해야 한다고 한다. 왜 이렇게 금액이 차이가 나는가?
예금은 3개월 6개월 1년으로 가입한다. 예를 들어 10억원을 3개월 예금으로
가입하는 경우에는 1년에 출금액이 40억원으로 된다. 10억 출금, 10억 입금
이 반복되기 때문이다.

상속이 개시되는 경우 상속개시전 처분재산의 소명문제가 발생하는
데 금융거래가 가장 복잡하다. 금융거래의 경우에는 상속인이 각 금
융기관에 피상속인의 금융자료를 요구하는데 다음과 같은 자료를 요
구한다.

- 상속일 현재 금융자산 잔액증명서
- 과거 2년 이내 입출금내역(상황에 따라서는 10년간 금융자료 요구)
- 과거 2년 이내 해지내역(상황에 따라서는 10년간 금융자료 요구)

위의 자료로 금융자료를 엑셀 쉬트에 계좌별로 다음 순으로 자료를
입력한다. (성명 계좌번호 출금액 입금액 잔액 비고), 자료가 전부 입력되
면 일자별로 자료를 정리한다. 입력된 자료를 가지고 출금액의 사용
처를 확인한다. (재입금 되었는지 공과금 등에 지출하였는지, 확인이 되지 않
는지를 확인한다.)

위와 같이 확인하는 과정에서 출금된 금액이 큰 금액이 있는데 확인이 안 되는 경우에는 금융기관에 출금액이 어디에 사용되었는지를 전표를 통하여 확인한다. 또 입금된 재원이 있는데 어디에서 입금된 내용인지도 확인한다. 또 출금액을 확인하다 보면 큰 금액이 없어졌다가 수일 또는 수개월이 지난 후 다른 계좌로 큰 금액이 입금된 경우에는 연관성을 조사한다.

예금 인출내역이 맞지 않는 경우에는 잔액을 역추적하여 확인해 본다. 마지막으로 인출액 중 소명되지 않는 금액과 입금된 내역 중 입금재원이 불분명한 경우에는 그 자료만을 가지고 퍼즐처럼 맞추려고 노력해 본다.

위와 같이 처분액을 소명하다 출금액을 확인할 수 없는 금액이 많은 경우에는 그 금액을 다른 사람에게 빌려주었는지 채무를 상환하였는지 상속인에게 소명토록 하고 있다.

50. 금융재산 인출액 소명과 한계

"살아남"씨의 배우자는 70세에 사망하였다. 사망하기 전까지 사업을 계속하였다. 상속재산은 30억원이지만 소명해야 할 금액이 200억원이라고 한다. 연세가 들어 사업을 계속하는 경우에는 금융거래가 자주 일어나기 마련이다. 사업상이든 개인재산의 이전이든 출금이 되면 그 출금의 사용처를 소명해야 한다. 사업상으로 금융거래를 하는 경우에는 사업용 계좌로 등록하여 사용하는 것이 좋다.

상속이 개시되면 상속인에게 상속일 전 2년이내에 피상속인이 인출한 재산에 대한 소명의무를 부여한다. 이러한 법 규정은 상속일 전에 재산을 상속인에게 이전함으로써 상속세를 회피할 목적이 있기 때문에 만든 법 규정이라고 본다.

상속인의 입장에서 부친의 자금거래내역을 소명하기란 결코 쉬운 문제가 아니다.

예를 들어 1억원이 2011.4.1일에 인출되었다. 4.1일에 인출된 돈이 피상속인의 계좌에 입금되지 않는 경우 상속인은 이를 입증하기 위하여 노력해야 한다. 4.1일의 전표를 확인해보니 수표로 출금되었다. 출금된 금액을 확인하기 위하여 해당 수표번호가 어디에 사용되었는지 확인할 방법은 수표발행 금융기관에 수표지급 내역조회를 통하여 확인하는데 수표의 지급일, 수표의 제시점, 수표의 보관점 등만을 확인이 가능하다. 확인의 한계가 있다. 실제로 그 수표를 누가 사용했으며 피상속인과의 관계에서 있어서 채권채무 어떤 관계인지 확인하기가 그리 쉽지 않다.

수표거래내역에 대한 확인은 국세청이 훨씬 쉽게 확인할 수 있다. 국세청은 위 수표내역에 대한 사용자의 주민등록번호를 확인할 수 있고 그 사람의 인적 사항을 쉽게 파악할 수 있을 것이기 때문에 상속인에게 이러한 의무를 부여한 제도를 폐지하는 것이 바람직하다고 본다.

51. 생활비와 학자금(유학경비) 증여 여부

> "살아남"씨는 자녀의 부동산을 구입하려고 한다. 결혼축의금으로 1억원을 받
> 은 경우 자금출처로 사용할 수 있나?
> 결혼축의금은 혼주가 받는 것이므로 자금출처로 사용하기 어렵다. 다만, 결
> 혼당사자의 자금출처로 인정하는 금액은 결혼당사자의 친구 직장동료 등으
> 로 받는 금액이다. 축의금 대장을 작성하여 보관할 필요가 있다.

생활비 및 학자금 축의금 등이 증여세 과세대상 인가? 필자가 상담
하다 보면 생활비가 증여세 과세대상이라고 하면 의아하게 생각하는
분들을 보게 된다. 생활비를 부인에게 매달 500만원을 지급하였는데
부인의 검소한 생활로 300만원을 사용하고 200만원을 남겨 저축하였
다면 증여가액이 된다. 물론 배우자의 경우는 6억원까지 증여세가 발
생하지 않지만 10년이내 다른 재산을 증여하는 경우 합산해서 세금이
발생할 수도 있다.

타인의 증여로 재산을 취득한 자는 증여세를 납부할 의무가 있는 것
이며, 부양의무가 없는 조부가 손자의 생활비 또는 교육비를 부담한
경우는 비과세되는 증여재산에 해당하지 않는 것이다. 만약 조부가
손자를 부양할 의무가 있는지 여부는 부모의 부양능력등 구체적인 사
실을 확인하여 판단 과세여부를 결정한다.

축의금 및 조의금의 증여세 비과세금액은 얼마인가? 50만원 미만(과
세 최저한)의 축하금에 대하여는 증여세를 부과하지 아니하는 것으로

되어 있다. 그렇다면 할아버지가 손자의 결혼에 400만원의 축의금을 지급하였다면 증여가액에 해당 하는가?

축의금 및 조의금을 증여 받는 것 외에도 축의금 조의금으로 자금출처로 인정받을 수 있는지를 자주 묻곤 한다. 국세청은 축의금 및 조의금의 자금출처 인정 여부에서 결혼한 당사자에게 귀속되는 당해 축의금을 예금한 후 본인의 재산을 취득하면서 사용한 경우 재산 등 취득자금의 출처로서 인정되나, 부모님에게 귀속되는 축의금은 부모님이 자녀에게 증여한 것으로 보는 것이므로 축의금을 받는 경우에는 축의금 대장에 축의금을 주는 분과 받는 사람의 관계를 만들어 놓아야 할 것 같다.

52. 영수증과 상속세

"살아남"씨의 배우자는 강남에 거주하던 중 사망하였다. 상속 개시전 인출액에서 생활비로 인정받는 금액은 얼마나 되나?
통계청은 매년 우리나라 가족의 생활비를 고시한다. 2인가족의 생활비로 얼마나 인정받나? 2018년 가구원수 2.43명 기준 가계지출은 3,326,764원임. 이중 소비지출은 2,537,641원이고 비소비지출은 789,123원임(통계청 2019-04-25일 자료 갱신) 생활비를 인정 받으려면 가계부나 신용카드로 지출하면 처분금액 소명이 수월하다

영수증이 왜 필요하냐 하면 상속세법에서는 재산종류별로 처분

재산이나 채무를 부담하는 경우 상속개시일 1년 이내 2억원이거나, 2년 이내에 5억원 이상이면 상속인이 소명하여야 하기 때문이다. 영수증은 때로는 안 내도 될 세금을 내는 것을 방지한다. 특히 상속개시전에 재산을 처분한 경우에는 상속인이 처분대금을 증명하는 방법으로 반드시 영수증이 필요하다.

예를 들어, 상속개시 1년 전에 피상속인의 계좌에서 3억원이 출금되었는데 이 출금한 금액에 대한 용도를 소명하지 못하면 상속재산에 포함하여 상속세를 납부하여야 한다. 이는 상속개시전에 상속재산을 감소시키는 행위를 방지하기 위한 것이다. 특히, 암환자의 경우에는 간병인, 한약, 양약, 병원비 등이 많이 소요되는데 이를 입증하지 못하는 경우가 많아 안타깝게도 상속세를 내는 경우가 발생하기도 한다.

염두에 두고 챙겨야 할 대표적인 내용으로는 대략 다음을 들수 있다.

첫째, 생활비도 사는 계층에 따라, 지출하는 금액이 다를 수 있는데, 강남에 사는 사람, 강북에 사는 사람, 피상속인의 사회적 지위 등에 따라 지출이 다르다. 그러나 이를 입증하지 못하는 경우에는 통계청에서 고시한 2.43인 가족기준 1달 생활비(253만원)로 인정하므로 납세자에게는 매우 불리하다. 그러므로 지출내역을 꼼꼼히 적어 영수증과 함께 상속세 조사시까지 보관하여야 상속세를 절세할 수 있다.

둘째, 여유 있는 사람이라면 자산을 처분하는 금액 중에 여행,운동 등으로 지출하는 비용도 많을 것이다. 그러나 이때 영수증을 보관하지 않으면 이 또한 절세의 기회를 놓치는 게으름이 된다.

셋째, 재산의 처분액이 많은 사람의 경우는 카드를 사용하면 출금액에 대한 사용처를 확인할 수 있으므로 상속인이 처분재산을 소명해야 하는 번거로움을 피할 수 있다.

다시 한번 강조하지만, 통계청이 고시한 가계지출비를 초과하여 지출하는 사람은 언제 사망할지 모르기 때문에 일상생활을 하면서 지출한 비용 등을 자세히 기록하는 습관이 필요하다.

53. 일기장이나 가계부 작성은 상속세를 줄일 수 있다

"살아남"씨는 금융재산을 소유한 상태에서 사망하게 되었다. 상속세법에 의하면 사망전 일정금액 범위내의 금액은 상속인이 소명하게 되어있는바 상속개시전에 "살아남"씨가 사용한 금액에 대하여 어떻게 입증할 수 있는가?

금융기관 인출액에 대하여 소명하는 과정에서 소액의 금액이 인출되었는데 인출한 내역을 확인할 수 없는 경우 확인되지 않는 금액에 대하여는 상속 추정액으로 과세되는 경우를 본다. 그러나, 일기장이나 가계부 등을 작성한 경우라면 소액에 대한 금액에 대하여 상속세를 절세할 수 있다.

세법은 인출한 금액에 대하여 확인되지 못하는 금액 중 2억원과 처분재산의 20%중 적은 금액에 대하여는 상속추정으로 보지 않지만 먼저 소명한 부분을 제외하기 때문에 소명하는 것이 유리하다. 예를 들어 총인출액이 3억원인데 가계부나 일기장 등에 의하여 확인되는 금액이 1억원이라면 2억원에 대하여 상속추정으로 보게되고 2억원의 경우 위에서 말한 2억원과 처분재산의 20%에 해당하는 금액 중 적은 금액 즉 6천만원은 상속추정으로 보지 않게 되어 상속세를 절세 할 수 있다. 이 경우 상속추정재산은 3억원 - 일기장확인금액 1억원 - 소명에서 제외되는 금액 6천만원을 계산하면 1.4억원에 대하여 상속세를 납부하는 것이다.

소액에 대하여도 카드를 사용할 수 있기 때문에 카드를 적극적으로 사용할 필요가 있다. 카드의 사용은 처분재산문제가 발생하지 않는다. 왜냐하면 카드의 경우에는 카드금액이 금융자료 등을 통하여 카드사에 입금되기 때문에 상속인에게 지급되지 않은 것이 분명하게 증명되기 때문이다.

54. 신용카드 사용액에 대한 자금출처

"살아남"씨는 근로소득이 있는 여성이다. "살아남"씨는 은행 예금액과 부동산 구입액 등의 예상가액이 10억원이 넘게 되어 세무서로부터 자금출처 요구를 받았다. 이 때 신용카드사용액은 자금출처로 인정되지 않는다?
자금출처로 인정하는 소득은 근로소득수입금액에서 카드사용액과 세금을 제외한 금액만 인정된다.

요즘 현금을 사용하는 사람이 줄어들고 신용카드로 모든 비용을 지불하는 시대이다. 근로자의 경우에는 소득공제 혜택이 주어지고 사업자는 신용카드사용 때문에 세금을 더 내게 된다.

신용카드는 위와 같은 기능 외에 신용카드를 많이 사용하는 경우 소득이 없다면 그 자금을 증여 받은 것으로 추정하여 증여세 조사를 받는 경우도 있으며 위와 같이 자금출처 조사시 신용카드 사용액은 자금출처로 인정되지 않는다.

예를 들어 연봉 5천만원의 근로자가 매년 3천만원 이상의 카드사용을 하였다면 2,000만원만 소득으로 인정하여 자금출처로 인정된다. 또 소득원이 없는 자가 카드 사용액이 5억원 이상인 경우에는 자금출처조사를 하는 경우도 발생한다. 즉, 소득이 없는 사람이 카드를 많이 사용하면 타인으로부터 증여를 받거나, 소득세신고 누락문제가 있을 것으로 추정하게 된다.

카드사용 시 장단점은 다음과 같다.

첫째, 소득에서 카드를 사용하면 자금출처시 카드사용분 만큼 소득에서 차감한다.(단점)

둘째, 카드를 사용하면 피상속인의 처분재산을 소명할 필요가 없기 때문에 상속추정자산에서 벗어날 수 있다.(장점)

셋째, 카드사용 금액이 많은 경우에는 소득신고누락과 연관되어 세무조사를 받을 수 있다.(단점)

55. 내 재산을 타인명의로 하였다가 다시 내 명의로 반환 받은 경우

"살아남"씨는 배우자가 사망하였다. "살아남"씨는 소득이 있다. "살아남"씨
명의의 예금 5억원을 "살아남"씨의 배우자명의로 한 후 다시 "살아남"씨 명
의로 재산을 이전한 경우 상속재산인가 아니면 차명자산인가?
5억원의 자금 흐름을 입증하여야 한다. 입증하지 못하면 "살아남"씨의 배우
자 재산으로 보아 상속세를 과세한다.

금융거래 하는 경우 함부로 명의를 빌려주어서도 안 된다. 상속인
이 부모의 재산을 처분한 금액을 입증하여야 할 의무가 있으므로 상
속 받지도 않았는데 갑자기 상속 개시전 금융자산 처분액이 나타나는
등으로 인하여 세금을 내는 경우가 있으므로 금융거래나 부동산거래
시 본인재산이 아닌 경우에는 이름을 빌려주는 일이 있으면 안될 것
이다.

예를 들어 실제 재산은 피상속인 것이 아니었는데 실제주인이 개인
적인 사정이나 금융소득 종합과세를 피하기 위하여 피상속인의 이름
을 사용하여 금융거래를 한 경우에는 국세청에서는 일단 피상속인의
재산이라고 판단하여 상속인에게 금융재산 출금액에 대하여 소명을
하도록 하고 있다. 결국 피상속인의 재산은 없는데 단지 금융재산의
명의를 빌려주어 상속세를 납부하는 사례도 있고, 개정된 금융실명제
법에 위반되어 처벌 받을 수도 있다.

56. 사업자의 경우 나이가 든 경우 예금자산의 입출금에 대한 소명을 해야 한다

"살아남"씨는 연세가 70세 이다. 70세이면서 사업을 하기 때문에 사업자등록도 되어 있다.
그러나 실제로는 직원들이 알아서 금융거래 등을 한 경우 "살아남"씨의 상속인들의 거래내역을 소명해야 하는데 인출액이 많은 경우 곤란을 겪게 된다.

상속세의 경우에는 피상속인의 생전 금융재산을 조회하는 경우가 있다. 왜 사망한 금융자산에 대하여 상속인이 소명해야 하냐고 묻는 경우가 종종 있다. 이는 상속개시전에 상속세를 피하기 위하여 재산을 상속인에게 증여하는 경우를 확인하기 위해서 상속세법에 규정되어 있다. 상속세법에는 2년이내 재산에 대하여는 상속인이 소명할 의무를 두고 있고. 2년이전 금융재산에 대하여는 과세관청이 사전증여 여부를 확인하여 증여여부를 판단한다.

연세든 분이 사업을 하는 경우에는 사업자의 재산에 대한 인출내역을 소명해야 하는데 이 경우 장부기장을 하지 않거나 장부와 다르게 금융거래가 일어난 경우에는 입증하는데 많은 시간과 노력이 필요하다. 나이가 든 경우 그 사업에 직접적으로 관여하지 않고 명의를 대여하는 경우에는 더욱 문제가 된다. 상속 개시전 인출액에 대한 소명을 하지 못하면 그 금액은 상속인에게 상속된 것이라고 추정하여 상속세를 과세하는 경우를 보게 된다. 연세가 있는 경우에는 남에게 사업자

명의를 대여해서는 안되고 연세가 있는 경우에는 인출액에 대하여 타인에게 지급한 것들이 있다면 그 내역을 꼼꼼하게 준비하면 자녀들이 상속세에서 자유로울 수 있다.

57. 금융자산의 관리는 일관되게 하여야 한다

"살아남"씨는 소득이 있는 남편이다. "살아남"씨의 배우자는 소득이 없는 전업주부이다. 사업상 문제 때문에 "살아남"씨의 배우자명의로 부동산과 금융자산을 가지고 있다.
"살아남"씨의 배우자가 사망하였다. 이 경우 "살아남"씨 입장에서는 자신의 재산을 상속받아 상속세를 내야 하는 문제가 발생한다.

상속세 조사시 가장 골치 아픈 것이 금융자산 인출에 대한 소명이다. 인출금을 어디에 사용하였는가를 조사하는 과정에서 직계존·비속 또는 형제자매의 계좌를 보게 되는 경우가 있을 수 있다. 이때 인출한 자산이 가족명의 계좌에 입금되는 경우 그 금액을 증여로 보아 과세되는 문제가 발생할 수 있다. 실제로 그 금액에 대하여는 명의인이 모르는 경우가 발생할 수 있다.

금융거래를 하다 보면 남편은 사업에 바빠서 실제 돈 관리를 부인이 하는 경우를 볼 수 있는데 은행을 거래하다 보면 부인명의로 계속하여 관리하는 도중에 부인이 사망함으로써 부인명의 재산에 상속문제가 발생된다.

만약 부인이 사망하는 경우에는 결국 부인재산이 아님에도 상속세가 과세되는 문제가 발생한다. 물론, 부인 사망 당시 배우자가 있고 자녀가 있는 경우에는 10억원까지 상속세가 없기 때문에 상속세 문제는 발생하지 않는다. 다만, 소득이 없는 부인이 재산을 소유한 경우 상속 전에 증여문제가 발생할 수 있다. 우리나라의 경우 재산은 민법상 부부별산제(각자의 재산)로 보기 때문에 상속 조사시에는 부인명의로 이전한 부분은 증여인지가 쟁점 사항이 된다.

즉, 금융재산을 관리를 잘못하게 되면 상속세와 증여세를 납부해야 하는 문제가 발생하는 것이며 개정된 금융실명법에 의하여 불이익을 당할 수 있다.

58. 상속 개시전 금융재산이 자주 이동하면 입증하는 데 힘들다

"살아남"씨는 사망하였다. 상속인의 경우 금융재산 출금액에 대하여 소명해야 하는데 어떻게 분류하여 입증해야 하는가?
먼저 은행에 과거 인출내역에 대하여 전산자료를 요구하여 분석해야한다.
재입금이 되지 않는 부분은 은행에 전표요청을 해야 한다.

상속 조사시 가장 문제가 되는 것은 금융재산 처분액에 대한 입증책임이다. 따라서 출금한 금액에 대한 증빙자료를 잘 갖추어야한다. 출금한 금액을 확인할 수 없을 경우에는 금융기관에 출금전표와 입금전표의 조회를 하여야 한다. 조회를 하는 경우 신분증과 피상속인과의 관계를 증빙할 수 있는 가족관계증빙서를 가지고 해당금융기관에 방문해야 한다.

출금한 금액 중 적은 금액이라도 상속인의 계좌에 입금되면 사전증여로 본다. 출금한 금액이 재입금된 것은 처분으로 보지 않는다. 출금한 금액이 재입금된 것에 대하여 과세당국과 납세자간의 입증책임에 관한 마찰이 자주 일어난다.

출금한 금액에 대하여 재입금, 증여, 공과금 납부, 카드결제, 기타 온라인입금, 불명금액으로 구분하고 불명금액에 대하여는 상속세를 과세한다.

은행	계좌번호	날짜	출금	입금	재입금	증여	공과금	신용카드	기타 사업자금	불명금액

아래 표에서 사망 전 2년간의 입출금 내역 중 5백만원 이상인 경우를 합산해 보면 처분(출금)된 금액은 469,885,776원이고, 입금된 금액 508,327,888원이다. 이때 입금된 금액이 많지만 입금된 금액 중 별도

로 조성된 자금이 있는 경우에는 입금된 금액에서 제외된다. 출금액 중 재입금된 금액은 처분재산에서 제외되는 것이다.

아래 표 중 ①②의 107,817,888 원은 출금 후 재입금 된 금액으로 보고, ③④의 5천만원도 출금 후 재입금된 금액으로 인정된다. ⑤번 출금액 107,817,888원 과 ⑥⑦⑧⑨의 합계액 1억2천만원은 일치하지 않지만 그 금액도 출금 후 재입금 된 금액으로 볼 수 있지만, 나머지 금액은 비록 출금액 총액(469,885,776) 보다 입금액 총액(508,327,888)이 많다 하더라도 그 차액이 출금 후 재입금된것이 아니라면 처분재산을 소명해야 하는 경우도 발생한다. 실무적으로 출금액 중 재입금된 것을 상속인에게 요구하고 있기 때문이다. 그러나, 판례 등에서는 입금된 금액이 별도조성 자금임을 관청에서 입증하도록 하고 별도 조성자금으로 입증하지 못하면 재입금된 것으로 보아 납세자에게 유리하게 해석하고 있다.

:: 금융재산 처분액에 대한 소명 ::

은행	계좌번호	날짜	출금	입금
농협(00)		20000426	21,700,000	
농협(00)		20001114	7,000,000	
① 하나은행(00)		20001206	107,817,888	
② 국민은행		20001208		107,817,888
하나은행(00)		20010607	50,000,000	

농협(OO)		20010813	20,000,000	
③ 하나은행(OO)		20010607	50,000,000	
④ 하나은행(OO)		20010607		50,000,000
하나은행(OO)		20010607	70,000,000	
농협(OO)		20010813	19,000,000	
하나은행(OO)		20010816	20,550,000	
⑤ 국민은행		20010822	107,817,888	
⑥ 국민은행		20010822		30,000,000
⑦ 국민은행		20010822		30,000,000
⑧ 국민은행		20010822		30,000,000
⑨ 국민은행		20010822		30,000,000
하나은행(OO)		20010823	41,000,000	
신한은행		20020112		50,000,000
하나은행(OO)		20020128		100,510,000
하나은행(OO)		20020129		80,000,000
합계			469,885,776	508,327,888

59. 상속재산은 원칙적으로 시가에 의하여 평가한다

"살아남"씨는 아파트와 주택 상가를 소유하고 있는 상태에서 사망하였다. 사망한 경우 부동산 가액은 어떤 금액으로 상속세를 신고해야 하는가?
시가가 확인되면 시가로 신고해야 하고 시가가 확인되지 않으면 국가에서 정한 방법에 의하여 신고하여야 한다. 통상 아파트 등 규격화된 자산은 시가로 신고해야 한다.

상속세의 문제점은 실현되지 아니한 소득에 과세를 하다보니 문제가 발생한다. 가업을 상속하게 되면 세금을 납부해야 하는데 상속세를 내면 경영권이 위태롭고 세금을 내다보면 현금흐름이 문제가 되곤 한다. 그래서 상속세를 폐지하고 양도소득세로 과세하자는 의견도 있지만 우리나라는 그럴 가능성이 없다. 지금도 빈익빈 부익부의 편중이 심하다고 주장하고 있기 때문이다.

일반적으로 상속이 개시되면 통상 부동산과 주식이 대부분이다. 부동산과 주식에 대한 시가에 대하여 논란이 많다. 내가 상속받은 재산을 양도를 해야 가격을 알 수 있는데 주변거래가액을 적용하는 것은 억울하다는 것이다. 팔고 싶어도 팔리지 않는다는 주장이다. 그렇다고 헐값에 양도하고 싶지도 않다.

시가의 범위는 다음과 같다.
- 당해 재산의 평가기간(상속의 경우는 상속일 전후 6개월, 증여의 경우

증여 전 6개월. 증여 후 3개월) 이내에 거래한 가액 또는 감정가액(2
개 이상 공신력 있는 감정기관), 경매 · 공매 · 보상가액

- 당해 재산과 면적 · 종류 · 용도, 종목이 동일 또는 유사한 다른
  재산의 매매가액 등도 시가로 인정(상속일전 6개월 ~ 상속세 신고일
  까지 거래한 가액)

- 평가기간 밖의 매매사례가액, 감정 가액 등도 평가기준일부터 매
  매일까지 가격변동이 없다고 인정되는 경우에는 평가위원회자문
  을 거쳐 당해 가액을 평가기준일 현재의 시가로 인정(상속일전 2년
  전 – 6개월전)

60. 시가가 존재하지 않는 경우는 보충적인 평가방법을 하게 된다

"살아남"씨의 경우 단독주택을 소유하고 있다. 사망시 단독주택에 대하여 신
고하는 가격은 어떻게 산정하는가?
단독주택은 비교 가능한 주택이 없기 때문에 통상 개별주택 가격으로 신고
하면 된다.

시가가 존재하지 않는 경우에는 기준시가에 의하여 평가한다. 임
대차가 체결된 경우에는 월세를 연간으로 환산한 가액에 일정 비율로
나눈 금액을 평가액으로 한다.

㉮ 주택공시가액(공동주택, 단독주택)

2005년부터는 개별주택에 대하여 주택가격을 공시한다. 서울지역은 시청 홈페이지(토지정보서비스)에서 확인할 수 있다. 공시되는 주택에는 소형주택, 다세대주택, 단독주택, 국세청이 고시하지 않는 아파트나 연립주택, 근린생활시설의 주택 부분이 있다.

㉯ 국세청장이 고시한 가액(상가나 오피스텔)

2005.1.1일부터 상가나 오피스텔에 대하여도 국세청 고시가액이 적용되는 경우가 발생한다.

㉰ 별도로 고시되지 아니한 경우 기준시가

기준시가란 국세를 납부할 때 시가가 불분명하면 적용되는 가액을 말한다. 주택공시가액 또는 국세청이 고시한 경우를 제외한 부동산에 대하여 다음과 같이 평가한다.

- 토지 : 공시지가 × 면적
- 건물 : 신축가격(710,000원) × 구조지수 × 용도지수 × 위치
          지수 × 잔가율 × 가감산율 × 면적.

- 단, 상속세 또는 증여세 평가 시는 가감산율 적용

㉱ 임대차가 체결된 부동산의 평가

사실상 임대차계약이 체결된 경우는 연간월세를 12%로 나눈 금액

과 임대보증금 합계액

$$[\text{산식}]\ \text{보증금} + (\ \text{월세} \times \frac{12}{0.12}\ )$$

⑩ 저당권이 설정된 부동산 평가

담보재산이 담보하는 채권액. 예를 들어 1억원을 빌려주었다면 약
1.2억원을 담보로 잡게 된다. 이 경우 부동산 평가액은 실제 빌려준
채권액 1억원으로 평가한다.

61. 상속세 신고 후 가격이 하락한 경우 구제받을 수 있는지?

부동산도 변동성이 크다, 조세가 주택가격에 영향을 미치고 있다. 수도권지
역의 아파트를 상속받는 경우 상속세 신고시 아파트의 경우에는 주변지역의
거래가액을 시가로 보기 때문에 주변거래가액을 신고한 후 실제로 양도할
경우에 가격이 하락한 경우 상속세를 돌려 받을 수 있나?
돌려 받을 수 없다.

상속세를 신고하려고 한다. 신고하려고 하는데 신고할 가액을 어떠
한 금액으로 하여야 할 지에 대하여 질문하는 분들이 많다. 상속세는
상속일 현재 시가에 의하여 신고하도록 하고 있다. 다만 시가가 불분명

한 경우 세법이 정하는 보충적인 방법에 의하여 신고하도록 하고 있다.

상속세는 미실현 자본이득이 발생한다. 실제로 실현이 되어야 정확한 가격을 알 수 있다. 그러나, 주변거래가액을 시가로 적용하다 보니 납세자의 입장에서는 불만이 생긴다. 팔려고 해도 팔리지 않는데 어떻게 주변에 거래한 가액을 시가로 할 수 있느냐 하는 것이다. 특히 부동산의 경우에는 오랫동안 거주하다 보니 생활의 터전을 바꾸기가 그리 쉽지 않은 것이 사실이다. 빨리 팔려다 보니 헐값에 팔아야 하는 경우도 있다. 이런 경우가 불만이 쌓이게 된다.

세법은 상속세 신고기한(6개월이 되는 말일)까지 신고하도록 하기 때문에 위와 같이 평가에 따른 불이익을 볼 수 있다.

그러면 달리 방법이 없는 것인가? 세법에는 아주 특별한 경우에 해당하는 경우에는 약간의 방법이 있다. 즉, 상속개시후 1년이 되는 날까지 상속재산의 수용·경매(「민사집행법」에 의한 경매를 말한다) 또는 공매된 경우로서 그 보상가액·경매가액 또는 공매가액이 상속세 과세가액보다 하락한 경우에는 경정청구 할 수 있도록 하고 있다.

> ▶ 아파트 가격을 주변거래가액으로 평가하여 신고한 후 가격이 떨어지면 세금을 환급해주는가?

예를 들어 10억원이었던 주택가격이 7억원으로 떨어진 경우를 보자. 10억원에 상속세를 추징당했는데 7억원에도 팔리지 않은 경우 3억원에 대한 상속세율(최고 50%)를 적용한 1.5억원을 납부한 상속세를 환급해 주는가? 그렇지 않다.

62. 가업승계와 가업상속

"살아남"씨는 중소기업을 운영하고 있으면 당해 중소기업의 최대주주이다.
상속세를 절세하기 위한 방법으로 어떤 제도가 있는가?
생전에 증여하는 가업승계제도와 상속시 공제하는 가업상속제도가 있다.

㉮ 가업승계

① 증여자 요건

⑴ 가업주식의 증여일 현재 중소기업인 가업을 10년 이상 계속하여
경영한 60세 이상인 수증자의 부모(증여 당시 부모가 사망한 경우에는
그 사망한 아버지나 어머니의 부모를 포함)이어야 한다.

⑵ 10년 이상 계속하여 경영한 중소기업으로서 증여자와 그의 친족
등 특수관계에 있는 자의 주식 등을 합하여 해당 법인의 발행주식
총수 또는 출자총액의 50%(상장법인은 30%)이상의 주식 등을 소유
하여야 한다.

② 수증자 요건

⑴ 증여일 현재 18세 이상으로서 거주자인 자녀이어야 한다.

⑵ 가업 주식을 증여받은 수증자가 증여세 신고기한(증여세 신고기한)
까지 가업에 종사하고, 증여일로부터 5년 이내에 대표이사에 취
임하여야 한다.

● 창업자금 증여세 과세특례는 수증인 수에 제한이 없이 특례적용 가능합니다. 따라서 부모
가 장남과 장녀에게 30억원씩 창업자금을 증여하는 경우 각각 과세특례 적용 가능

③ 과세방식 : 증여세 과세 후 상속시 정산

- 가업승계 주식(100억원 한도)

증여세부과 : (증여가액 - 5억원) × 10%(과표 30억원초과 × 20%)

- 창업자금에 대한 증여세 과세특례 30억한도(10명이상 신규고용시 50억 한도)

증여세부과 : (증여가액 - 5억원) × 10%

● 신고세액공제 없음. 연부연납제도 불가. 법인만 해당(개인사업자는 안됨)

④ 상속재산에 합산

일반적으로 증여 후 10년이 경과되면 상속세를 납부하지 않지만 가업승계증여재산은 증여기한과 상관없이 상속일 현재 재산에 합산한다.

⑤ 상속세 정산

상속이 개시되는 경우 상속개시일 현재 가업상속요건을 모두 갖춘 경우에는 가업상속공제 적용, 결국 가업승계 증여의 경우에는 상속공제가 가능

⑥ 사후관리기간 : 7년

🔴 가업상속공제

① 요건

가업(중소기업)으로서 피상속인이 10년이상 계속하여 경영한 기업

② 피상속인 요건

피상속인이 가업의 영위기간 중 50% 이상의 기간을 대표이사(개인
사업자인 경우 대표자를 말함.)로 재직하거나 상속개시일부터 소급하여
10년 중 5년 이상의 기간을 대표이사 등으로 재직하여야 함

③ 상속인 요건

(1) 상속개시일 현재 18세 이상인 경우

(2) 상속개시일 2년 전부터 계속하여 직접 가업에 종사한 경우 (천재
지변, 인재 등으로 인한 피상속인의 사망으로 부득이한 사유가 있는 경우
제외)

(3) 상속세과세표준 신고기한까지 임원으로 취임하고, 상속세 신고
기한부터 2년 이내에 대표이사 등으로 취임한 경우

④ 가업상속공제액

(1) 공제율 : 가업상속재산

(2) 공제한도 : 10년이상 200억원, 20년이상 300억원, 30년이상 500
억원

⑤ 가업상속재산이란

- 개인가업 : 상속재산 중 가업에 직접 사용되는 토지, 건축물, 기
계장치 등 사업용 자산에서 해당 자산에 담보된 채무액을 뺀 가액

- 법인가업 : 상증법상 법인 주식평가액 × (1-가업에 직접 사용하지

않는 사업무관자산* 비율)

⑥ 사후관리

– 관리기간 : 10년(2020.1.1.이후 상속분부터 7년)

– 처분제한 : 20%(5년이내는 10%)이상 처분한 경우

– 고용유지의무

63. 비상장 중소기업의 주식 평가액은 고무줄

주식을 이용하면 상속세나 증여세를 절세할 수 있는 방법이 있다.
법인설립초기에는 수익이 발생하지 않기 때문에 저가 평가되는 것이 일반
적이다. 법인이 성장하면 할수록 가치가 증대되는 경우에는 성장 후 증여나
상속이 발생하면 상속세나 증여세가 많이 발생된다. 증여시기를 잘 선택해
야 하고 평가방법을 잘 알아야 한다.

상장주식의 경우는 시가가 존재한다. 세법은 상장주식에 대하여 한
국증권거래소에서 거래되는 주식 및 출자지분은 평가기준일 이전·
이후 각 2개월간에 공표된 매일의 한국증권거래소 최종시세가액(거래
실적의 유무를 불문한다)의 평균액을 증여나 상속재산의 평가기준으로
하도록 하고 있다. 하지만 비상장주식의 경우에는 시세가 형성된 경
우가 드물어 그 시가를 산정하는데 어려움이 있다.

비상장 중소기업의 주식의 경우에는 상황에 따라 평가방법을 이용한 조세회피가 가능하다. 그러나, 세법을 모르는 경우에는 상당한 불이익을 겪기도 한다. 상속 및 증여의 경우에는 비상장 중소기업을 소유하고 있는 경우 상속·증여시 평가액을 잘 알아야 한다.

● 비상장주식의 경우는 순손익가치와 순자산가치에 의하여 평가한다.

비상장 중소기업을 경영하는 경우 세금면에서 여러 가지 지원을 받고 있다. 세액공제, 세액감면 규정 등이 그것이다. 이에 비하여 비상장기업을 운영하는 사업자의 경우에는 상속이나 증여문제에 대해서는 소홀히 하고 있는 것 같다.

중소기업의 경우 대부분 비상장 기업으로서 가족이 주주가 되어있는 경우가 많다. 만약 비상장 중소기업의 주식을 상속이나 증여하게 되는 경우 또는 양도를 하는 경우 비상장 중소기업의 주식의 평가액을 어느 금액으로 하느냐에 따라 세부담이 크게 달라진다.

대기업의 경우는 물량몰아주기나 특수관계자간의 거래를 통하여 주가를 올릴 수 있다. 대기업의 경우 비상장 중소기업을 설립시 자녀 등을 주주로 참여하게 하고 이후 일감 몰아주기 등을 통하여 주식가치가 증가시키는 경향들이 있다. 지금은 상당 부분 증여세를 과세하도록 규정하고 있다.

64. 비상장기업의 주식가치는 대표자에 의해 좌지우지 되는 경향이 많다

"살아남"씨는 젊은 나이에 사망하였다. "살아남"씨의 상속인들은 가업을 승계하는 것이 좋은 것인지 상담하게 된다.

기업의 성장은 결국 "살아남"씨가 인사 노무 마케팅 거래처 관리 등 모든 것을 하게 되는 것이 중소기업의 현실이다. 상속인들로써는 가업을 상속받아 유지 관리하는 것이 모험일 수 있다.

㉮ 사망한 후 기업을 유지 할 수 없다면 빨리 처분하는 것이 좋다.

기업활동을 왕성하게 하여 기업을 키웠다. 그런데 갑자기 사망한 경우 그 중소기업은 어려움에 처하게 된다. 자녀가 미리 가업을 승계받기 위해 그 기업에 근무하면서 경영수업을 한 경우라면 몰라도 갑자기 상속인이 그 기업을 운영할 수 없다. 이런 경우 상속세만 내고 기업의 가치가 하락하게 되어 상속받은 것이 오히려 문제가 되는 경우를 종종 보게 된다.

㉯ 비상장 중소기업의 경우는 대표자에 따라 경영성과가 결정된다.

다시 부연하지만 비상장 중소기업의 특성으로는 소유와 경영의 분리(주식분산이 되어 있지 않음)되지 않은 경우가 대부분이다. 중소기업의 특징은 대표자의 능력에 따른 매출 및 소득의 창출, 경영자와 종업원 및 고객간의 밀접한 개인적 접촉, 자본조달의 곤란, 상장기업 대비

낮은 생산성, 저자본 비율, 저임금 수준, 빈번한 기업의 출현과 몰락 및 과당경쟁 등을 들 수 있다.

따라서 비상장 기업의 주식을 상속이나 증여 하는 경우 상속세와 증여세를 납부하여야 하는데, 이 경우 공정한 평가액이 없기 때문에 상속세 및 증여세법에 의하여 보충적인 평가방법인 순손익가치 또는 순자산가치에 의해 평가하고, 여기에 최대주주의 경우 할증평가(20%)까지 적용됨으로써 상속인에게 커다란 부담이 될 수 있다.(2020.1.1.이후부터 중소기업할증평가 제외) 그렇다고 대표자가 사망한 경우 기업을 6개월 이내에(증여는 3개월 이내) 처분함으로써 상속문제를 해결할 수 있으나 짧은기간 내 처분 결정을 내리기는 쉽지 않다.

미리미리 가업승계규정과 가업상속요건에 맞는 작업이 필요하고 물납에 따른 유불리등을 검토해야 한다.

㉹ 비상장주식을 물납할 수 있다. 다만 상속시 비상장주식만 있을 때 가능하다.

65. 중소기업주식 평가는 어떻게 하는가?

상속세 및 증여세법의 평가 규정은 비상장기업의 경우 평가액이 지나치게 높게 산정된다는데 문제가 있다. (물론 반대의 경우도 있다)
이는 비상장주식의 경우 자본금액이 적고 주식 수가 적어 당기순이익을 주식 수로 나누기 때문에 실제 평가액이 수십 배에 달하는 경우가 있다.

중소기업의 주식은 순자산가치와 순손익가치를 가중 평균한 가액으로 한다. 특별한 경우에는 순자산가치(자산-부채=자본)으로하는 경우도 있다. 손손익가치와 순자산가치의 평가는 다음과 같이 하며 최대 주주 및 그와 특수관계인에 해당하는 주주 등에 대해서는 20%할증평가한다.(중소기업제외)

▶ 순손익 가치

1주당 가액 = 1주당 최근 3년간의 순손익액의 가중평균액 ÷ 금융시장에서 형성되는 평균이자율을 참작하여기획재정부령이 정하는 율(10%)

1주당 최근 3년간의 순손익액의 가중평균액이란 다음과 같이 산출한다.

1주당 최근 3년간의 순손익액의 가중평균액

= [(평가기준일 이전 1년이 되는 사업연도의 1주당 순손익액 × 3)

+ (평가기준일 이전 2년이 되는 사업연도의 1주당 순손익액 × 2)

+ (평가기준일 이전 3년이 되는 사업연도의 1주당 순손익액 × 1)]

× 1/6

● 순손익가치와 순자산가치를 각각 3과 2의 비율로 가중평균한 가액이 순자산 가치의 80%
보다 낮은 경우 1주당 순자산가치의 80%를 비상장주식 가액으로 한다.

▶ 순자산가치

1주당 가액 = 당해 법인의 순자산가액 ÷ 발행주식총수

▶ 당해 법인의 순자산가액이란

순자산가액 = 영업권 포함 전 순자산가액 + 영업권

▶ 최대주주의 경우 할증평가

　최대주주의 경우 할증평가 최대주주 또는 최대출자자 및 그와 특수
관계에 있는 주주 또는 출자 자의 주식 및 출자지분(중소기업 및 평가기
준일이 속하는 사업연도 전 3년 이내의 사업연도부터 계속하여 법인세법 규정에
의한 결손금이 있는 법인의 주식 또는 출자지분 등은 제외한다)에 대하여는 평
가한 가액에 그 가액의 100분의 20을 가산한다.

　간단히 예를 들면 자본금이 5,000만원(10,000주, 액면금액5,000원)인
중소기업의 경우 3년 평균 당기순이익이 5,000만원이면 평가액이 5억
원이 된다. (5,000만원/10,000주 = 5,000원, 1주당 5,000원의 순손익이 되고
1주당 순손익 5,000원을 10%로나누면 주당 평가액이 50,000원이 된다.

　따라서 1주당 50,000원으로 평가되므로 50,000원에 10,000주를 곱

하면 주식의 총 가치는 5억원이 된다.

66. 부동산과 주식의 명의신탁과 환원

> 부동산을 다른 사람명의로 취득하는 경우 증여문제가 발생할 수 있다. 주식의 경우에도 다른 사람명의로 등록하면 증여세 문제가 발생한다.
> 그렇지만 부동산과 주식을 환원하는 경우에는 증여세 문제가 발생하지 않지만 부동산의 경우에는 부동산실명법위반이 되는 경우가 발생할 수 있다.

명의신탁환원에는 부동산과 주식이 대표적이다.

먼저 부동산에 대한 명의신탁의 법률을 보면 부동산실명제가 실시되기 때문에 원칙적으로 타인명의로 부동산을 소유하게 되면 부동산실명제법 위반으로 과징금과 형사처벌을 받을 수 있다.

과징금 규정은 다음과 같다.

① 부동산 평가액을 기준으로 하는 과징금 부과율

부동산 평가액	과징금 부과율
5억원 이하	5%
5억원 초과 30억원 이하	10%
30억원 초과	15%

● 부동산 가액은 과징금을 부과하는 날 현재 기준시가를 말하고 이미 명의신탁관계를 종료하

였거나 실명등기를 하였을 때에는 명의신탁관계 종료 시점 또는 실명등기 시점의 부동산가액을 말한다.

② 의무위반 경과기간을 기준으로 하는 과징금 부과율

의무위반 경과기간	과징금 부과율
1년 이하	5%
1년 초과 2년 이하	10%
2년 초과	15%

다만, 과징금은 명의신탁사실이 해소되는 날로부터 5년이 경과되면 과징금이 없게 된다. 과징금 부과되는 금액은 국가에서 공시한 가액에 과징금 부과율을 곱하면 된다. 그러나 배우자나 종중의 경우에는 이러한 부동산 실명법에 의한 제재 규정이 없다. 그렇지만 국세청의 경우 배우자 명의로 한 부동산에 대하여 증여세를 과세하는 사례가 많으므로 배우자 명의로 등기 시에는 증여세 문제를 고려해야 한다.

주식의 명의신탁에 대하여는 처벌규정으로 대표적인 것이 명의신탁재산에 대한 증여세를 부과하는 것이다. 다만 주식을 환원할 경우에는 별다른 제재가 없다. 예를 들어 7년전에 주식회사를 설립하기 위하여 5,000만원을 타인명의로 주식을 소유하게 되는 경우 5,000만원에 대한 증여세를 납부해야 하며 다시 명의를 실제주인 명의로 환원하는 경우에는 증여세가 부과되지 않는다. 실제주인은 명의신탁사실을 입증하는 것이 어려울 수 있다. 입증방법으로는 주식회사를 설립할 당시에 주금 납부를 증명할 수 있는 서류를 갖추어야 하지만 이를 입증하기가 쉽지 않다.

과거에는 주식회사를 설립시 7인이상의 발기인이 필요로 하였다. 그러나 현재는 1인만 있으면 주식회사를 설립할 수 있으므로 주식회사 설립시 타인명의로 하는 경우에는 그 회사가 잘 된 뒤에 명의를 환원할 경우를 대비해야 한다. 법인이 세금을 납부하지 않으면 과점주주가 그 세금을 떠안게 되기 때문에 세금을 피할 목적으로 주식을 분산하는 경우가 많다.

▶ 상법 제383조【원수, 임기】:이사
① 이사는 3명 이상이어야 한다. 다만, 자본금 총액이 10억원 미만인 회사는 1명 또는 2명으로 할 수 있다.

▶ 상법 제409조【선 임】: 감사
④ 자본금의 총액이 10억원 미만인 회사의 경우에는 감사를 선임하지 아니할 수 있다.

---

67. 배우자 공제와 상속세

"살아남"씨는 배우자에게 증여하는 경우 6억원까지 증여세가 없다고 생각 하여 배우자 명의로 증여하였다.
그런데 "살아남"씨가 증여한 후 10년이내 사망하게 되는 경우 증여 받은 재산은 상속재산에 합산한다. 배우자에게 증여한 재산은 10년간 합산하므로 상속세 과세표준이 발생하면 6억원까지는 증여세가 과세되지 않았지만 상속세가 과세되는 경우도 있다.

증여는 상속세의 회피수단으로 이용될 소지가 있다. 따라서 일정한 증여재산에 대하여는 상속재산에 가산하여 상속세를 납부하도록 하고 있다. 상속세법의 규정 중 피상속인이 10년 이내에 배우자에게 증여한 재산에 대하여 상속재산에 가산하도록 하고 있다. 그러나 증여세의 경우 배우자에게 6억원까지 증여하는 경우에는 배우자공제 6억원을 적용하여 증여세를 납부하지 않게 된다.

생전에 배우자에게 증여하는 경우 항상 세부담면에서 절세할 수있을 것인가? 아니다. 이는 증여자의 나이, 증여자의 재산규모에 따라 달라질 수 있다.

증여자의 사망으로 상속시 배우자 공제 5억원을 초과하여 공제받으려면 사망 전 10년 이내에 배우자에게 증여하지 않는 것이 유리하다. 배우자에게 증여하는 경우에는 6억원(2007.12.31. 이전은 3억원)까지 증여공제를 받을 수 있다고 생각하여 아무 생각 없이 증여를 하는 경우를 볼 수 있다. 상속시 5억원 초과금액을 배우자 공제를 받으려면 반드시 상속재산중 배우자공제분 만큼 등기이전 해야 한다. 결국 배우자의 법정지분이상의 재산이 배우자에게 이전되기 때문에 재상속문제가 발생하여 세액을 더 내는 경우를 볼 수 있다. 즉, 증여로 6억원을 하였고, 나중에 법정지분에 해당하는 금액이 15억원이라면 결국 21억원이 배우자에게 이전되고 나중에 재상속문제가 발생하는 것이다.

특히 중병 등으로 사망시기가 가까운 때 증여하는 경우에는 배우자 공제규정 때문에 불리해 진다. 사망에 임박해서 배우자 명의로 변경하는 경우는 증여세 과세 후 상속세가 과세된다. 사망이 임박하여 배우자에게 증여하는 경우 증여재산의 과세표준에 대하여 상속공제를 받을 수 없다. 증여를 하는 경우 증여세 과세표준이 발생하지 않도록 해야 한다.

● 배우자의 법정지분에 해당하는 금액을 공제하려면 반드시 배우자 명의로 변경해야 한다.

① 배우자의 상속공제(다음 중 적은 금액)

(1) 배우자가 실제상속 받은 금액(추정상속재산 중 배우자가 받은 금액 포함)

(2) 한도액(30억원을 한도로 한다) = 배우자의 법정상속분에 의한 상속재산금액 - 상속개시일 전 10년 이내에 피상속인이 배우자에게 증여한 재산의 과세표준

▶ 배우자의 법정상속분가액

[(총상속재산가액 + 상속개시전 10년 이내에 상속인에게 증여한재산가액) − (상속재산중 상속인이 아닌 자가 유증·사인증여 받은 재산 + 비과세되는 상속재산가액 + 채무·공과금 + 공익법인 등의 출연재산에 대한 상속세과세 가액 불산입 재산 + 공익신탁재산에 대한 상속세 과세가액 불산입재산)] × 배우자의 법정상속지분

② 상속 받은 금액이 없는 경우 등의 특례

배우자가 실제 상속 받은 금액이 없거나 상속 받은 금액이 5억원 미만인 경우에는 5억원을 공제한다.

③ 5억원 초과 상속공제를 받으려면 상속세 신고기한 후 6월 이내에 등기, 등록 명의 개서해야 함. 부득이한 경우 조사 종결 전까지 이전해야 한다.

배우자공제는 배우자의 법정상속분, 배우자 증여세 과세표준, 사전에 증여하는 경우 법정비율이상의 재산이 이전됨에 따른 재상속문제가 발생한다.

68. 10년이내 배우자에게 증여한 경우 불리해진 상속세

> "살아남"씨는 10억원을 배우자에게 증여하였다. 정상적으로 4억원에 대하여
> 증여세를 납부하였다.
> "살아남"씨가 사망한 경우 배우자의 법정지분에 대하여 상속공제가 가능하
> 지만 생전에 증여한 재산의 과세표준 4억원 때문에 배우자 공제가 줄어들어
> 상속세를 추가로 납부해야 하는 상황이 발생한다.

　35억원의 자산 중 2010년에 배우자에게 10억원을 증여하고 나머지
25억원을 2014년에 상속한 경우와, 배우자에게 증여하지 않고 35억원
을 상속한 경우 세부담은 다음과 같은 차이가 발생한다.

　예1) 상속재산이 25억원이고 10년 이내에 배우자에게 증여한 재산이
10억원이 있다면 다음 같이 상속세가 발생한다. 배우자와 자녀 2인이
있는 경우 배우자의 법정지분은 다음과 같이 계산된다.

▶ 배우자의 법정 지분

(상속재산 25억원 + 증여재산 10억원) × 1.5/3.5

= 15억원 - 10년 이내 증여재산의 과세표준 4억원 = 11억

따라서 인적공제만 하면 상속세는 다음과 같이 산출된다.

상속재산 25억원 + 증여재산 10억원 - 배우자공제 11억원

- 기초공제 등 일괄공제 5억원 = 상속세 과세표준 19억원 × 세율

= 6억원(1억원 × 10% + 4억원 × 20% + 5억원

× 30% + 9억원 × 40%)

예2) 10년 이내에 증여재산이 없다면 상속재산이 35억원이 되고 배우자의 공제는 다음과 같이 계산된다.

▶ 배우자의 법정지분

상속재산 35억원 × 1.5/3.5 = 15억원

따라서 인적공제만 하면 상속세는 다음과 같이 산출된다.

상속재산 35억원 - 배우자공제 15억원 - 기초공제 등 일괄공제

5억원 = 상속세 과세표준 15억원 × 세율 = 4억 4천만원

(1억원 × 10% + 4억원 × 20% + 5억원 × 30% + 5억원 × 40%)

결국, 상속재산에 가산하는 배우자의 증여재산 때문에 상속세가 1.6억원이 더 산출된다. 재산이 많은 경우 배우자에게 증여하고자 할 때는 충분한 검토가 필요하다.

69. 배우자 공동명의와 세금

> 양도소득세를 절세할 목적으로 현재 가지고 있는 부동산을 배우자에게 증여 후 양도하는 경우 절세 할 수 있는지 문의하는 분들이 많다. 또 미래의 상속세를 절세 할 목적도 있다.
> 양도소득세, 상속·증여세, 종합부동산세를 종합적으로 판단해야 한다. 취득이전 비용이 상당하므로 검토하여 결정하는 것이 좋다.

양도소득세는 단독명의에서 공동명의로 변경하는 경우 누진공제와 양도소득기본공제 혜택을 받을 수 있다. 양도소득세의 절세 혜택은 최대 3,540만원(지방소득세 354만원)이다. 이는 소득세율이 6%,15%,24%,35%,38%,40%,42%로 계산되기 때문이다. 양도소득기본공제 혜택은 250만원에 최고 42%를 곱하면 105만원(지방소득세 10.5만원)을 절세 할 수 있다.

상속세의 경우 배우자에게 증여하는 경우 6억원까지 증여세가 없으며, 6억원을 초과하더라도 상속세 과세표준이 10억원까지는 세율이 10%, 20%, 30%로 구분되므로 상속재산이 많을 것이 예상되는 경우에는 최고 50%의 세율이 적용되는 것을 피하기 위한 목적도 있다. 증여의 경우는 10년이 초과되어야 상속재산에서 제외된다는 점, 증여 후 6억원의 재산이 10억원이 된다면 증가된 4억원에 대하여 상속세를 회피할 수 있다.

종합부동산세와 재산세의 절세효과도 기대된다. 재산세의 경우에는 물건별 과세기 때문에 약간의 혜택이 기대된다. 종합부동산세의 경우에도 인별 물건별 과세기 때문에 약간의 혜택을 받을 수있다. 종합부동산세의 경우 주택 부분에 있어서는 1세대 1주택일 경우 종부세는 9억원까지 종합부동산세 대상이 아니지만, 공동소유의 경우에는 각각 6억원씩 공제되므로 약 3억원의 혜택이 더 있다.

반면에 현재 부동산을 증여에 의하여 이전하는 경우 취득세 등 이전비용이 시가표준액의 약 5%가 지출된다는 점에 유의해야 한다. 즉, 양도소득세 절세목적의 경우에는 큰 절세는 아니다. 양도소득세 최고 절세액은 3,894만원(3,540만원 + 354만원)이지만 증여관련 이전비용은 기준시가 5억원이라면 약 2,500만원이 예상되기 때문이다. 또 실제로 종합부동산세의 감소금액도 그리 크지 않다.

70. 증여하려면 과거 10년이내에 증여한 재산이 있는지 확인해야 한다

현재 3억원의 예금을 가지고 있다. 추가로 6억원을 배우자에게 증여하려고 하는데 문제가 없는가?
먼저, 지금 소유하고 있는 3억원의 증여시점을 파악해야 한다.

현재 예금 3억원이 있다면 3억원에 대한 종자돈 발생시점(예금하는 시점)이 언제인지에 따라 증여를 할 수도 있고 못할 수도 있다. 현재 부인이 저축한 돈은 부인의 소득이 없는 한 남편이 증여한 것으로 추정한다. 이유는 생활비를 주어 절약하여 저축하는 경우에도 증여로 보기 때문이다.

예) 현재 3억원의 금융재산을 가지고 있다. 6억원의 부동산을 2018년 3월 1일에 증여하려고 하는 경우 증여세를 납부하지 않아도 되는지
① 현재 3억원이 2008.3.1. 이전에 증여한 것이라면 증여일 현재 10년이 경과되었으므로 다시 증여 6억원을 할 수 있다.
② 현재 3억원이 2008.3.1. 이후에 증여한 것이라면 합산기간이 10년이므로 다시 6억원을 증여하면 증여세를 납부하여야 한다.

세액계산은 다음과 같다.

기존 증여액이 2008.3.1. 이전이라면	기존증여액이 2008.3.1.이후라면
증여재산 6억 + 기 증여재산 0억(2008. 3. 1. 이전 증여한 경우 합산기간 경과)	증여재산 6억 + 증여재산 3억(2008. 3. 1. 이후 증여한 경우 합산기간 이내이므로 합산)
증여가액 6억 - 증여재산공제 6억	증여가액 9억 - 증여재산공제 6억
증여세 과세표준 0억 세율	증여세 과세표준 3억 세율 20% (누진공제액 1,000만원)
산출세액 0만원	산출세액 5,000만원

71. 증여세를 신고하는 경우 과거 신고내용을 확인해야 한다

"살아남"씨는 조부로부터 5,000만원을 증여 받았다. 그 후 아버지로부터 5,000만원을 증여 받으려고 한다. 증여재산공제가 가능한가?

직계 존·비속으로부터 증여받는 경우에는 할아버지·할머니·아버지·어머니·외할아버지·외할머니 모두 직계존속이 되기 때문에 증여재산공제는 10년에 5,000만원만 공제된다. 조부로부터 받는 금액이 10년이내 자산이라면 공제받지 못한다.

일반인들이 세법은 상식으로 이해되어야 한다고 생각한다. 그러나 세법은 상식이 아니다. 증여재산 신고를 하였다. 그러나, 최초증여로부터 10년이내 증여를 하게 되었는데 최초신고자산을 합산 신고하지 않는 경우 어떠한 문제가 발생하는가?

증여세 신고자의 경우에는 신고시에 과거에 증여세 신고 여부를 확인해야 한다. 이 경우 관할세무서에 과거 신고내역을 조회하여야 하는데 이를 잊어버리고 신고하는 경우가 있다. 할아버지, 할머니, 아버지, 어머니로부터 증여 받은 재산이 있는지를 반드시 확인해야 한다. 확인하지 않는 경우에는 증여재산공제로 직계 존·비속간 5천만원(미성년자는 2천만원) 공제를 불공제 받을 수가 있다.

또 납세자인 수증자의 입장에서는 과거에 신고한 사실이 있으니 가산세는 부당하지 않느냐 이의를 제기하는 경우가 있다. 상식적으로는 증여세 신고를 하면 해당관청이 과거에 신고한 재산이 있는지를 확인하여 알려주어야 하는 것이 아니냐고 이의를 제기한다.

필자의 입장에서도 과거에 신고한 사실이 있으면 신고가액을 확인하여 추가로 고지하면 될 것 같은데 추가로 고지할 때 신고불성실 가산세를 부과하고 납부지연에 따른 납부불성실 가산세를 부과하게 된다. 그러나 여기서 신고불성실 가산세를 부과하는것에 대한 이의제기가 가장 많다. 즉, 과거에 신고하지 않았느냐는 것이다.

증여세는 10년이내 동일인으로부터 증여 받는 경우 합산과세 되고, 10년이내 증여재산공제 한도가 있기 때문에 합산하여 신고하지 않는 경우에는 추가 증여세와 가산세가 발생하게 된다. 다만, 모친으로 증여 받는 날 이전에 부친이 사망한 경우 합산하지 않는다.

72. 증여하려면 적어도 상속공제액 만큼은 남겨두고 증여하라

상속재산이 적은 사람들은 자신은 상속세와 무관한 사람이라고생각한다. 하지만 이는 세법을 모르는 말이며 상황에 따라 다르게 적용되는 규정으로 예상치 못한 세금을 내야 하는 경우도 발생한다. 일단 상속이 개시되면 세무사와 상속문제를 상담할 필요가 있다.
상속공제만큼은 상속 후에 정리하는 것이 유리하다.

▶ 배우자에게 미리 증여하면서 증여세 과세표준이 발생된 경우 배우자공제를 최대한 받을 수 없다.

배우자에게 증여를 고려한다면 상속공제(배우자공제와 일괄공제)인 10

억원을 초과하는 경우 고려해야 한다. 10억원 이하면 상속세가 없어서 만약 상속 전에 부동산을 이전한다면 증여세와 증여 이전비용이 예상된다.

▶ 미리 증여하면 배우자와 자녀가 있는 경우 10억원, 자녀만 있는경우 5억원을 공제받지 못한다.

상속공제는 상속재산에서만 공제가 가능하다. 따라서 사전에 증여하는 경우 상속재산이 없는 경우 상속공제인 배우자공제와 일괄공제를 받지 못한다. 예를 들어 재산이 10억원인데 사전에 배우자와 자녀에게 증여한다면 결국 상속일 현재 재산이 없어서 상속공제를 받지 못한다. 다만, 배우자 증여공제 6억원과 증여재산공제로 성년자 5,000만원, 미성년자 2,000만원은 공제받을 수 있다.

▶ 상속세나 증여세를 신고하지 않으면 가산세가 있다. 다만, 상속공제범위 내이면 신고하지 않아도 불이익이 없다.

상속세는 신고하지 아니하면 가산세 규정이 있다. 신고시는 20%의 가산세가 적용되지만 부정행위 무신고는 40%의 가산세가 적용된다.또, 상속세 기한까지 납부하지 않는 상속세는 납부불성실 가산세로 매일 25/100,000= 연 9.125%만큼 가산세가 증가한다. 상속조사가 상속세 신고기한 1년 전후에 조사하는 경우가 많으므로 1년간 가산세 추가부담된다.(고액상속자로써 지방청 조사대상인 경우 조사시기를 앞당길 수 있다.)

▶ 상속재산이 10억원 이어서 세금이 없다고 좋아할 일이 아니다.

부동산의 경우는 나중에 양도하면 양도소득세부담이 커질 수 있기 때문이다. (상속세와 양도소득세 중 절세할 수 방법은 상속 당시의 가액을 감정가액으로 확실하게 해두는 것이다.)

상속세를 신고하다 보면 부동산만 가지고 있는 경우로 10억원이하의 자산을 가진 분들은 나는 세금과 관련이 없다고 생각할 수있지만, 상속세를 신고하지 않은 경우에는 취득가액은 상속 당시 기준시가가 되기 때문에 양도소득세가 증가할 수 있다.

예를 들어 기준시가 7억원인 부동산의 시세는 10억원이다. 이 경우 신고를 하지 않으면 7억원이 취득가액이 되고 양도 당시 10억원에 양도하였다면 양도차익이 3억원이 발생하는 것이다. 즉, 3억원에 대한 양도소득세를 내야 한다. 그러나 규격화된 아파트나 오피스텔은 주변 거래가액이 있는 경우 거래가액을 적용한다.

73. 보험가입과 상속세

보험사들은 상속과 관련하여 상속세를 절세하기 위하여 보험상품을 권유하는 경우를 볼 수 있다.
부동산만 가지고 있는 자산가의 경우에는 보험에 가입함으로써 미래의 상속세 재원마련을 위해서 가입하는 경우가 있으며, 보험의 경우 특히 연금형태의 경우에는 보험금의 평가규정이 적용되어 평가차이에 따른 상속세 절세 효과가 있다. 이런 상품이 세무상 용어로 유기정기금과 무기정기금이라고 한다.

불의의 사고를 대비하는 측면에서 보험에 가입하는 분들이 많다. 또 장기 저축성 보험의 경우에는 10년이상인 보험저축에 대하여 종합소득세를 비과세한다. 즉, 금융소득종합과세를 피할 수 있다. 보험금의 평가방법에 따라 세부담이 달라지게 된다. 연금으로 받는 경우는 정기금평가방법에 의하여 평가한다.

보험의 증여시기는 보험사고의 발생일이다. 보험에 가입하는 시기가 아니다. 보험상품은 계약기간이 비교적 길어서 보험사고 발생일을 증여시기로 보는 것이다. 만약 계약시기를 증여시기로 보는 경우 증여세 부과의 제척기간(국가에서 세금을 부과할 수 있는 기간)이 15년이기 때문에 보험을 15년상품으로 가입하게 되면 증여세를 부과할 수 없는 문제가 발생한다. 때문에 보험의 증여시기를 보험사고 발생일로 본다.

만약 보험을 계약하고 중도에 해지하는 경우 해지된 금전을 보험료 불입자에게 반환하는 경우에는 증여로 보지 않는다. 그러나 만기가 되어 보험료를 보험계약자에게 반환하는 경우에는 증여로 보는 경우가 많다.

보험료를 매월 불입하는 경우 불입일을 증여시기로 볼 것인지에 문의하는 분들도 많다. 사전에 현금 등을 증여하여 5년 이내에 보험사고가 발생한 경우와 보험계약기간 내에 다른 재산을 처분하여 보험료를 불입하거나, 계약기간 내에 보험료를 현금으로 계약자가 아닌 자가 불입하는 경우에는 보험금 전체에 대하여 증여가액으로 보게 되어 증여세부담이 늘어나게 되었다. 즉, 불입일이 아니고 보험 사고일이 증여시기가 되기 때문이다.

(산식) 보험금의 증여가액 = 보험금 - 보험료 불입액 = 증여가액

보험료 불입액이 보험사고일 10년이내인 경우에는 보험금의 증여가액에 보험료 불입액을 합산한 가액이 증여가액이 된다.

74. 보험금의 평가는 어떻게 해야 하는가?

보험금의 경우 평가액은 사망일 현재 평가할 수 없는 경우가 많다. 보험금의 경우에는 있다. 연금식으로 받는 보험의 경우에는 유기정기금, 무기정기금, 종신정기금에 따라 평가액이 달라진다. 가입시 평가방법에 대하여 보험설계사와 상담해야 한다.

㉮ 유기정기금
그 잔존기간에 각 연도에 받을 정기금액을 기준으로 기획재정부령이 정하는 바에 의하여 계산한 금액의 합계액에 의한다. 다만, 1년분 정기금액의 20배를 초과할 수 없다.

㉯ 무기정기금
그 1년분 정기금액의 20배에 상당하는 금액

㉓ 종신정기금

그 목적으로 된 자의 「통계법」 제18조에 따라 통계청장이 승인하여 고시하는 통계표에 따른 성별 · 연령별 기대여명의 연수(소수점 이하는 버린다)까지의 기간 중 각 연도에 받을 정기금액을 기준으로 기획재정부령이 정하는 바에 의하여 계산한 금액의 합계액에 의한다.

● 기대여명의 연수(2010.12.31이전 상속 · 증여분은 75세)

기획재정부령이 정하는 유기정기금과 종신정기금은 다음과 같이 평가한다.

▶ 국제비교

• OECD 가입국가와의 기대수명 비교

- 2016년 우리나라의 기대수명은 남자 79.3세, 여자 85.4세로 OECD 회원국의 기대수명보다 남자는 1.4년, 여자는 2.3년 높음

- OECD 회원국 중 남자의 기대수명이 가장 높은 국가는 아이슬란드(81.2년)로 한국보다 1.9년 높고, 여자는 일본(87.1년)으로 한국보다 1.7년 높았음.

- 남녀간 기대수명 차이(6.1년)는 OECD 평균(5.2년)보다 높으며, 이차이는 포르투갈(6.2년), 슬로베니아(6.1년)과 유사한 수준임

기대수명	한국	일본 (2015)	스페인 (2015)	프랑스 (2015)	이탈리아 (2015)
남자	79.3	80.8	80.1	79.2	80.3
여자	85.4	87.1	85.8	85.5	84.9

* 출처 : OECD.Stat, Health Status Data(2017년 11월추출)

▶ 각 연도에 받을 정기금액

$$평가액(산식) = \frac{각\ 연도에\ 받을\ 정기금액}{(1+금융기관이\ 보증한\ 3년만기\ 회사채\ 유통수익률을\ 감안하여\ 기획재정부장관이\ 정하여\ 고시하는\ 이자율)^n}$$

● n : 평가기준일부터의 경과연수
● "기획재정부장관이 정하여 고시하는 이자율"은 연 3%로 한다.

75. 시가보다 저가 또는 고가로 거래하는 경우 증여세

"살아남"씨는 비상장주식을 양수하려고 한다. 상속세법에 따른 평가액은 2만원인 주식을 5천원에 구입하는 경우에 특수관계자 로부터 양수하는 경우와 특수관계자가 아닌 자로부터 양수하는경우 증여세는 얼마나 되는가?
• 특수관계자의 경우는 시가가 2만원이므로 70%인 1만4천원이상으로 거래하지 않았으므로 증여세 문제가 발생한다.
(2만원 - 0.5만원) × 주식 수 - 0.6만원 × 주식 수(3억한 도)= 0.9만원 × 주식 수
• 특수관계 없는 자는 2억원의 70%인 1.4만원에 거래하여야 하나 0.5만원에 거래하였으므로 2만원 × 주식 수 - 5천 원 × 주식 수 - 3억원, 다만, 특수관계가 없는 자 간의 거래는 정상적인 거래가 입증되는 경우 증여문제가 발생하지 않는다.

상담하다 보면 아버지와 아들간에 매매가 가능한지 여부와 거래금액은 저가 또는 고가로 거래할 수 있는지 또 특수관계자가 아닌 자와의 거래도 증여세가 과세되는지 문의하는 경우가 많다.

상장주식을 매매하거나, 아파트를 특수관계자간에 매매시 저가 · 고가 증여의제 규정이 적용된다. 종전에는 특수관계자간의 경우만 저가 · 고가의제규정을 적용하였으나 증여시점(재산의 평가시점)에서 특수관계자여부를 불문하여 계약당사자 사이에 시가와의 차액이 발생하는 경우에는 그 금액을 증여한 것으로 보는 규정이다. 단, 증여로 보는 금액은 특수관계자와 특수관계자가 아닌 경우로 나누어 계산하도록 되어 있다.

① 특수관계자간의 거래
대가와 시가와의 차액 - Min [시가 × 30%, 3억원]

② 특수관계가 없는 자간의 거래
대가와 시가와의 차액 - 3억원

구분	판정	증여로 보는 금액
특수관계자	±30%와 3억원	대가와 시가와의 차액 - Min [시가 × 30%, 3억원]
특수관계자 외	±30%	대가와 시가와의 차액 - 3억원

다만, 특수관계자가 아닌 경우에는 거래의 관행상 정당한 사유가 있는 경우에는 증여세가 과세되지 않는다.

여기에서 절세의 포인트는 증여시점의 시가를 어떻게 평가하느냐에 따라 세부담이 달라진다.

예를 들어, 특수관계자간의 시세 5억원(기준시가 4억)의 아파트를 4억원에 매매하는 경우 어떠한 기준금액이 시가인지에 따라 세부담이 달라진다. 시세는 시가로 보는 경우가 있고 볼 수 없는 경우가 있다. 시가로 볼 수 없는 경우 보충적 평가방법인 기준시가로 계산한다. 시가와 기준시가에 의하여 증여세를 계산하면 다음과 같다.

① 시세를 시가로 보는 경우

대가와 시가와의 차액(1억) − Min [시가 × 30%(1.5억), 3억원] = −5천만원

● 양도소득의 부당행위 규정은 30% 여부를 묻지 않고 과세한다.

② 기준시가를 시가로 보는 경우

대가(4억)와 시가(4억)와의 차액(0억)− Min [시가 × 30%(1.2억), 3억원] = −1.2억원

결국 위와 같은 경우 시가의 30% 범위내에서 거래하는 경우 증여세가 발생하지 않는다.

다만, 특수 관계자간의 거래로 양도소득 과세대상 자산인 경우에는 30%범위와 상관없이 시가에 의하여 양도소득세를 계산하여야 한다.

76. 특수관계자간의 매매시 자금출처에 대비하자

> "살아남"씨는 법인을 설립하면서 배우자가 주주로 참여하였다. 주주로 참여
> 한 후 법인의 재산 중 일부를 배우자에게 양도하려고 하는데 가능한가?
> 법인의 재산은 "살아남"씨 또는 배우자에게 양도할 수 있다. 시가에 의한 거
> 래를 하여야 하며 금융자료로써 자금원을 입증해야 한다.

　일반적으로 특수관계자간의 매매는 증여로 추정하여 증여세를 과세
하게 된다. 그러나 특수관계자라 하더라도 당사자간에 거래를 증명할
수 있는 금융자료가 있으면 인정된다. 물론 금융자료는 자금출처로
인정된 것이어야 한다. 금융자료는 입금된 원천을 소득으로 인정하기
때문이다.

　"살아남"씨는 법인을 가지고 있다. 토지를 구입하여 건물을 신축하
면서 법인을 설립하였다. 예를 들어 25억원에 토지를 구입하여 25억
원에 건물을 신축하였다. 이 과정에서 자본금은 은행대출금 30억원을
사용하였다. 주주 구성은 본인이 70% 배우자가 30%로 구성되어 있
다. 이 경우 배우자가 전업주부라면 50억원에서 30억원을 제외한 금
액 20억원에 30%에 해당하는 금액 즉 6억원이 증여가액이다. 배우자
증여공제액이 6억원이므로 배우자는 증여세는 발생하지 않는다.

　위와 같이 법인을 설립한 후 법인의 재산 중 일부를 배우자에게 양
도하려고 한다. 배우자는 이 건물에서 사업을 하려고 한다. 법인과
배우자는 특수관계자이므로 거래시는 시가에 의하여 거래해야 한다.

물론, 상속세 및 증여세법의 경우에는 시가가 없는 경우에는 보충적인 평가방법을 적용할 수 있을 것이다.

사업하려는데 시설비 3억원이 예상된다. 법인이 소유하고 있는 2층의 보증금시가는 7억원이라고 가정한다. 금융기관에서 6억원 대출이 가능하다고 하는 경우 증여세 문제가 발생한다. 법인 설립 시 6억원에 2층의 시가 7억원 시설비 3억원에서 금융기관대출금 6억원을 차감하면 10억원이 증여가액이 되고 배우자공제 6억원을 제외한 금액 4억원에 대한 증여세를 내야 한다.

특수관계자간의 매매를 고려하는 경우에는 자금출처를 입증하는 서류와 그 사실을 증명할 수 있는 금융거래내역이 존재해야 한다.

77. 투자금과 대여금이 회수불능상태에서 상속이 개시되는 경우

"살아남"씨는 사망하였는데 "살아남"씨가 생전에 1억원을 대여해 준 돈이 있다. 상속인들이 바로 "살아남"씨의 친구라 바로 회수할 수 없어 미루다 보니 자산가치가 하락하였다. 근저당 설정은 하였지만 은행채무를 제외하면 남는 금액이 4천만원밖에 회수할 수 없다. 자산가치가 하락한 6천만원 만큼 상속재산에서 공제 해 주나.
회수가능여부에 따라 공제여부가 결정된다. 이자를 받고 있다면 회수가능으로 판단한다.

상속세를 신고하다 보면 피상속인이 자산을 타인에게 빌려준 경우나 투자를 하였는데 회수하지 못한 경우 미래에 투자금이나 대여금을 받지 못할 상황이 되는 경우를 종종 본다.

상속세의 경우는 상속일 현재 재산의 회수불가능 여부를 판단하게 되므로 상속일 현재 정상적으로 이자를 받고 있는 경우는 회수가 불가능하다고 보기 어렵게 된다. 피상속인이 사망하면 채무자들은 오지 않고 채권자들만 몰려온다는 속담도 있다. 사망했으므로 갚지 않아도 되고 상속인이 모를 수도 있기 때문에 이런 말이 유행되는지 모른다.

투자란 어렵다. 은행의 펀드의 경우도 투자다. 정상적으로 투자한 돈을 운영하는 과정에서 운영자가 손실을 보았다면 운영자는 투자자에게 손해를 주었다 하더라도 면책될 수 있다. 하물며 투자한 돈을 채무자 개인이 유용하였더라도 채권자 입장에서 돈을 받지 못하면 할 수 있는 조치가 법적 조치 밖에 없다. 법적 조치 라는 것이 돈을 받을 수 있는 것은 아니다. 운영자가 돈이 없다면 아무리 법적으로 승소 한다고 하더라도 아무 의미가 없다.

아무튼 돈을 투자하거나 빌려준 금전 중 일부 이자만 받았을 뿐이며 원금은 아직 회수하지 못한 상태이다. 상속일 현재 이자를 받고 있을 뿐인데 상속세를 내야 하는 경우를 보게 된다. 상속인입장에서는 투자금이나 대여금을 회수하지 못한 상태인데 상속세를 내야 하는 억울한 경우를 볼 수 있다. 투자한 돈을 담보의 설정 없이 빌려주었는데 못 받게 되는 경우 상속재산에서 공제해주어야 하는데 상속일 현재의 회수 가능성을 주로 판단하기 때문에 받지 못하더라도 상속세를 내야 하는 경우가 발생한다. 회수가능성여부는 상속일 현재 이자를 받고 있다면 회수 가능성으로 본다.

78. 채무면제 등에 따른 증여

> "살아남"씨는 자녀의 채무를 대신 갚아주었다. 이 경우 증여세를 납부해야 하나?
> 증여세를 납부해야 한다. 다만, 신용불량자 채무를 대신 갚아 주는 경우에는
> 증여에 해당하지 않는다.

함부로 남의 돈을 갚아주면 증여다. 채권자로부터 채무의 면제를 받거나 제3자로부터 채무의 인수 또는 변제를 받은 자는 당해 채무를 면제·인수 또는 변제를 받은 경우에 그 면제·인수 또는 변제로 인한 이익에 상당한 금액(보상액의 지불이 있는 경우에는 그 보상액을 차감한 금액으로 한다)을 증여 받은 것으로 본다.

예를 들어 부친이 자녀의 명의를 빌려 대출을 받은 후 자녀명의의 대출금을 부친이 상환한 경우 채무면제이익이 발생하느냐가 문제가 된다. 자녀명의의 대출을 실질적으로 부친이 지배하였다면 증여가 아니다.

그러나, 이런 경우 사실판단의 문제가 있으므로 자녀명의의 대출금의 이자를 누가 납부하였는지, 대출금을 누가 어디에 사용하였는지에 따라 증여여부가 결정이 된다. 또 채무면제를 받은 수증자가 증여세를 납부해야 하는데 납부할능력이 없는 경우 증여자가 증여세를 납부해야 하는가? 그렇지 않다. 2004년부터는 상속세 및 증여세법 개정에

따라 채무면제(변제) 등에 따른 증여인 경우에 채무를 면제 받은 수증자가 증여세를 납부할 능력이 없으면 증여세가 면제된다. 따라서 재산이 전혀없는 신용불량자의 채무를 부모 등이 대신 변제해 주더라도 신용불량자 및 부모 등은 증여세를 납부하지 않아도 된다. 다만, 채무자가 제3자로부터 현금을 증여 받아 그 돈으로 채무를 변제한 경우에는 여전히 채무자에게 증여세가 부과되고 현금을 증여한 자에게 연대납세의무가 부여된다.

예를 들어, 신용불량자의 채무 2억원을 부모가 대신 변제할 경우 증여세가 부과되지 않지만 부모가 2억원을 자녀에게 증여한 뒤 자녀가 이 돈으로 빚을 갚으면 자녀에게 증여세 2천만원{(2억-5천)X 20% - 1천만원} 가량이 부과된다.

79. 부동산 무상사용에 따른 이익의 증여

"살아남"씨는 토지를 소유하고 있고, 자녀는 건물을 소유하고 있다. 자녀는 임대업으로 사업자등록을 하고 세금신고를 하고 있다.

"살아남"씨는 사업자등록이 없는 상태에서 "살아남"씨의 자녀가 무상으로 토지를 사용하게 되는 경우 증여세를 납부해야 한다. 다만, 5년간 받을 무상사용이익이 1억원 이하인 경우에는 증여세는 과세되지 않는다. 그러나, "살아남"씨는 토지의 임대소득을 신고해야 한다. 2012.7.1.이후부터는 사업자가 특수관계에 있는 자에게 사업용 부동산의 임대용역 등 용역을 공급하는 경우 부가가치세도 납부해야 하고 소득세도 납부해야 한다. 증여세가 면제되더라도 종합소득세와 부가가치세를 납부해야 한다는 것이다.

아버지 토지 위에 자녀가 건물을 신축하여 임대하는 경우 자녀명의로 부동산 임대업 사업자등록을 하고 임대소득에 대하여 부가가치세와 종합소득세를 납부한다. 이때 임대료에는 토지의 가치도 포함되어 있는 것이 사실이다. 이러한 사실에 비추어 자녀의 임대소득은 결국 아버지의 토지를 무상으로 사용하는데 따른 이익도 포함되어 있을 것이다. 이러한 점을 감안하여 세법에서는 토지의 무상사용이익에 대하여 특수관계자인 건물소유자에게 증여세를 과세한다. 증여세 과세기간은 무상사용을 개시한 날로부터 5년간 받을 무상사용이익을 무상사용개시일 현재로 평가하여 증여세를 과세하고 5년을 초과하는 경우에는 그 무상사용을 개시한 날부터 5년이 되는 날의 다음날에 새로이 당해 부동산의 무상사용을 개시한 것으로 보아 무상사용이익을 계속하여 과세한다.

여기서 문제가 되는 경우는 무상사용이익이 5년간 1억원이 넘지 않으면 증여세가 과세되지 않지만, 부친은 토지의 무상대여 이익에 대하여 종합소득세 추징문제가 발생한다는 것이다. 증여세도 피하고 종합소득세 추징을 피하려면 토지의 경우 임대사업자로 등록하고 건물소유자는 건물 임대사업자로 등록한 후 건물소유자가 토지소유자에게 적정한 임대료를 지불해야 세금 문제를 피할 수 있다.

토지의 무상사용이익은 다음과 같이 계산한다.

$$부동산\ 무상사용이익 = \sum_{n=1}^{5} \frac{부동산가액 \times 2\%}{(1+0.1)^{n}}$$

  통상 공시지가가 10억원 이하인 경우에는 토지의 무상사용이익에 대하여는 부동산 무상사용이익이 1억원 미만으로 평가되므로 증여세는 발생하지 않는다. 예를 들어 공시지가 10억원이라면 1억원(10억 × 2% × 5년)으로 평가되고 무상사용을 개시한 날로부터 5년간 받을 무상사용이익을 10%이자율을 적용하여 현재 가치로 평가하면 1억원 미만으로 평가되기 때문이다. {(10억 × 2% × 3.79079) = 75,815,800}

  그러나 앞에서 언급하였듯이 토지소유자가 임대사업소득을 신고하지 않으면 토지의 무상임대에 따른 종합소득세는 피할 수 없다. 추징규정은 부당행위라는 규정 때문이다. 자주 발생하는 사례는 토지의 무상사용이익에 대하여 소득세를 과세를 하지 않다가 5년이 지나 과거의 토지임대료에 대하여 소득세를 추징하는 경우가 있다. 이러한 경우 문제가 되는 경우는 토지의 무상사용에 대하여 소득세를 추징하지만 건물소유자의 경우에는 토지의 무상사용료에 대한 필요 경비공제를 받지 못한다는 것이다. 결국 국가입장에서는 세금을 이중으로 부과하게 되는 것이다. 즉, 임차인인 건물주는 토지임대료를 경비로 처리하지 못해 종합소득세를 과다납부한 결과가 되고, 임대인은 토지에 대하여 소득세와 가산세 5년분을 납부하는 문제가 발생한다.

- 건물소유자 : 임대수입 - 기타경비 = 소득금액
- 토지소유자 : 토지의 무상임대료 = 소득금액

위 산식에서 건물소유자 입장에서는 건물소유자의 소득금액에서 토지의 무상임대료를 차감하여 소득세를 환급해 주어야 한다고 생각하는 분들이 많다. 건물소유자의 소득금액은 다음과 같이 변경되어야 한다.

- 건물소유자 : 임대수입 - 기타경비 - 토지의 무상임대료 = 소득금액

2012.7.1. 이후부터는 용역의 무상공급 중 특수관계자(6촌이내 혈족, 4촌이내 인척, 배우자 등)간 사업용 부동산 무상임대용역에 대해 과세 하도록 하고 있어 토지에 대하여 사업자등록을 반드시 내고 토지임대료를 신고하고 임차인인 건물주는 토지임대료에 대하여 경비처리 하여야 한다.

80. 대출보증과 증여세

부동산을 사거나 사업을 하는 경우 급전이 필요하면 이 경우 특수관계자로부터 보증을 받아야 하는 경우가 있다. 이처럼 대출을 하는데 특수관계자가 보증을 서는 경우 증여세를 과세하는가?
증여재산가액 = 적정이자 - 실제차입이자
(단, 증여재산가액이 1,000만원이상인 경우만 연단위 과세)

부동산을 취득하거나 사업을 하는 경우 돈이 없어 빌리는 경우 보증을 요구하는 경우가 많다. 이때 보증을 타인이 하는 경우 증여세가 과세되는지에 대하여 문의가 많다. 담보를 하는 경우에 있어서도 예금이나 부동산을 담보로 제공하는 경우를 볼 수 있다. 이러한 차입형태는 채무자는 사업자가 되고 부동산이나 금융재산을 가진 사람은 담보제공자가 되고 담보를 제공하는 물건에 저당권을 설정하게 된다.

보통 담보제공을 하는 자와 담보제공을 받는 사람 사이에는 특수관계자가 될 것이다. 이러한 특수관계자 사이에 보증을 하는 경우 이러한 보증행위가 담보를 제공 받는 자가 경제적 이득을 얻는 경우에는 증여세가 과세될 수 있다.

세법은 예를 들어 남편이 채무자가 되고 부인소유 아파트를 담보로 제공하는 경우 부인으로부터 담보를 제공받음으로써 얻은 이익상당액이 1천만원을 초과하는 경우 상속세 및 증여세법에 의하여 증여세가 과세되는 것이다.

증여받는 이익 = 적정이자율 4.6% - 실제 지급한 차입이자
(1천만원이상인 경우 연단위로 과세)

● 217,000,000 X 4.6%= 9,982,000(1천만원 이하)

또 미성년자 등이 특수관계 있는 자 의 재산을 담보로 차입한 자금으로 재산을 취득한 후 5년이내 개발사업의 시행, 형질변경, 공유물분할, 사업의 인 · 허가, 주식 · 출자지분의 상장 및 합병 등으로 인한

재산가치의 증가에 따른 이익은 증여로 보도록 되어 있다.

81. 특수관계자의 대출을 보증하는 경우 증여인가?

"살아남"씨는 자녀가 주택을 취득하는데 은행 대출보증을 했다. 이후 주택의 가치가 상승한 경우 증여세를 납부하는가?
– 미성년자등이 1억원 이상을 차입 후 5년이내 특별한 경우에 해당되어 가치가 상승한 경우 증가된 재산가액에 대하여 증여세를 납부한다.
– 금전무상대출에 대해서도 연간 1,000만원 이상인 경우 증여세 과세

2003년 이전에는 대출보증에 대하여 증여세가 과세되지 않았다. 2004년부터는 대출보증으로 대출 받고 재산의 가치가 증가한 경우에는 증여세를 과세하는 포괄과세제도가 도입된다.

일반적으로 보증이라 함은 은행 등의 금융기관에서 채권확보의 수단으로 이용하는 제도이다. 자녀가 주택을 구입하는데 아버지가 보증을 하게 되면 자녀의 재산을 형성하는데 아버지가 기여하는 면이 없지 않다. 증여세법에서는 2003년 이전에는 이러한 보증행위에 대하여 증여세를 과세하지 않았다.

2004년부터 적용되는 세법내용을 보면 미성년자 등 직업·소득·재산상태로 보아 자기의 계산으로 경제행위를 할 수 없다고 인정되는 자가 특수관계자의 담보로 차입한 자금 등으로 재산을 취득한 후 타

인의 재산운용으로 증가한 이익은 미성년자 등이 스스로 창출한 이익이 아니므로 이에 대한 증여세 과세규정을 신설하였다.

예를 들어 미성년자 명의로 1억원을 차입하여 부동산을 구입하였는데 5년 이내에 5억원으로 가치가 상승하였다면 2004.1.1. 이후의 증여세는 다음과 같다.

2003.12.31. 이전: 아버지 재산을 담보로 차입한 자금에 의한것이므로 증여세를 과세할 수 없음

2004. 1. 1. 이후: 자녀가 얻은 경제적 이익(5억원-1억원=4억원)에 대해 증여세 과세

그러나 소득이 있는 자녀를 보증한 경우에는 특별한 경우를 제외 하고는 과세되지 않았으나 현재는 연간 1천만원이상이면 과세된다. 여기서 과세의 특별한 경우란, 부친으로부터 담보제공을 받아 취득한 재산이 그 취득일 5년 이내에 개발사업의 시행, 형질변경, 공유물분할, 사업의 인·허가, 주식·출자 지분의 상장 및 합병, 비상장주식의 한국증권업협회등록, 생명보험 손해보험상의 보험사고 발생, 지하수개발·이용권 등의 사유가 발생되어 재산가치가 상승하였을 때가 해당된다. 또, 재산가액 상승분이 3억원 이상이거나 취득가액과 통상적인 가치상승분과 가치상승기여분의 합계액이 30%이상인 경우에 한하여 증여세가 과세된다.

세법규정에 보면 과세대상을 "미성년자 등 직업·소득·재산상태로 보아 자기의 계산으로 경제행위를 할 수 없다고 인정되는자"로 표현하고 있어 실무적으로는 납세자와 많은 분쟁이 있을 것으로 보인다.

아무튼 포괄과세제도가 시행되면서 열거되지 않아 과세할 수 없었던 것이 과세로 전환되면서 과세당국과 납세자간의 다툼이 있다.

82. 대출을 받아 타인에게 입금한 경우 증여여부

"살아남"씨는 본인의 소득이 많은 관계로 부동산을 부인명의로 구입하려고 한다. 이 경우 부인이 소득이 없으므로 증여세를 내는 것은 당연하게 생각한다. 그러나, 은행의 대출규제 때문에 "살아남"씨 명의로 대출을 받아 부인의 취득자금으로 사용하는 경우 증여세가 과세되나?
실질적인 차용인의 차입금으로 본다.

"살아남"씨는 부인명의 부동산 12억원을 취득하면서 6억원은 대출로 받고 나머지 6억원은 증여세 신고를 하였다. 문제는 6억원을 "살아남"씨로 대출받아 부인명의 부동산을 취득하는데 사용하였다. 이후 세무서에서 부인의 자금출처를 조사하면서 6억원 대출금이 "살아남"씨 명의인 것을 확인하여 증여세를 과세하려고 한다. 이렇게 타인 명의 대출금으로 자금출처를 입증하는 경우에는 좀 더 세심한 주의가 요청된다.

금전대차계약의 체결(부부간에 계약서 작성하는 것이 우습지만), 담보의 제공, 각종 비용의 부담 등이 고려된다. 특히 대출이자를 부인의 소득으로 지출되어야 한다. 이자지출액을 예상하고 대출을 받아야

된다는 뜻이다. 아니면 대출이자 부분만큼 추가로 현금증여를 해야
한다.

결국 부인명의로 부동산을 구입하는데 본인명의로 대출받는 경우
대출이자율이 높아 불리하기 때문에 이자율이 낮은 타인명의 대출받
아 부동산을 구입하는 경우에는 부인이 이자를 지급하였는지, 소득원
이 있는지에 따라 대출금에 대한 증여여부가 결정된다.

83. 금전 무상대부 등에 따른 이익의 증여

"살아남"씨는 부동산을 구입하면서 부친으로부터 무상으로 3억 원을 빌려 구
입하고자 한다. 이 경우 증여세 문제가 발생는가?
세법은 무상대부등에 따른 이자를 증여로본다.
증여가액 = 적정이자율 4.6% - 실제 지급한 이자
(1천만원 이상인 경우 과세)
실제지급한 이자는 종합소득세를 신고해야 한다.

자녀의 부동산을 구입하거나 사업자금을 부친이 도와주는 경우 증
여세가 과세된다. 이는 자녀가 증여세부담을 회피하기 위하여 금전을
무상으로 부친으로부터 대여 받거나 낮은 이자율로 대여받은 경우 경
제적 이익이 발생하기 때문이다.

금전을 무상 또는 낮은 이율로 대부 받은 경우로서 경제적 이익이 발생
하는 경우 다음의 산식에 따라 계산한 금액을 당해 금전을 대부 받은 자

의 증여재산가액으로 한다.

㉮ 자녀 등 특수관계자에게 금전을 무상 또는 현저히 낮은 이자율로 대여하는 경우

㉯ 정상이자율과의 차액(대부금액 × 적정이자율 - 실제 지급한 이자상당액)에 대하여 증여세 과세
- 대상 : 1년내 1천만원 이상
- 정상이자율 : 국세청장이 고시하는 당좌대월이자율(현재 4.6%)

84. 부친이 자녀에게 1억5천만원을 빌려주었다. 증여인가?

특수관계자간에 자금을 빌려주는 경우 증여세를 과세하는가? 또, 특수관계자의 대출을 보증하는 경우 증여세가 과세되는가에 대하여 자주 질문을 받는다. 현행 증여세법의 경우에는 특수관계자간에 무상 또는 적정이자율보다 낮은 이자율로 빌리는 경우는 정상 이자율과 차액이 1,000만원 이상이면 증여세를 과세하도록 되어 있다.

토지의 무상 사용에 따른 증여세 과세원칙과 유사하다. 다만, 토지의 무상사용에 대하여 토지소유자는 소득세를 토지사용자는 증여세를 과세하도록 되어 있다. 금전의 무상사용에 따른 경우는 빌린 사람은 증여세를 돈을 빌려준 사람은 소득세를 납부하는 것이 원칙이다. 토지의 무상사용에 대하여는 미래의 5년 단위로 과세되나 금전의 무상사용에 대하여는 1년 단위로 과세한다.

형제간, 부모자식 간에 돈을 융통하는 것에 세금까지 내야 하냐고 말하는 사람이 많다. 그러나, 증여세법의 "금전대부에 따른 증여"는 특수관계자로부터 무상 또는 적정 이자율보다 낮은 이자율로 금전을 직접 대부 받은 자에게 증여세를 과세하도록 되어 있다.

사업을 하다 보면 부모로부터 자금을 차용해야 하는 경우가 발생한다. 이때에는 차용에 따른 이자지급 등 금융자료를 갖추어 놓아야 한다. 국세청은 「원칙적으로 직계 존·비속간의 소비대차는 인정되지 않는다」는 전제에서 출발하여 금융자료에 의해 확인되는 이자금액이 있는 경우에는 차용으로 보나, 이자 지급 등의 자료가 없는 경우에는 차용액 전액을 증여로 보아 과세하는 경우도 있다.

이 때 처분청이 확인하는 사항은 다음과 같다.

① 당사자간 차용계약서가 작성되었는지
② 송금한 이자가 있는지
③ 관련 이자에 대하여 별도로 기록·관리하는 장부를 비치하고 있는지를 두고 종합적으로 판단한다.

위와 같이 송금한 이자액이 국세청이 정한 이자율에 미달하는 경우 그 미달액에 대하여는 증여세가 과세된다.

예를 들어, 2억원을 차용하고 이자 2%를 지급한 경우에는 국세청장이 정한 이자율 4.6%에서 실제 지급한 이자 2%를 차감한 2.6%에 해당하는 이자액인 520만원(2억원 × 2.6%)이 증여액이 되나 1,000만원 미만이므로 증여세가 과세되지 않는다.

위와 같이 증여세만 과세하면 끝나는 것인가? 아니다. 2%의 이자를 받은 부친의 입장에서는 소득이 발생한 것이므로 이자소득에 대한 종합소득세를 신고하여야 한다. 즉, 금전소비대차를 인정하여 차용기간 중 이자수령액에 대한 소득세가 과세 된다. 위 이자액은 사채이자로 보아 소득세를 신고하여야 한다. 이자 지급액 자체가 이자소득이므로 필요경비가 인정되지 않는다. 다만, 대금업을 하는 경우에는 총수입액에서 대금업에 지출된 경비가 있다면 인정된다. 대금업의 경우는 대외적으로 대부업을 표방하기 때문에 사업소득으로 본다.

또 본인명의로 대출을 받지 못하는 경우에는 부친 등 명의로 대출을 받고 이자 지급을 본인계좌에서 인출사실을 입증해야 한다. 이자지급 사실을 입증하지 못하면 부친이 대출받아 아들에게 현금 증여한 것으로 보아 증여세가 과세될 수 있다.

85. 배우자 등에 대한 양도 당시의 증여 추정

"살아남"씨는 시가 10억원에 상당하는 주택을 자녀에게 양도하려고 한다. 자녀는 7억원에 구입하려고 한다.
세법은 특수관계자간에 매매거래를 증여로 추정하고 있다. 다만, 실제로 거래가액이 있는 경우에는 매매로 인정한다. 즉, 7억원에 거래할 수 있다.

많은 상담 중 배우자간, 부모와 자녀간에 매매를 하는 경우 무조건 증여로 보는 것으로 생각하는 경우가 많다. 그러나, 부부간이나 자녀간에도 실질적으로 양도가 가능하다. 증여추정규정은 실제로 금융거래에 의하여 매매사실이 입증되는 경우 그 사실에 의하여 과세여부를 판단한다.

예를 들어, 부친의 부동산을 자녀가 구입하는 경우 자녀가 소득원이 있고 자녀의 금융재산에서 부친의 금융재산으로 입금함으로써 매매로 인정되는 경우이다. 즉, 금융자료 등을 통하여 실제 매매사실을 입증해야 한다.

다음의 경우에는 증여세법에 의하여 증여로 추정된다.

① 배우자 또는 직계 존·비속에게 양도한 재산은 양도자가 당해 재산을 양도한 때에 그 재산의 가액을 배우자 등에게 증여한 것으로 추정한다.

② 특수관계에 있는 자에게 양도한 재산을 그 특수관계에 있는자가 양수일부터 3년 이내에 당초 양도자의 배우자 등에게 다시 양도한 경우에는 그 특수관계에 있는 자가 당해 재산을 양도한 당시의 재산가액을 당초 양도자가 그의 배우자 등에게 직접 증여한 것으로 추정한다.

위의 사례에서 "살아남"씨의 자녀는 증여세를 납부해야 하는가? 특수관계자간의 매매시 시가의 30% 범위 내에서 거래하는 경우 증여세가 과세되지 않는다. 즉, 10억원과 7억원의 차이가 3억원이므로 10억원의 30%범위내이므로 증여세가 발생하지 않는다. 다만, "살아남"씨는 10억원으로 양도소득세를 계산해야 한다. 7억원으로 계산하지 않는다.

86. 명의신탁재산의 증여의제

"살아남"씨는 주식회사를 설립하면서 명의를 빌려 주주에 등재하였다. 이 후 회사가 재산이 늘어나 주식을 다시 환원하고 싶다. 즉, "살아남"씨 명의로 되돌리는 경우 증여세 문제가 발생 하는가?
명의신탁재산을 환원하는 경우 증여세가 과세되지 않는다.

부동산의 경우는 명의신탁자체를 부인하여 1997. 1. 1 이후 부동산을 명의신탁한 경우는 명의수탁자는 증여세 과세대상 안되고, 실질소유자에게 부동산실명법에 의한 과징금을 부과하고 있다.

부동산은 부동산실명법에서 규제하고 있으므로 증여의제 문제가 되는 경우는 주식에 대한 명의신탁 문제이다. 주식은 명의신탁에 대한 증여의제규정이 적용되므로 주주 명부상에 등재되는 경우에는 실질소유자가 다른 사람이라 하더라도 실질과세원칙에 의하여 실질소유자에게 불이익을 주는 것이 아니라 명의자에게 증여세가 과세된다.

실제소유자인지를 불문하고 주주명부 또는 사원명부가 작성된 경우, 작성되지 않는 경우는 법인세법에 의하여 납세지 관할세무서장에게 제출한 주주 등에 관한 서류 및 주식 등 변동상황 명세서에 의하여 명의개서 여부를 판정한다. 명의를 함부로 빌려주어 낭패를 당하는 경우가 발생하므로 주의해야 한다.

즉, 배당소득과세를 회피하거나 종합소득세 누진세율 적용을 회피할 목적, 대주주의 주식분산으로 인한 취득세부담과 제2차 납세의무의 회피 및 명의신탁주식의 양도에 의한 조세의 회피 유무에 상관 없이 증여의제 규정이 적용된다. 물론 예외 규정이 있으나 명의자인 납세자에게 불리하게 적용되는 경우가 대부분이다.

반면에 명의신탁재산을 환원하는 경우 증여세가 과세되지 않는다. 명의신탁환원에 대한 입증책임은 그 사실을 주장하는 사람이 입증해야 하므로 명의신탁 할 때는 자금의 출처 등을 금융자료를 통하여 입증해 놓아야 한다.

87. 예금 자산 명의를 일관되게 해야 한다

"살아남"씨는 소득이 있는 여성이다. "살아남"씨는 가부장적인 남편 때문에 금융기관에 남편명의로 예금자산을 관리하였다.
이후 남편이 사망함에 따라 "살아남"씨는 실제로 남편재산이 아닌데도 불구하고 상속세를 납부해야 하는 문제가 발생하였다.

은행 예금을 하다 보면 예금이 합쳐지고 쪼개져서 이동하는 경우를 본다. 예를 들어 3천만원의 a 명의를 가지고 있다가 금융기관에 가자 금액을 큰 금액으로 하면 이자를 더 준다는 말을 믿고 b 명의의 7천만원을 합산하여 1억원을 a 명의로 하는 경우 세무조사시에는 b 가 a 에게 증여한 것으로 볼 수 있기 때문에 주의해야 한다.

가족간의 예금의 경우 위와 같은 일들이 자주 발생한다. 필자의 경우 상속재산을 신고하고 그 조사를 입회하는 과정에서 위와 같은 상황에 대하여 증여세로 과세하는 경우를 자주 보기 때문이다. a 명의의 예금과 b 명의의 예금의 실제주인은 누가일까? 이런경우 a와 b가 소득원이 없다면 a, b 명의로 된 금액은 증여로 볼수도 있고 차명으로 볼수도 있다. 이 때 앞에서 언급한 자금 흐름을 조사하다 보면 여러사람이 복잡하게 연결되어 있는 경우를 볼 수 있다.

국세청의 경우 위와 같은 자산의 원천 즉, 소득이 있느냐에 따라 증여 또는 차명여부를 판단한다. 원천을 조사하다 보면 10년 이전으로 소급되는 경우를 종종 보게 된다. 결국 원천의 입증 책임은 납세자에게 있으므로 중요한 통장 등을 없애는 경우 입증하지 못해 증여로 과세되는 경우를 볼 수 있다. 즉, 통장에 도장이 누구인지 실제로 예금을 지배하는 자가 누구인지 그 인출금의 이자를 누가 사용하는지에 따라 증여 및 차명자산의 여부가 결정된다.

88. 증여세는 어떤 돈으로 냈는가?

> 증여세를 신고하면 과거에 다른 증여재산이 있는지, 재산을 평가한 금액이 맞는지, 증여세를 납부한 금액은 자금출처가 확인되는 금액으로 납부하였는지를 검토한다.

증여세 신고절차는 증여재산을 평가하고 과거에 증여한 재산을 더하고 비과세되는 증여재산을 차감한 후 세액을 계산한다. 세액을 계산한 후 세대를 건너뛰는 경우 할증과세로 30%(40%)를 추가로 더한다. 이후 3개월 되는 말일 이내에 신고하는 경우 세액의 3%를 공제한다.

증여세를 신고하면 신고로 끝나는 것이 아니다. 증여세를 계산하여 신고하면 증여세 신고내용이 맞는지 세무서에서는 검토를 하게 된다. 과거에 다른 증여재산이 있는지, 재산을 평가한 금액이 맞는지, 증여세를 납부한 금액은 자금출처가 확인되는 금액으로 납부하였는지를 검토한다. 신고에 대한 증여세 검토가 바로 이루어지지 않는다. 시간이 지나 잊을만하면 증여세를 납부한 금액을 확인할 수 있는 통장을 요구하게 된다. 즉 증여한 재산으로 세금을 납부하였다면 증여문제는 발생하지 않는다.

그러나 증여한 재산이나 자금출처로 인정되지 않는 금액으로 납부한 것이 확인되면 증여세에 대한 증여세를 납부해야 한다. 세금 2억원을 자금출처로 인정된 금액이 아닌 경우, 2억원을 다시 증여로 보아 증여세를 재계산하는데 세율구간이 30%라고 가정하면 2억원/(1-증여세율 0.3)에 해당하는 금액, 2.85억원이 산출된다. 8,500만원이 2억원에 대한 세액이다. 증여재산과세표준이 10억원을 초과하는 경우에는 초과부분은 "10억초과 과표/(1-증여세율0.4)"를 적용한다.

납부한 통장에 대한 자금출처가 확인되면 비로소 증여세 신고에 따른 모든 절차가 종결된다. 주의해야 할 것은 증여세 신고를 한 경우에는 10년간 관리한다는 것이다. 만약 10년이내에 증여하는 경우에는 증여세를 합산하여 신고해야 한다. 그런데 과거 증여한 재산에 대하여 잊어버리고 신고를 누락하는 경우가 종종 발생한다. 이 경우에는 합산신고 미달에 따른 가산세를 납부해야 한다.

89. 자금출처 소명과 증여

소득원이 없는 주부나 미성년자의 경우 부동산이나 금융재산을 소유하면 자금출처조사를 받게 된다. 자금출처조사를 받는 경우에 인정되는 서류는 어떤 서류가 있는가?
소득원이 있지만 신용카드사용액은 소득금액에서 차감한다.

㉮ 증여추정 배제기준

재산을 취득하는 경우 문의가 많은 것은 증여추정 배제기준에 세대주의 연령과 금액을 정하고 있는데 연령을 만 나이로 하는지, 그 금액은 어떤 금액을 기준으로 하는지에 대한 문의가 많다. 연령은 만 나이로 한다.

증여추정 배제기준은 1997년 이전에 만들어져서 현실이 반영되어 있지 않다. 주택가격이 1997년에 비하여 거의 3~4배 이상 상승 되었다. 강남의 전용 25.7평 아파트의 경우 가격이 2억원 이었던 것이 10억원에 가까운 것도 있다. 주택을 구입해 주는 경우 직접 구입하는 경우 종전에는 2억원이면 주택을 구입하고 증여세 2,160만원을 납부하면 되었으나 현재는 2.4억원(10억 × 증여세율)의 증여세를 납부하여야 한다. 물론, 증여세를 자녀가 납부할능력이 없는 경우에는 그 증여세에 증여세가 과세된다.

● 입증되지 아니하는 금액이 취득재산의 가액 또는 채무 상환금액의 100분의 20에 상당한 금액과 2억원 중 적은 금액에 미달하는 경우는 증여세가 과세되지 않는다.

구분	취득재산		채무상환	총액한도
	주택	기타재산		
1. 세대주인 경우 ㉮ 30세 이상인자 ㉯ 40세 이상인자	1억5천만원 3억원	5천만원 1억원	5천만원 5천만원	2억원 4억원
2. 세대주가 아닌 경우 ㉮ 30세 이상인자 ㉯ 40세 이상인자	7억원 1억5천만원	5천만원 1억원	5천만원 5천만원	1억2천만원 2억5천만원
3. 30세 미만인 자	5천만원	5천만원	5천만원	1억원

최근의 추세는 소득원이 없는자가 부동산과 금융재산이 많은 경우 자금출처조사를 받는 경우를 많이보게 된다. 종전에는 부동산의 자금 출처만을 보고 있으나 예금자산이 많은 경우로서 세금 납부실적이 없 는 전업주부 등에 대한 조사가 이루어지는 것으로 알고 있다.

㉯ 자금출처로 인정되는 것

① 본인 소유재산의 처분사실이 증빙에 의하여 확인 되는 경우 그 처분금액 (그 금액이 불분명한 경우에는 상속세 및 증여세법에 의하여 평가한 가액)에서 양도소득세 등 공과금 상당액을 차감한 금액

② 기타 신고하였거나 과세 받은 소득금액은 당해 소득에 대한 소득 세 등 공과금 상당액을 차감한 금액

③ 농지경작소득

④ 재산취득일 이전에 차용한 부채로서 입증된 금액. 다만, 원칙적으로 배우자 및 직계 존비속간의 소비대차는 인정하지 않는다.

⑤ 재산취득일 이전에 자기재산의 대여로서 받은 전세금 및 보증금

⑥ 위 이외의 경우로서 자금출처가 명백하게 확인되는 금액

- 은행예금은 특별한 경우를 제외하고 자금출처로 인정되지 아니한다. 이유는 은행 예금은 소득이 있어야 예금을 하기 때문이다. 다만, 이자액 등은 인정될 수 있으나 증여세 부과세 척기간이 경과되지 않는 경우 종자돈에 대하여 증여세와 가산세를 부담하게 된다.
- 위와 같은 소득이 있지만 카드사용액이 많은 경우에는 그 소득에서 차감한다. 즉 연봉이 5천만원 가진 소득자가 카드사용은 3천만원을 하면 결국 2천만원만 소득으로 인정된다.

세무서마다 고액재산을 가진 경우 기준을 정하여 자금출처 조사하는 사례가 많아지고 있다.

90. 타인 명의로 분양 받은 경우 증여세와 양도소득세

"살아남"씨는 청약예금을 가지고 있다. 청약예금을 가지고 분양신청 하였지만 계속 당첨이 안되었다. 이번에 작전을 바꿔 전가족명의로 분양신청을 하였다. 그런데 소득원이 없는 자녀명의로 당첨이 되었다. 난감한 문제다. 세법은 이런 경우 어떠한 법을 적용하는가?

아파트 당첨을 받기 위하여 전 가족의 이름으로 청약하는 사례가 있다. 이 때 실제로 재산을 취득할 수 없는 능력을 가진 자녀나 배우자가 당첨되는 경우 당황스럽다. 이 때 분양권을 실제 주인 앞으로 이전

하는 경우 증여세나 양도소득세가 과세되는 것인지 상담하는 사례가 많다.

예를 들어, 배우자가 아파트 당첨이 된 경우 증여재산공제 범위내 라면 아무 문제가 없지만 분양가액이 6억원을 초과하는 경우 증여로 할지, 명의신탁환원에 의하여 실제 주인으로 할 지에 대하여 고민을 하게 된다. 아내가 실질소유자로서 분양 받은 아파트의 분양대금을 남편으로부터 증여 받은 금전으로 불입한 후 부부공동명의로 소유권 을 변경하는 경우 아내는 남편으로부터 증여 받은 금전에 대하여 증 여세를 납부할 의무가 있는 것이며, 남편은 아내로부터 아파트 분양 권을 증여 받은 것으로 보아 각각 증여세를 납부 할 의무가 있다.

분양가 12억원의 아파트에 당첨이 된 경우 2004.1.1.이후부터는 주 변의 위치, 용도, 면적에 해당하는 거래가액을 평가액으로 보게 되므 로 분양가액 12억원에 프리미엄이 4억원 형성되었다면 16억원에 거래 된 것이 되어 남편 명의로 변경시 평가액은 16억원의 1/2인 8억원이 되 어 6억원을 초과하는 2억원에 대하여 남편이 증여세를 납부해야 하는 문제가 발생하게 된다.(주변의 위치, 용도, 면적에 대한 시가 논란은 있음.)

예) 자녀가 당첨된 것을 가정하여 증여 및 양도여부를 판단한다.

㉮ 증여 받은 것으로 인정하는 경우

당첨자가 실질소유자로서 분양 받은 아파트의 계약금과 중도금등 을 부친 등으로부터 증여 받은 금전으로 불입한 후 당해 분양권을 부친 등에게 증여하는 경우 당첨자는 부친 등으로부터 증여 받은 금전에 대하여 증여세를 납부할 의무가 있는 것이며, 부친 등은 당첨자로부터 아파트 분양권을 증여 받은 것으로 보아 각각 증여세를 납부할 의무가 있다.

❹ 일시 자금을 차입하고 추후 자금사정으로 계약자를 변경하는 경우

당첨자가 실질소유자로서 분양 받은 아파트의 계약금과 중도금 등을 부친 등으로부터 일시 차입하여 지급하고 추후 자금사정 등으로 분양계약자를 부친 등 명의로 변경하는 경우에는 사실상 자산의 유상양도에 해당되어 양도소득세가 과세되는 것이나, 일시적인 자금차입에 해당하는지 여부는 납세자가 입증해야 한다.

❺ 명의만 빌려준 경우는 부동산실명법 문제가 발생할 수 있다.

부친 등이 단순히 당첨자의 명의를 빌려 아파트를 분양 받은 경우로서 실질소유자인 부친 등이 계약금과 중도금을 불입하다가 부친명의로 변경하는 경우에는 증여세나 양도소득세가 과세되지 않는다.

그러나, 투기과열지구의 경우에는 분양자가 등기하도록 되어있고, 분양가 상한제가 실시되는 경우는 투기방지를 위하여 분양자가 일정기간 동안 양도하지 못하도록 하고 있는 경우 부동산실명법에 의하여 과징금 부과 여부의 문제가 발생할 수 있다. 부동산실명제법상의 과징금은 소유권과 소유권외의 물권으로 분류된다. 저당권 · 질권 · 양도담보재산 · 전세권 등이 해당된다.

91. 증여시 고려 해야 할 사항은 무엇인가?

"살아남"씨는 부동산을 소유하고 있다. 자녀에게 부동산을 증여하고 싶다. 이런 경우 고려해야 할 사항들은 무언인가?

㉮ 증여자별 · 수증자별로 증여세를 계산한다.

증여세의 경우에는 증여 받는 사람을 기준으로 증여세를 산출한다. 따라서 증여를 하는 경우 여러 사람이 증여를 받게 되면 증여세가 적어진다. 예를 들어 아들보다는 아들과 며느리 손자 등으로 나누면 세액이 절세된다.

㉯ 부담부증여를 고려하여 양도소득세와 증여세를 계산한다.

증여할 재산에 채무 등이 있는 경우에는 채무를 증여시 공제하고 채무액에 대하여는 양도소득세를 납부하는 방법이 있다. 채무를 안고 증여하는 것을 부담부증여라고 한다. 채무액이 많은 경우에는 상속받는 것이 유리. 상속시에는 부담부분에 대한 양도소득세가 없다.

㉰ 증여시에는 취득세 채권구입 및 등기관련비용이 소요된다.

증여시는 증여세외에 이전에 따른 취득세 및 채권구입 및 등기 관련 비용이 소요된다.

㉱ 증여재산의 기준시가가 높은지 확인하고 하는 것이좋다.

증여자산의 가치가 높은 경우에는 증여의 효과가 없는 경우가 된다. 증여하는 자산의 가치가 낮은 자산을 증여하는 것이 증여세를 절세할 수 있다. 반면에 증여재산 평가액을 낮게 신고하면 양도소득세가 많이 발생할 수 있다.

㉯ 증여 후 10년이내 사망시에는 합산하여 나중에 세금을 더 내야 한다.

증여의 경우에는 과거 동일인으로부터 증여한 재산을 합산하여 세액을 계산한다. 따라서 과거에 증여한 재산이 있는지 반드시 확인해야 한다.

㉰ 증여세 납부는 증여 받는 자의 소득으로 납부하여야한다. 증여자가 대신 납부하면 다시 증여세가 과세된다.

증여세를 납부하는 경우 세무서에서 증여세 납부한 통장사본을 요구하는 경우가 많다. 따라서 증여세는 증여 받는 사람의 통장에서 납부해야 하고, 소득원이 없으면 증여세에 대한 증여세도 납부해야 한다. 증여세는 대출을 받아 납부 할 수 있으므로 대출여부도 검토 할 필요가 있다.

92. 증여할 때 여러 사람에게 증여 하면 증여세 적어

> 증여세는 증여 받는 사람이 많을수록 증여세가 절세된다. 즉, 아들에게 증여
> 하는 것보다는 아들, 며느리, 손자, 손녀에게 증여하는 것이 증여세가 적게
> 산출된다.
> 상속세는 자녀가 많을수록 배우자 지분이 적게 되어 상속세를 더 납부하게
> 된다. 생전에 증여한다고 하여 상속인 간의 상속지분 문제가 해결된 것은
> 아니다.

상속세의 경우 기준시가가 아닌 시가 기준으로 배우자와 자녀가 있는 경우 10억원까지는 상속세가 없다. 시가는 세법에 규정한 금액을 말한다. 엄격히 말하면 시세와 시가는 다르다. 시가로 평가한 금액에 배우자공제 5억, 기초공제 등 일괄공제 5억원으로 10억원까지 공제가 가능하기 때문에 통상 10억원까지는 상속세가 없다고 한다. 그러나, 상속공제 한도액을 계산하는 경우 사전 증여재산이 있는 경우 증여재산의 과세표준에 해당하는 만큼 상속가액에서 공제함으로써 나중에 상속세를 더 납부해야 하는 경우가 발생한다.

증여의 경우에는 여러 사람이 수증자가 되는 경우에 증여자와 수증자가 동일 할 때만 합산하므로 낮은 세율을 적용 받게 되어 증여세를 절세 할 수 있다. 아버지와 할아버지로부터 각각 1억원씩 증여를 받은 경우에는 합산하지 않는다. 그러나 아버지와 어머니로부터 증여 받은 경우에는 동일인으로 보아 합산하여 과세된다.

▶ 증여세 계산

기준시가 4억5천만원 부동산을 증여하는 경우에 증여세액을 계산하면 다음과 같다. 이 때 1인이 증여를 받는 경우에는 증여공제액이 5,000만원만 공제되고, 세율 면에서도 20%로 과세되므로 자녀, 며느리, 손자 3인에게 증여하는 경우를 가정하여 증여세를 계산해 보자. 단, 세대를 건너뛰어 증여하는 경우에는 할증과세가 적용되어 산출세액의 30%를 추가로 납부하여야 한다.

㉮ 1인증여시 세액

자 녀 : 450,000,000 − 50,000,000 = 400,000,000 × 20% − 1천만원

= 70,000,000 − 2,100,000 = 67,900,000원

㉯ 여러 사람으로 증여 받는 경우

자 녀 : 90,000,000 − 50,000,000 = 40,000,000 × 10%

= 4,000,000 − 120,000 = 3,880,000원

며느리 : 90,000,000 − 10,000,000 = 80,000,000 × 10%

= 8,000,000 − 240,000 = 7,760,000원

손자1 : 90,000,000 − 50,000,000 = 40,000,000 × 10%

= 4,000,000 × 1.3(할증) = 5,200,000 − 156,000 = 5,044,000원

손자2, 손자3 : 각 5,044,000

총 증여세 납부세액 : 26,772,000원

결국 자녀 1인으로 할 경우는 6,790만원의 증여세가 산출되고, 자녀의 가족 여러 사람으로 나누어 증여 받는 경우 2,677만원이 산출되어 여러 사람으로 증여 받는 것이 유리함을 알 수 있다.

93. 증여받을 때는 여러 사람으로부터 받으면 증여세 적어

"살아남"씨는 손자에게 부동산을 증여하려고 한다. 손자는 소득원이 없어 증여세도 부담해야 한다. 이러한 경우 증여하는 사람이 여러 사람이면 증여세가 절세된다.
할아버지가 증여하는 경우 할아버지와 아버지로부터 나누어 증여 받으면 증여세가 줄어든다.

증여의 경우에는 당해 증여일 전 10년이내에 동일인(증여자가 직계존속인 경우에는 그 직계존속의 배우자도 포함한다)으로부터 받은 증여재산가액의 합계액이 1천만원 이상인 경우에는 그 가액을 증여세 과세가액에 가산하도록 되어 있다. 따라서 여러 사람으로부터 증여를 받는 경우에는 증여세율이 누진세율(10%~50%)이기 때문에 증여세를 절세할 수 있다.

증여자가 사망한 경우 증여자와 수증자와의 관계에 따라 세부담이 달라진다. 상속인의 경우 증여자가 10년이내 사망한 경우 증여한 재산을 합산하지만, 증여자와 수증자의 관계가 상속인이 아닌 경우에는 5년이내에 증여한 재산만 합산 과세된다. 아버지가 자녀에게 증여하는 경우에는 10년간 합산하지만 며느리에게 증여하는 경우에는 5년간 합산하는 것이다.

수증자의 입장에서는 부모, 조부모, 기타 친척으로부터 증여를 받을 수 있다. 이때 아버지와 어머니는 동일인으로 보며, 조부와 조모도 동일인으로 보게 된다. 증여를 받은 경우에는 조부와 부친으로 나누어서 증여를 받는다면 증여세를 절세 할 수 있다. 물론, 조부로부터 증여 받은 경우에는 할증 과세되지만, 동일인으로부터 증여 받는 경우 높은 세율이 적용되므로 할증세율과 증여세율을 확인하여 증여 받는 것을 고려해 볼 만하다.

아래 사례와 같이 아버지로부터 증여 받는 것보다는 할아버지와 아버지로부터 증여 받는 것이 유리한 경우가 발생한다. 예를들어, 4억원을 증여하는 경우 할아버지가 전액 4억원을 증여하는 것보다는 할아버지와 아버지가 각각 증여하는 것이 유리하다.

구분	신고여부	할아버지와 아버지가 각각 증여하는 경우	
		할아버지로부터 3억원을 증여 받는 경우	아버지 1억원
증여가액	4억원	3억원	1억원

증여재산공제	5천만원	5천만원	0원 (할아버지 증여세 신고 시 증여재산공제를 하였으므로 공제불가)
증여재산 과세표준	3.5억원	2.5억원	1억원
산출세액	6,000만원	4,000만원	1,000만원
세대생략 할증	1,800만원 : (6,000만원 ×30%)	1,200만원 : (4,000만원 ×30%)	0
납부할 상속세	7,800만원	5,200만원	1,000만원
신고세액공제	234만원	156만원	30만원
납부할 세액	7,566만원	5,044만원	970만원
계	7,566만원	6,014만원	

　　동일인으로부터 증여 받는 경우 세액은 7,566만원, 두 사람으로부터 증여 받는 경우는 6,014만원으로 1,552만원을 절세할 수 있을 뿐만 아니라 부동산을 증여 받는 경우에는 가격이 적을 때 증여 받음으로써 절세할 수 있고, 아버지가 상속 받은 후 아들에게 상속되는 것을 피할 수 있고, 취득세 등을 한 번만 내기 때문에 절세효과가 크다. 다만, 증여공제는 할아버지와 아버지는 직계존속에 해당되어 증여재산공제는 한쪽에서만 받아야 된다.

94. 금융기관에 예금하는 경우 실지명의로 금융거래를 해야 한다

금융회사 등은 거래자의 실지명의로 금융거래를 하여야 하며 다음과 같이 확인 한다.

㉮ 개인(명의인)

신청인	실명 확인에 필요한 서류	보관서류
본인	〈실명확인증표에 의하여 실명을 확인〉 – 주민등록증 운전면허증, 공무원증, 여권, 학생증, 노인복지카드(경로우대증), 장애인복지카드(장애인등록증 포함), 선원수첩, 공익근무요원증, 장기하사관 이상의 신분증, 비밀취급인가증, 군운전면허증, 국가(독립, 5.18 등)유공자(유족포함)증, 새터민 임시신분증 등도 가능	실명확인증표사본
가족	〈대리인이 본인의 가족으로 확인되는 서류와 대리인의 실명확인증표로 실명 확인〉 – 신청인(대리인)의 실명확인증표 – 가족관계확인서류〈가족관계가 표시된 경우에 한함(다음 중 하나)〉 주민등록등본, 제적등본, 가족관계증명서, 의료보호증 (지자체가 발급하고 가족관계가 표시된 의료보호증에 한함) 가족관계가 표시된 구 의료보험증 · 명의인의 가족의 범위 배우자, 직계 존·비속, 외조부모, 외손자, 배우자부모(사위, 며느리 포함) · 가족의 범위에 속하지 아니하는 자 예⋯ 형제, 자매, 삼촌, 고모, 이모, 외삼촌 등	신청인의 실명확인증표 사본, 가족관계 확인서류원본 또는 사본

| 대리인 | 본인 및 대리인의 실명확인증표에 의하여 실명확인
- 본인의 실명확인증표(사본가능)
- 대리인의 실명확인증표
- 위임장
- 본인의 인감증명서 | 본인과 대리인의 실명확인증표 사본, 위임장, 본인의 인감증명서 |

㉯ 법인(국가·지방자치단체 포함)

신청인	실명 확인에 필요한 서류	보관 서류
대표자	〈법인 및 대표자의 실명확인증표에 의하여 실명확인〉 - 사업자등록증 원본 고유번호증 원본, 사업자등록증명원 원본, 동일 금융기관 내부에서 원본을 대조·확인(확인점포 및 확인자 표기)한 사업자등록증(고유번호증)사본도 가능 - 대표자의 실명확인증표	법인과 대표자의 실명확인증표 사본
대리인	〈법인의 실명확인증표와 대리인의 실명확인증표 및 위임관계를 알 수 있는 서류에 의하여 실명 확인〉 - 법인의 실명확인증표 - 대리인의 실명확인증표 - 위임관계를 알 수 있는 서류 (다음중 하나) · 법인대표자의 위임장 및 법인인감증명서 · 재직증명서(금융계좌개설용	법인과 대리인의실명확인증표 사본, 위임장(법인인감날인) 및 법인인감증명서 또는 위임관계확인서류 원본

㉰ 임의단체

- 납세번호 또는 고유번호가 있는 경우: 납세번호
- 고유번호증·납세번호 또는 고유번호가 없는 경우에는 대표자 개인의 실명확인증표

* 출처 : 전국은행연합회 금융자료실

95. 타인명의로 예금하는 경우 증여세와 합의차명(2014.11.28일 이전)

"살아남"씨는 사업상 바쁘고 배우자들이 금융재산을 관리하는것이 일반화되어 있어 배우자가 은행거래를 하게 되었다. 이 때 "살아남"씨의 재산을 배우자명의로 금융거래를 하는 경우 증여문제가 발생한다.

은행예금거래 자료는 증여세 및 상속세, 사업소득세, 부가가치세 등 세무서의 세무조사시 사용될 수 있다. 따라서 은행예금 명의자와 실소유자가 다른 경우 조세회피목적이 있다고 판단될 경우에는 증여세를 과세할 수 있으므로 예금 거래시 신중하게 결정하여야 할 것이다.

예금의 소유자에 대한 증여세 부과처분 사례(국세청 심사 대전97-238, 1997. 10.24. 등 다수 같은 뜻임)에 의하면, 예금의 경우에는 직접 주민등록과 인감을 지참하고 금융기관에 나가 자기 이름으로 예금을 하여야 하고, 대리인의 경우 위임장과 본인의 인감증명서(가족인 경우 위임장 없이 거래가능하고 인감증명서 제출하지 아니함. 가족이란 배우자 및 직계 존 · 비속, 배우자의 부모,사위 며느리 포함)와 도장을 가지고 가서 본인의 이름으로 예금하는 것이 허용되고 있다. 이 경우 금융기관으로서는 특별한 사정이 없는 한 가족관계 확인서류(주민등록증, 제적등본, 가족관계증명서)를 통하여 실명확인을 한 예금명의자를 긴급명령 제3조 제1항소정의 거래자로 보아 그와 예금계약을 체결한 의도라고(대법원97다18455, 1998. 6. 12. 같은 뜻임) 할 것인 바,

금융실명제실시 이후에 개설한 예금계좌에 특수관계인의 자금을 입

금한 경우 특단의 사정이 없는 한 증여로 보아 과세함이 타당하다. 하여 증여세를 과세하고 있으며, 조세회피 목적이 없음을 증명하는 경우에는 증여세를 부과하지 않고 있으나 조세회피 목적이 있는 경우와 차명예금을 출금하여 다시 실질적인 소유자 앞으로 반환하는 경우 등을 입증하지 못하는 경우 증여세를 과세하는 사례가 늘고 있으므로 명의만을 빌려 예금하는 행위는 자금출처조사 등 세무 조사시 과세관청과 마찰이 생길 수 있다.

- 심사증여98-650, 1999.3.12 : 금융실명제 실시 이후에 개설한예금계좌에 특수관계인의 자금이 입금된 경우 특단의 사정이 없는 한 증여로 보아 과세됨

- 심사증여98-540, 1999.1.22 : 남편의 부동산 양도대금으로 처명의의 양도성예금증서를 매입한 바 당해 CD 매입시점에 남편이 처에게 증여한 것으로 보아 과세한 사례

- 재경원 실명46000-508, 1996.11.21 : 실명 확인에 의하여 금융기관이 정상적으로 취급한 금융자산은 금융실명거래 및 비밀보장에 관한 긴급기획재정 명령의 규정에 의한 비실명자산에 해당되지 아니함.

2012년 까지는 차명계좌를 개설하여 현금을 입금하여도 계좌명의자가 당해 금전을 인출하여 실제 사용하지 않는 한, 계좌 명의자가 차명

재산임을 주장하는 경우 송금사실만으로는 증여세 과세가 곤란하였다. 2013년 개정세법에서는 차명계좌에 대한 취득추정 규정을 명문화함으로써 과세관청이 증여세를 과세할 수 있도록 변경된다. 다만, 명의자가 차명재산임을 입증하는 경우 과세에서 제외되며 과징금이 부과된다.

96. 금융실명제 강화로 증여재산공제 한도내에서만 타인명의 가능(2014.11.29일부터)

현재 증여재산공제는 배우자 6억원, 성년자 5천만원, 미성년자 2천만원, 기타친족의 경우 1천만원까지 증여세가 없다. 따라서, 위 금액 이상을 저축하는 경우 증여세를 납부하거나, 불법행위를 목적으로 차명거래를 할 때에는 5년이하의 징역이나 5천만원 이하의 벌금에 처할 수 있기 때문에 주의해야 한다.

97. 자기가 번 돈은 자기이름으로 관리하여야 한다

"살아남"씨는 부동산을 소유하고 있다. 생전에 자녀에게 증여는 하였지만 임대료 관리는 "살아남"씨가 하려고 한다. "살아남"씨가 자녀의 임대료를 관리하는 과정에서 자녀명의를 사용하지 않고 "살아남"씨의 금융재산과 합쳐서 관리하는 경우 상속세 문제가 발생한다.

상속세를 절세하기 위해 자녀에게 사전에 증여하는 경우를 본다. 그러나 자녀가 다른 마음을 먹지 못하도록 돈 관리는 부모가 하는 경우를 종종 볼 수 있다. 그러나 돈 관리를 잘못하는 경우에는 나중에 상속세나 증여세 문제가 될 수 있다.

　예를 들어 자녀에게 건물을 증여한 경우에는 증여한 자산에서 임대료가 발생하게 되는데 임대료를 부모명의의 통장으로 관리함으로써 상속세나 증여세를 부담하게 되는 경우가 있다.

　예를 들어 부친이 사망하면서 자녀 4인에게 각각 부동산을 1채를 상속하였다. 모친이 이를 관리하면서 모친명의의 통장에 위 부동산의 임대료를 관리하였는데 모친이 사망한 경우 모친통장내역에 대한 소명을 요구 받는 경우를 볼 수 있다.

　모친이 관리하면서 임대료를 각각 자녀의 통장명의로 관리하였다면 큰 문제가 없을 것이다. 그러나 은행거래를 하다 보면 금액을 크게 거래하는 경우 우대금리를 준다는 말에 자녀들 돈을 모아 모친명의로 예금을 한 경우 자녀가 모친에게 증여한 경우이므로 증여세를 부과하는 경우도 발생할 수 있을 것이다.

　세법은 증여여부를 판정하는 경우 통장에서 인출한 금전을 누가 사용하였는지에 따라 증여여부를 판정한다. 물론 통장 예금 그대로 가지고 있다면 과세관청과 다투어 볼 수 있지만 통장에서 인출한 금전을 모친이 사용한다면 증여로 볼 가능성이 많다. 즉 차명통장인지의 여부는 통장에서 인출된 금전을 누가 사용하는지에따라 증여여부를 판정한다.

따라서 사전에 증여하는 자산에서 발생한 소득은 반드시 수증자인 자녀명의로 예금거래를 해야 한다. 은행거래시 가족명의 거래도 일정금액을 초과하는 경우 증여세를 과세할 수 있고, 금융실명제 강화(2014.11.29)되어 징역 또는 벌금에 처해질 수 있기 때문에 주의해야 한다.

98. 전업주부가 금융자산으로 6억원 이상을 예금하고 있는 경우

"살아남"씨는 최근 국세청으로부터 자금출처조사를 받게 되었다. 금융소득이 8천만원으로 이자율로 역산하면 원금이 20억원의 재산을 가지고 있는 것으로 추정하여 세무조사를 받게 되는경우 증여세가 과세 되는가?

세금신고를 별도로 한 적이 없는 전업주부인 부인이 예금을 6억원 이상 가지고 있는데 이 예금을 남편 명의로 돌려놓아야 하나? 최근 자주 듣는 질문이다. 여태까지는 금융소득으로 합산 과세하여 신고한 것에 대해 세무서에서 별다른 조사를 받지 않았다. 이럴 땐 세무전문가인 필자도 어떻게 대답하여야 할지 막막하기만 하다.

왜 막막한가? 이유는 간단하다. 세금에 대한 조사를 전부 할 수 없는 국세청의 입장을 알면 쉽게 그 해답을 구할 수 있을 것이다. 금융기관은 이자지급명세서를 국세청에 모두 제출하게 된다. 비과세 상품, 세금우대상품, 분리과세 상품 등 모든 금융자료를 국세청에 통보하는 것이다. 자료를 통보한다고 하여도 원금 부분에 대하여는 통보하지 않았다.

결국 세무서의 입장에서는 증여여부를 과세하려고 한다면 국세청에 보고된 이자에 대한 원금을 확인해야 한다. 결국 조사를 받지 않았다면 그냥 예금해도 상관이 없는 것이다. 그러나 최근의 경우에는 은행 예금이자를 지급 당시 이자율을 역산하여 원금을 추정하여 세무 조사하는 일이 빈번해 지고 있는 점에 유의해야 한다. 배우자 및 직계 존·비속간의 금융거래는 가족이기 때문에 위임장이나 인감증명서 없이도 명의를 자유롭게 할 수 있다. 이런 자유로운 거래 형태로 인해 배우자 또는 자녀 명의의 예금에 증여세를 과세할 수 있는가로 논란이 이는 것이다. 특별한 경우를 제외하고는 현재까지는 배우자의 금융소득을 합산 과세하지 않는 경우라도 배우자 명의의 예금을 차명자산으로 보아 증여세를 과세하지 않았다. 다만 특별한 경우 과세관청이 증여 여부를 조사하여 증여인 경우에는 증여로 과세하는 실정이었다.

2013년 개정세법에서는 차명계좌에 대한 취득추정 규정을 명문화함으로써 과세관청이 증여세를 과세할 수 있도록 변경된다. 다만, 명의자가 차명재산임을 입증하는 경우 과세에서 제외한다.

강화된 실명제(2014.11.29)는 예금의 차명거래를 원칙적으로 금지하고 위반시 과징금부과 및 형사처벌이 가능하도록 개정되었으므로 주의하여야 한다.

99. 부동산 처분대금이 큰 경우에는 증여세 조심해야 된다

"살아남"씨는 국가로부터 전답이 수용되어 50억원을 보상받게 되었다. 돈이 들어오니 배우자 및 자녀에게 나누어 주고 싶다. 나누어 주어도 상관없는지? 고액 재산을 처분하면 처분재산에 대하여 국세청이 확인하는 경우도 있다.

부동산 개발예정지가 발표되고 토지보상이 시작된다. 대부분 몇 십 년 전에 취득하였다가 개발사업으로 보상금을 받게 된다. 보상금을 받게 되니 고민이 시작된다. 생전에 그렇게 많은 돈을 만져 본 적이 없는 분들은 밤잠을 설친다. 이 돈을 어떻게 처리해야 하는지에 대하여 고민한다. 수용되는 토지의 경우 연세가 많은 분들이 대부분이다. 연세가 많다 보니 상속세 걱정이 앞선다. 그래서 자녀들에게 증여하는 방법을 문의하는 경우가 많다.

증여를 하면 증여세가 얼마인지도 모르고 무턱대고 주고 보자는 분들도 있고, 세법조항을 꼼꼼히 따지는 경우도 본다. 따지면 따질수록 고민은 더 한다. 내가 어떻게 모은 재산인데 세금으로 다 내냐는 것이다.

왜 세금을 피하려고 하는 것인가? 세금이 너무 많기 때문인가 아니면 국가가 세금을 낸 개인한테 해준 것이 없어서 그런가? 이유야 어찌되었든 세금을 내고자 하는 마음을 찾아 볼 수 없게 만든 국가에게도 책임이 크다 하겠다. "국가돈은 눈먼 돈, 먼저 본놈이 임자……" 이런 생각을 갖지 않도록 국가가 돈을 꼼꼼히 관리해야 한다.

국세청이 수용 대금자료를 입수하여 검토한다. 수용되지 않더라도 부동산 가액이 큰 재산을 양도하면 국세청에 양도소득세 신고가 되어 자료를 관리하다가 그 부동산의 매각된 재산이 계속 유지되는지 아니면 사전에 증여가 있는지를 조사하게 된다. 자녀가 소득원이 없는데도 불구하고 부동산 구입이 자주 있는 경우에는 그 부동산 취득대금에 보상 또는 매각한 자금이 사용되었다고 추정하여 세무조사를 실시하게 된다.

자녀가 세금을 정당하게 납부하였는지를 조사하고, 자녀의 소득원으로 그 자산의 취득이 가능한지를 검토한다. 취득자금을 소명하지 못하는 경우는 부족한 금액에 대하여 증여로 보아 증여세를 과세한다. 이 때 자녀 중 한 명이 증여조사를 받는 과정에서 다른 형제들에게 증여한 사실이 드러나서 모든 형제의 증여세를 조사하는 경우도 있으므로 토지 보상대금 또는 매각대금을 자녀에게 증여할 때는 신경을 많이 써야 한다.

소득원이 있다 하더라도 취득 당시의 부동산 자금이 금융기관등을 통하여 부친재산의 매각대금으로 확인이 되는 경우에는 증여세를 내야 한다. 예를 들어 5억원의 부동산 구입시 본인의 소득원이 총급여에서 세금을 공제한 금액으로 5억원이 된다 하더라도 실제로 본인의 금융재산에서 출금하여 구입한 것이 증명되지 않는 경우에 증여문제가 발생하는 것이다.

보상을 받은 후에는 절세방법을 알고 증여해야 나중에 후회하지 않는다. 자주 묻는 문제가 보상을 받고 언제까지 조사를 하느냐고 묻는 분들이 많다. 통상 5년 이내는 안심 할 수 없다.

100. 부동산을 증여하면서 증여세까지 증여자가 부담하는 경우 얼마를 추가로 납부해야 하는가?

"살아남"씨는 자녀에게 증여하려고 한다. 증여하는 재산에 대하여만 증여세를 내는가?

아니다. 대부분 증여받는 수증자가 소득원이 없는 경우가 많다. 증여세를 누구의 금전으로 납부하였는지 납부한 통장을 요구받는 경우가 있다. 즉, 증여세에 대한 증여세를 부담하는 경우도 있다.

부동산만 증여하는 경우 증여세를 어떻게 납부할 것인가가 문제가 된다. 증여세를 증여자가 부담하는 경우 계속하여 재차 증여문제가 발생하여 증여세가 '0'이 될 때까지 세액을 계산하여야 한다. 국세청이 재차 증여시 "증여세부담액을 예상"하여 동 금액을 함께 증여하는 경우에는 재차 증여로 보지 않도록 해석하였다. 이 경우 어떻게 재차 증여를 피하는 금액을 산출할 수 있을 것인가?

증여받은 재산에 대한 증여세를 대출금이나 증여 받는 자의 소득원으로 납부할 수 없다면 증여세를 대신 증여자가 납부해 주어야 한다. 증여세 대납으로 인한 과세문제를 해결하기 위하여 당초 증여하려는 재산과 그에 대한 증여세부담액을 예상하고 그 합계액을 동시에 증여하여 증여 받은 금전으로 증여세를 납부하는 경우 재차 증여가 아니다.

이유는 수증자가 납부해야 할 증여세를 연대납세의무자에 해당되지 아니한 상태에서 증여자가 대신하여 납부하는 경우에는 그 대신 납부할 때마다 재차 증여에 해당하므로 상속세 및 증여세법 제36조 및 제47조 제2항의 규정에 의하여 합산과세 하는 것이나, 부동산과 금전을 동시에 증여 받아 당해 증여 받은 금전으로 부동산과 금전에 대한 증여세를 납부하는 경우에는 그러하지 아니하기 때문이다.

증여를 하는 경우 증여하는 재산에서 수익이 창출되는 자산을 먼저 증여하는 것이 좋다. 수익이 창출되는 자산이 좋고, 시세와 기준시가 차이가 나지 않으면 아예 처분하여 현금으로 증여하는것이 부동산을 취득함으로써 발생하는 취득관련세금과 재차 증여에 따른 세금 문제를 피할 수 있다. 증여 받은 자산에서 수익이 창출되는 경우에는 대출을 받아 증여세를 납부하거나, 아니면 현금을 증여 받은 경우에는 증여 받은 현금으로 납부하면 된다.

- 부동산 외에 추가로 보조해야 하는 금전은 다음과 같이 계산한다.

$$\frac{증여재산 평가액 + 취득관련비용}{1 - 증여세 과표구간에 해당하는 누진세율}$$

- 재차 증여문제를 해결하기 위해서는 증여세를 증여자가 아닌자가 납부하는 경우 재차 증여가 아니다. 예를 들어 할아버지로부터 증여를 받고 세금은 아버지가 납부하는 경우는 재차 증여가 아니다.

예를 들어, 과세표준이 16억5천만원이 되는 부동산을 증여할 경우 산출세액은 약 5억원(2.4억 + (6.5억) × 0.4)이다. 여기에 취득관련 비용 약 7,000만원 예상(16억 5천 × 4.2%)하면 수증자가 납부한 세액이 5억7천만원이 된다. 5억7천만원에 대한 자금출처를 입증하지 못하면 재차 증여가 되어 세액을 계산해야 된다.

산출세액이 5억7천만원에 해당하는 재차 증여세율은 10억 초과 30억미만에 해당하는 40%이므로 5.7억원을 60%로 나누면

[산식] 5.7억 / 0.6 = 9.5억원

부동산 16억5천만원을 증여하는 경우에는 증여세를 내기 위하여 별도로 현금으로 9억 5천만원을 증여하여야 한다. 물론 3개월 이내에 신고하는 경우에는 약 3% 정도 절감될 수 있다.

증여가액	1,650,000,000
증여세	950,000,000
총증여가액	2,600,000,000
세율	40% - 1.6억
산출세액	880,000,000
총증여가액 - 산출세액	1,720,000,000

취득세등비용	70,000,000
자산가액	1,650,000,000

101. 증여의 취소와 세금

"살아남"씨는 본인의 모든 재산을 증여하고 싶어한다. "살아남"씨 사망 후에 재산권다툼을 방지하기 위해서이다. 그러나, 증여하고 나니 자녀들이 부양 의무를 이행하지 않는 것이다. 증여를 취소할 수 있을까?
증여를 받는 조건으로 일정한 의무(자신을 부양하고 보살필 것)를 이행하도록 조건을 달았는데 그 의무를 이행하지 않는 경우는 증여자는 계약을 취소, 해제할 수 있다. 취득원인 무효판결에 의한 경우 환급가능 그러나 입증하기 어려운 경우 납부한 증여세는 환급 불가능하다. 서울행정법원 2011구합13231(2012.01.13)

증여자의 의사와 상관없이 수증자가 증여등기를 하는 경우나, 증여세를 생각하지도 않고 증여등기를 한 후 나중에 생각해 보니 증여세가 많아 취소하는 경우도 있다. 부동산의 경우에는 등기를 하게 되므로 수증자가 취득관련세금을 납부하게 된다. 증여시 납부하는 증여세와 취득세 및 채권구입비용도 만만치 않다.

예를 들어, 공시지가가 10억원의 부동산을 증여하는 경우 취득세 등을 살펴보면 다음과 같다. 현재는 등록세가 취득세에 통합되었다.

$$취득세 10억원 \times 2.2\% = 22{,}000{,}000원$$

$$구\ 등록세 10억원 \times 1.8\% = 18{,}000{,}000원$$

$$국민주택 채권구입비 : 10억원 \times 0.05 = 50{,}000{,}000원$$

$$채권할인 시 11\%를 가정하면 5{,}500{,}000원$$

결국, 수증자에게 증여하는 경우 법무사 대행 비용을 제외하면 4천 5백만원의 비용이 지출된다.

그렇다면 위 자산을 증여한 후 증여를 취소하여 말소등기를 하는 경우 추가로 소요되는 비용은 얼마인가?

$$취득세 10억원 \times 2.2\% = 22{,}000{,}000원$$

$$등록 말소 비용 : 3{,}600원$$

증여 등 무상승계취득은 그 계약일(상속으로 인한 취득의 경우에는 상속 개시일)에 취득한 것으로 보아 수증자가 취득세를 내고 말소등기를 함으로써 증여자에게 재산이 환원되는 경우 취득세를 또 납부해야 한다. 이는 지방세법에 형식적으로 취득이 되었다면 취득세를 납부해야 하는 규정이 있기 때문이다. 다만, 권리의 이전이나 그 행사에 등기 · 등록을 요하는 재산의 경우에는 등기 · 등록을 하지 않고 30일 이내에 계약이 해제된 사실의 화해조서 · 인낙조서 · 공정증서 등에 의하여 입증되는 경우에는 취득한 것으로 보지 아니하므로 취득세를 납부하지 않아도 된다.

결국, 증여를 잘못하는 경우에는 지방세법에 의하여 안내도 되는 세금을 납부하는 결과가 된다. 반면에 국세인 증여세법의 경우에는 증여 후 3개월 이내에 취소하는 경우에는 증여세를 납부하지 않아도 되도록 되어 있다.

증여세법의 증여취소에 대한 규정은 다음과 같다.

① 증여를 받은 후 그 증여 받은 재산(금전을 제외한다)을 당사자 사이의 합의에 따라 신고기한 이내에 반환하는 경우에는 처음부터 증여가 없었던 것으로 본다. 다만, 반환하기 전에 과세표준과 세액의 결정을 받은 경우에는 그렇지 않다.

② 수증자가 증여 받은 재산(금전을 제외한다)을 증여세 신고기한 경과 후 3개월 이내에 증여자에게 반환하거나 증여자에게 다시 증여하는 경우에는 그 반환하거나 다시 증여하는 것에 대하여 증여세를 부과하지 아니한다.

예 A가 B에게 증여 후 증여를 취소하여 B가 A에게 주식을 되돌려주는 경우 증여의 반환 효력은 다음과 같다.

구분	A가 B에게 증여한 것	B가 A에게 반환한 것
증여일로 부터 3개월 전 반환 시	증여 아님	증여 아님
신고기한 경과 후 3개월이내 반환 시	증여 성립	증여 아님
신고기한 경과 후 3개월 후 반환 시	증여 성립	증여 성립

위와 같이 증여 후에 증여를 취소하는 경우 증여세 및 지방세의 취득세, 구 등록세 문제가 발생하므로 사전에 증여세가 얼마인지, 취소할 사유는 없는지 등을 신중하게 판단하여 처리하여야 한다.

102. 증여 후 5년이내 양도시는 이월과세하거나 부당행위 문제가 있다

"살아남"씨는 부동산을 2억원에 구입하였다. 이후 가격이 상승하여 6억원으로 가격이 상승하였다. 양도소득세를 계산하니 1억원의 양도소득세가 발생한다.
이런 경우 배우자 증여공제액이 6억원이므로 배우자에게 증여 후에 양도하면 양도소득세가 소멸된다. 단, 증여 후 5년 이후에 양도해야 양도소득세가 절세된다.

양도소득세가 과다한 경우 양도소득세를 회피하기 위한 방법으로 세대원 또는 세대원이 아닌 특수관계자에게 증여한 후 나머지 다른 주택을 양도하여 비과세를 받고 또 증여 받은 재산을 양도할 때 증여일이 취득일이 되어 양도차익이 적어져 양도소득세부담이 줄어드는 것을 이용하는 방법이 있다. 증여 받은 재산을 양도할 때 양도소득세가 적어지는 이유는 증여가액이 취득가액이 되기 때문이다.

기준시가로 증여 후 양도소득세는 실제거래가로 세금을 내게 되어 세금이 많은 경우가 발생할 수 있다. 양도소득세 회피를 막기위하여 이월과세 규정이나 부당행위계산의 부인규정이 있다. 따라서 조세전문가와 상의하여 세금을 정확히 산출한 후 실행해야할 것이다.

이는 증여등기에 따른 세부담과 증여 후의 양도소득세, 현재 양도하는 경우 양도소득세와 비교하여야 하고, 5년이내에 양도하게 되면 세법에서 증여자가 양도한 것으로 규제하기 때문에 취득관련 세금만 부담하는 경우가 된다. 취득관련 세금부담은 시가표준액의 약 5%이다 예를 들어 시세 5억원의 주택이 기준시가 4억원인 경우 4%인 2,000만원의 세부담을 각오하여야 하고 증여세부담도 각오해야 한다. 결국 이 방법을 적용할 수 있는 사람은 여유 있는 사람만이 할 수 있다.

타인에게 증여한 후 양도하는 경우에는 취득세 등 부담이 있으나 양도소득세가 훨씬 적게 산출될 때 효과가 있다. 그래서 양도소득세를 회피하는 것을 막기 위해 세법에 부당행위 규정과 이월과세 규정을 두고 있다.

- 이월과세란 배우자 및 직계 존·비속 에게 재산을 증여한 경우 배우자 증여재산공제가 6억원(2007.12.31. 이전 : 3억원)까지 인정되므로 자산을 배우자에게 먼저 증여하고 수증 받은 배우자가 이를 타인에게 양도하는 방법으로 양도소득세의 부담을 피하는 것을 규제한 제도이다. 여기서 주의해야 할 것은 2주택이상을 소유한 경우 배우자가 별도세대를 구성한 경우라도 같은 세대로 인정되므로 배우자에게 증여한 경우는 1세대 1주택 비과세 규정을 피할 수 없다. 다만, 자산의 취득가액이 증여가액으로 변경된다.

- 우회양도에 대한 부당행위계산부인은 거주자가 소유하던 부동산을 특수관계자(배우자 및 직계 존·비속 제외)에게 먼저 증여한 후 그 특수관계자가 그 부동산을 5년이내에 양도한 경우 특수관계자가 부담한 증여세와 양도소득세의 합계액이 증여자가 직접 양도하였다고 가정할 경우에 부담할 양도소득세 보다 적다면 양도소득세를 회피하기 위하여 우회양도 하였다고 보아 부당한 행위로 인정하여 세금을 과세하는 제도이다.

증여 후 양도의 부당행위 계산 부인 : 다음 중 큰 금액을 과세한다.

① 증여자와 수증자의 보유기간에 해당하는 양도소득세

② 수증자의 증여세 + 수증자의 보유기간에 해당하는 양도소득세

이상 내용을 요약 하면 다음과 같다.

구분		배우자 등의 이월과세	부당행위계산의 부인
양도소득세 납세 의무자		수증 받는 배우자 또는 직계 존·비속	증여자
적용요건	증여자와 수증자와 관계	배우자, 직계 존·비속	특수관계자(배우자등의 이월과세대상은 제외)
	조세부담의 부당한 감소 여부	조세부담의 부당한 감소가 없어도 적용	조세부담이 부당히 감소 된 경우에만 적용
	대상자산	토지, 건물, 특정시설물 이용권, 부동산 취득할 수 있는 권리	양도소득세 과세대상 자산
	수증일로부터 양도일까지의 기간	5년	5년

증여세의 처리	필요경비로 공제	증여세 환급
증여관련 이전비용	필요경비로 공제불가	필요경비로 공제불가

103. 주택을 증여하려고 하는데 어떠한 방법이 있는지?

"살아남"씨는 시세 8억원(기준시가 6.5억)의 단독주택을 자녀에게 증여하고 싶다. 단순한 증여시 세금은 얼마나 되나? 증여하려는 단독주택에 전세보증금이 2억원이 있는 경우 증여세가 감소하는지?
수증자가 채무를 부담하고 증여 받는 경우를 부담부증여라고 한다. 부담부분에 대하여는 양도소득세가 과세된다. 부담부분을 제외한 금액이 증여가액이다.

주택을 증여하려면 일단 시가가 있는지 확인해야 한다. 시가가 없는 경우에는 국가에서 공동주택과 개별주택에 대하여 가격을 고시하게 된다. 고시일은 매년 4월 30일이다.

예를 들어 6.3억원의 기준시가인 주택을 증여하려고 한다. 개별주택가격은 비교 가능한 주택이 거의 없기 때문에 국가에서 고시한 가액을 기준으로 세액을 계산한다.

▶ 단순 증여시 : 1.08억원

6.5억원 − 5천만원(증여재산공제)

= 6억원(과세표준) × 세율(30% – 6천만원)

= 1.2억원 – 360만원 = 1억 1640만원

▶ 부담부 증여시 : 전세보증금이 2억원이 있는 경우

6.5억원 – 2억원(채무) – 5천만원

= 4억원(과세표준) × 세율(20%-1천만원)

= 0.7억원 – 210만원 = 6790만원

주의해야 할 것은 채무 2억원에 대하여는 양도소득세를 납부해야 한다. 물론 주택을 2년이상 보유하였으면 양도소득세가 비과세된다. 위와 같이 세액이 산출되면 세액에 대하여 증여세를 납부해야 한다. 증여세를 납부할 소득이 없었다면 증여세에 대한 증여세가 다시 과세된다.

증여하는 자가 증여하는 주택에 전세로 하면 가능한지? 가능 하다고 판단된다. 직계 존·비속간에도 임대차를 인정하기 때문이다. 다만, 증여의 경우 미래의 상속세 절세 목적이 있기 때문에 부친이 자녀의 부동산에 전세에 의하여 거주하는 경우에는 부친 사망시 상속재산에 전세금을 상속재산으로 신고해야 한다. 그러면 증여의 효과가 크지 않다. 이 경우에는 자녀가 부동산을 담보로 은행에 대출을 받아 세금을 납부하면 된다. 그러나 수증받은 재산의 이자의 수익이 없다면 다시 증여문제가 발생할 수 있다. 이때에는 부친과 월세계약을 하면 된다. 월세를 받아 대출이자를 충당하면 된다. 이렇게 하면 전세금보다 상속세를 절세할 수 있다. 부친이 매월 이자를 지급하기 때문에 상속재산을 감소시키는 결과를 얻을 수 있다.

자녀가 월세 수입이 되는 경우 소득세 신고여부를 검토해야 한다. 보증금은 소득세가 비과세된다. 월세는 2주택이상인 경우에 소득세 신고납부의무가 있다. 소득세 신고납부를 하면 건강보험과 연금납부 의무가 발생한다.

김 효 문 프로

- 2016년 7월 준회원선발전 5위 통과 준회원 자격취득(71-65-75)

- 2016년 10월 정회원 선발전 3위 통과 정회원 자격취득(70-71-71)

- 2017년도부터 드림투어(2부) 출전
  2017 드림투어 5차전 3위(67-67)
  2017 드림투어 6차전 3위(67-68)

- 2020년도 정규투어시드전 2위 풀시드획득(65-75-68-67)

부록

골프에서 살아남기

필자는 자녀를 골프 선수로 키우면서 매일 똑같은 스윙 연습을 하면서 왜 성적은 오르지 않는 것일까 고민해 왔다. 그래서 여러 레슨 프로를 찾아갔고 여러 이론을 알려 주려고 노력했다. 그러나 레슨프로마다 지도법이 다를 뿐 아니라 골프지망생들의 습득 능력이 다르다 보니, 성적은 오르지 않고 자녀와 부모 간의 지루한 싸움만 계속되었다. 부모는 머리로 느끼고, 선수는 감으로 하려고만 한다.

모든 일이 그렇듯이 10년 이상 노력해야 한다. 10년 동안 노력하지 않고 감으로만 한다면 성취할 수 없다. 10년 동안 보고 느낀 점은 이론을 알고 골프를 하는 것이 좋은 성적을 올리는 방법이라는 점이다.

골프선수로 육성하는 것은 어느 스포츠 선수나 마찬가지로 정말 힘든 과정이다. 10년에 5억원 이상을 투자해야 하고, 10년간 30만 킬로미터를 자녀와 이동해야 하며, 자녀와 집 밖에서 1년 중 100일 이상을 지내야 한다. 부모 중 한 사람은 돈을 벌어야 하고, 한 사람은 자녀를 365일 돌보아야 한다. 골프선수로 키우기 위해서는 이렇듯 시간과 돈과 부모의 관심이 필요하다. 우스갯소리로 정치나 주식은 한 번에 망하고, 예체능을 시키면 서서히 망한다는 말도 있지 않은가?

이론을 안다고 해서 연습을 하지 않으면 그 또한 타수를 줄일 수 없다. 골프선수로 키우기 위해 수많은 골프이론서를 읽었다. 이 책이 골프를 하는 데 도움이 되었으면 한다. 지면 관계상 많은 사진을 게재할 수 없다는 점이 아쉽다.

흔히들 골프는 50%가 멘탈게임이고, 40%가 어드레스, 10%가 스윙이라고 한다. 아무리 공을 잘 쳐도 어드레스가 잘못되었다면 공이 원하는 방향으로 갈 수 없다.

필자가 생각하는 스윙을 요약한 것이므로 독자의 스윙과 다르더라도 널리 양해 바랍니다.

차 례

1. 멘탈

골프 경기를 하다 보면 스스로 무너지는 것을 많이 볼 수 있다. 1홀 만 파를 하면 싱글을 할 수 있다고 생각하는 순간, 보기 • 더블 등 생각하지 않은 스코어가 나오는 것을 볼 수 있다. 수많은 라운드를 통하여 극복할 수밖에 없다.

79타 기록 20개를 분석해 보면 다음과 같다.

타수: 79개, 퍼팅: 31개, 파온: 9개, 버디: 1개, 더블 이상: 1개

2. 스윙의 느낌

스윙은 억지로 때리는 것이 아니라 어깨 회전에 의하여 치고 지나가는 느낌으로 스윙해야 한다.

3. 손목의 방향

손목은 좌우가 아니라 상하로 움직여야 한다(코킹). 정면이나 측면에서 보면 좌우로 이동하는 것처럼 보이지만 어깨가 돌기 때문에 상하로 이동한다. 손목을 좌우로 이동하면서 치면 힘을 가할 수 없다.

4. 어드레스

㉮ 어드레스 측면

측면에서 보면 배꼽과 손의 위치가 숏아이언에서 롱아이언으로 갈수록 멀어진다. 이는 긴 클럽일수록 오른쪽 공간이 필요하기 때문이다. 오른쪽 공간이 좁으면 드라이브처럼 오른쪽 팔꿈치가 지나갈 곳

이 좁아 스윙을 힘차게 할 수 없다.

❹ 어드레스 정면

정면에서 보면 손의 위치는 왼쪽 허벅지 안쪽에 위치하지만 공의 위치는 드라이브의 경우 왼쪽 발뒤꿈치에서 숏아이언의 공의 위치는 점점 오른쪽에 가까워짐을 볼 수 있다.

흔히들 숏아이언으로 영문 소문자 y(왼쪽 어깨와 클럽헤드선), 드라이브는 영문 대문자 Y자로 어드레스 하라고 한다. 이는 손과 공의 위치 때문에 자연스럽게 생기는 현상이다.

ⓓ 에이밍 방법

아마추어 골프는 에이밍이 잘못 서는 경우가 많다. 이는 먼 지점 핀 또는 목표 지점을 보고 들어가기 때문이라고 한다. 핀을 응시하다 보니 왼쪽 어깨가 자연스럽게 핀 쪽을 향하고 있다. 볼 앞 몇 센티 지점을 선택한 후 그 지점을 응시하고 들어가 볼과 응시지점에 맞추어 서게 되면, 상당히 왼쪽을 보고 있는 느낌이 든다. 그렇지만 이렇게 해야 정상 어드레스 자세가 나온다.

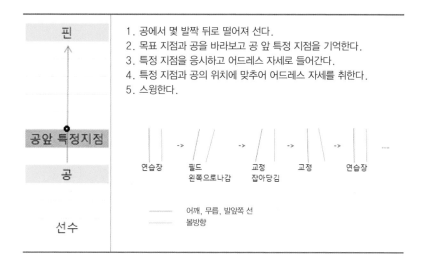

5. 테이크 어웨이(백스윙)

ⓐ 측면

측면에서 보면 어드레스의 클럽헤드가 배꼽 · 손과 일직선으로 일치하는 것을 볼 수 있다.

측면 9시 방향의 헤드가 어드레스선과 일치하는 것이 좋다. 왼쪽 어깨를 오른쪽으로 밀면 된다. (o)

클럽헤드가 선에서 멀어지면 큰 원을 그릴 수 없다. 왼쪽 어깨를 오른쪽으로 밀지 않고 들어 올리면 헤드가 바깥쪽으로 나가는 현상이 나타난다. (X)

❹ 정면

정면에서 보면 왼쪽 어깨가 원위치에서 오른쪽으로 많이 이동한 것을 볼 수 있다.

왼쪽 선과 왼쪽 어깨의 간격이 커야 큰 스윙을 할 수 있다. (하체가 견딜 수 있는 범위내에서)

6. 백스윙 탑

백스윙의 탑은 테이크 어웨이가 잘되었다면 크게 문제되는 것 같지는 않다. 유명한 프로 선수들도 각양각색이다.

7. 다운 스윙

다운스윙 임팩트는 원래 손이 있는 위치나 약간 왼쪽에 가급적 오도록 연습해야 한다.

8. 트러블 상황

트러블 상황에서는 공을 바로 맞춰야 하기 때문에 공은 평소보다 오른발 쪽으로 이동해야 한다.

㉮ 왼발 내리막

무릎·허리·어깨를 경사에 맞추어 선다. 긴 클럽방향은 10미터 이상 왼쪽에, 숏아이언은 약간만 깃대 왼쪽에, 공은 평소보다 오른발쪽에 놓아야 하고 그립은 짧게, 클럽은 경사에 따라 급하게 든다.

샷은 편하게 한 클럽 작은 클럽을 잡아야 한다. 이는 7번 클럽 헤드가 닫히기 때문에 6번 로프트와 같은 결과가 된다

● 같은 클럽이라도 경사도에 따라 7번 클럽이 6번이나 8번 클럽페이스가 된다.

왼발 내리막 경사	평지	왼발 오르막 경사
왼발 내리막 헤드가 닫힌다.	정상어드레스	왼발 오르막 헤드가 열린다.
거리 더 나감		거리 덜 나감

❹ 왼발 오르막

경사에 맞게 어드레스 한다. 어깨가 수평이 되며, 공이 임팩트 시 볼이 페어웨이에 박힐 수 있다. 공은 평소보다 오른발쪽에 놓아야 하고, 클럽은 경사에 따라 서기 때문에 페이스가 열리므로 긴 클럽을 잡는다.

핀 오른쪽을 겨냥하고 그립은 짧게 잡으며 백스윙은 크게 하지 않는다. 오픈 스탠스로 선다.

ⓓ 발끝 내리막

기마 자세로 많이 앉은 자세, 공은 평소보다 오른발쪽에 임팩을 길
게, 핀보다 좌측, 몸은 많이 사용하면 안 된다. 양발이 지면에서 떨
어지지 않도록 공을 맞추는 데 집중해야 하고, 체중 이동을 많이 하지
않기 때문에 오른발 뒤꿈치가 떨어지지 않는다.

라 발끝 오르막

훅이 나기 때문에 핀 오른쪽을 본다. 긴 클럽은 핀 오른쪽을 많이
보아야 하고, 짧은 클럽은 덜 본다. 공은 평소보다 오른발쪽에 클럽
은 짧게, 중심은 엄지발 쪽에 두어야 한다. 하체를 안정시키고 편안
하게 스윙해야 한다.

⑩ 페어웨이 벙커

평소보다 한 클럽 크게, 그립은 짧게 잡는다. 공은 스탠스 중앙보다 우측, 발은 모래에 묻는다. 스윙은 80%, 백스윙은 인-아웃으로 친다. 탑볼을 친다는 느낌으로 친다. 어려운 샷일수록 스윙은 천천히 손목과 몸의 힘을 뺀다.

🅑 그린 벙커

모래가 바운스에 의하여 밀려갈 수 있도록 해야 한다.

오픈 스탠스로 서고 자세를 낮게 페이스는 연다.

척추 각도를 유지하고 볼 뒤 1인치를 가격한다(가볍고 스피드는 평소보다 빠르게).

팔로우 때 페이스 면이 닫히지 않도록 왼쪽 팔꿈치를 뒤로 한다(피니시 L자).

* 거리가 10미터이면 30미터 샷을 한다.

* 젖은 모래는 페이스를 너무 오픈하지 않는다.

* 볼이 많이 박힌 경우에는 클럽페이스를 완전히 닫고 스윙한다.

㉔ 디봇 상황

디봇 상황도 트러블 상황이기 때문에 볼의 위치는 평소보다 오른쪽에 있어야 한다.

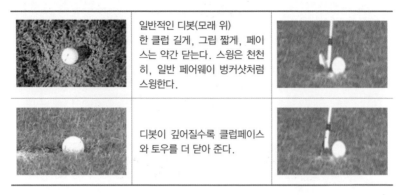

| | 일반적인 디봇(모래 위) 한 클럽 길게, 그립 짧게, 페이스는 약간 닫는다. 스윙은 천천히, 일반 페어웨이 벙커샷처럼 스윙한다. | |
| 디봇이 깊어질수록 클럽페이스와 토우를 더 닫아 준다. | |

㉕ 러프샷

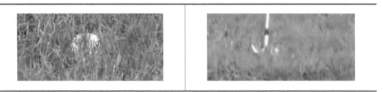

평소보다 짧은 클럽(6번→7번) 볼과 클럽 사이 잔디가 끼어 스핀량이 줄어든다(딤플과 그루브).

왼손 세 손가락을 단단히 하고, 손목의 힘은 뺀다. 볼 뒤 뒤땅을 헤드 무게로 부드럽게 친다.

9. 퍼팅 어드레스

왼쪽 눈에서 공을 그대로 떨어뜨린 장소가 퍼팅 공의 위치가 된다.

㉮ 정면

왼쪽 눈 위치, 왼발 뒤꿈치 위치에 공을 놓는다.

㉯ 측면

왼쪽 눈 위치에서 공을 떨어뜨린 지점에 공을 놓는다.

10. 드라이브 정면

11. 드라이브 측면

백스윙 순서는 손, 팔, 어깨, 가슴, 히프, 다리 순서로 하고, 다운 스윙은 다리, 히프, 가슴, 어깨, 팔, 손 순서로 하면 되나, 몇 초 사이에 위 동작을 다해야 하므로 부단한 연습이 필요하다.

돌고(테이크백) · 손목 꺾고 · 팔꿈치 접고 하거나, 밀고(왼손) 올리고 (오른손) 방식으로 한다. (허리각도 일정하게 유지)

12. 볼의 주시 방향

일반적으로 볼의 오른쪽 측면을 응시해야 하고, 벙커샷 등과 같이 공을 바로 맞추려면 볼 상단을 응시하는 것이 좋다.

탐볼 칠 때

공은 오른쪽 측면을 보아야 한다. 탑볼이나 트러블 샷의 경우는 공의 윗부분을 보는 것이 유리하다.

13. 볼이 놓인 상태와 클럽의 선택

같은 거리라도 공이 놓여 있는 위치가 오르막 또는 내리막 라이에 있는 경우가 있다. 이때 거리를 똑같이 보고 샷을 하면 짧거나 길게 된다.

14. 그린이 샷하는 장소보다 높거나 낮을 때

그린이 포대그린인 경우 떨어지면 중력의 힘 때문에 더 많이 굴러가는 경향이 있다.

15. 알면 알수록 어려워지는 골프

위와 같이 골프를 하면 생각할 것들이 많다. 따라서, 라운딩 중에
이 많은 것을 생각하고 샷을 한다는 것은 게임을 망치는 원인이 된다.
연습장에서 여러 상황을 가정해서 샷을 해 보는 것이 좋다.

라운딩 시에는 템포만 생각하고 샷을 할 정도로 연습되어야 한다.

16. 좋은 스윙폼 만드는 방법

골프를 할 때는 본인의 스윙을 볼 수 없으므로 옆에 있는 분에게 동
영상을 촬영 요청을 하든가 레슨프로의 도움을 받으면 멋있는 스윙폼
이 되지 않을까 한다.

촬영 시에는 어렵겠지만 아래 그림과 같이 손의 위치와 카메라의 위
치가 일치하도록 해야 한다. 그래야 스윙폼이 잘되는지 알 수 있다.
따라서 휴대폰 삼각대를 준비하자.

카메라는 손위치와 평행하게

　위에서 열거한 내용들은 골프대디로써 10년간 지켜보면서 느낀점이며 래슨서와 유튜브 동영상레슨을 많이 참고하였다. 골프는 시간과 돈을 투자한 만큼 결과가 나온다. 동영상을 보고 연습하고 레슨 프로의 도움을 받으면 좀 더 쉬운 골프가 되지 않을까 생각한다.